BERND POLSTER **MÖBELDESIGN DEUTSCHLAND** **DIE KLASSIKER**

Stuhl *S 664*. Design: Eddie Harlis, 1954.

DUMONT

MÖBELDESIGN DEUTSCHLAND
Die Klassiker

Schranksystem *Interlübke* (heute: *SL*). Design: Team Form AG, 1963.

Inhalt

11   **Land der Klassiker** – Vorwort

14   **Möbel als Vision** – Essay

22   **Deutsches Möbeldesign** – Epochen

36   **101 Meilensteine** – Eine Chronologie

240   **Lexikon** – Designer und Hersteller

395   **Index** – Verzeichnis deutscher Möbelhersteller

418   Impressum

Gefettete Namen von Designern und Herstellern
verweisen auf einen Eintrag im **Lexikon** ab Seite 240.

Satztische *1600 Nurglas*. Design: Peter Draenert, 1973.

Inhalt 101 Meilensteine

38 1859 · Stuhl *Nr. 14*	**106** 1962 · Sessel *RZ 62*	**174** 1995 · Ausziehtisch *1224 Adler*
40 1895 · Stuhl *Bloemenwerf*	**108** 1963 · Schrankwand *Interlübke*	**176** 1996 · Regal *Wunderkisten*
42 1901 · Stuhl *Behrens Haus*	**110** 1964 · Kinderstuhl *K 4999*	**178** 1996 · Stuhl *Zeitdokumente*
44 1905 · *Musikzimmerstuhl*	**112** 1964 · Sofasystem *Conseta*	**180** 1996 · Tisch *Spanato*
46 1920 · Sessel *F 51*	**114** 1964 · »Bofinger-Stuhl« *BA 1171*	**182** 1996 · Kommodensystem *Menos*
48 1925 · *Satztische*	**116** 1968 · Gartensessel »*Garten-Ei*«	**184** 1996 · Tischsystem *x-act*
50 1925 · Clubsessel *B 3*	**118** 1968 · *Stapelliege 223/224*	**186** 1996 · Hocker *Backenzahn*
52 1926 · Satztische *B 9*	**120** 1968 · Stuhl *SM 400*	**188** 1997 · Küchensystem *S 20*
54 1927 · Stuhl *MR 10*	**122** 1969 · Sessel *Orbis*	**190** 1998 · Sessel *Dia*
56 1928 · Sessel *B 35*	**124** 1969 · Stuhl *Santa Lucia*	**192** 1998 · Garderobe *Hut ab*
58 1929 · Sessel *MR 90 / Barcelona*	**126** 1971 · Schrankprogramm *Container*	**194** 1999 · Tisch *Sax*
60 1929 · Stuhl *B 32*	**128** 1971 · Möbelsystem *Softline*	**196** 1999 · Sitzmöbelkollektion *Soft Cell*
62 1930 · Stuhl *MR 50 »Brno«*	**130** 1972 · Sitzgerät *Zocker*	**198** 2000 · Stehpult *Nudo*
64 1931 · Stuhl *ST 14*	**132** 1973 · Satztische *1600 Nurglas*	**200** 2000 · Soester *Hocker*
66 1932 · Sessel *S 411*	**134** 1975 · Möbelkollektion *Profilsystem*	**202** 2000 · Stuhl- und Tischprogramm
68 1933 · Teewagen *S 179*	**136** 1976 · Sessel mit Fußbank *Sinus*	*Profession 9100*
70 1935 · Schreibtisch *S 285*	**138** 1979 · Stuhlkollektion *Sapper*	**204** 2001 · Schranksystem *EO*
72 1936 · *2200* »Frankfurter Stuhl«	**140** 1980 · Bürostuhl *FS*	**206** 2001 · *Garderobe*
74 1945 · Beistelltisch *Kolonialtisch*	**142** 1982 · Stuhl *Einschwinger*	**208** 2002 · Sofasystem *Scroll*
76 1948 · Korbsessel *E 10*	**144** 1983 · Sessel *Consumer's Rest*	**210** 2002 · Sitzmöbelprogramm *Lipse*
78 1949 · Stuhl *SE 42*	**146** 1984 · Küchenmöbel *Küchenbaum*	**212** 2002 · Schreibtisch *Kant*
80 1950 · Stuhl *SE 68*	**148** 1984 · Sessel *T-Line*	**214** 2002 · Sofa/Liege *Lobby*
82 1950 · Elementmöbelsystem *M 125*	**150** 1984 · Sessel *Zyklus*	**216** 2002 · Beistelltischkollektion *Diana*
84 1952 · Klappstuhl *SE 18*	**152** 1984 · *Verspanntes Regal*	**218** 2003 · Bürostuhl *Solis*
86 1953 · *Tiefer Sessel mit Hocker*	**154** 1985 · Liege/Sessel *Tattomi*	**220** 2003 · Elementschrank *Baureihe E*
88 1953 · *Tisch mit Kreuzverstrebung*	**156** 1986 · Stuhl *Solid*	**222** 2003 · Sessel *Mars*
90 1954 · *Ulmer Hocker*	**158** 1987 · Tischbank *Tabula Rasa*	**224** 2004 · Regalsystem *Plattenbau*
92 1954 · Stuhl *S 664*	**160** 1989 · Sessel *WK 698 Spot*	**226** 2004 · Sofasytem *Dono*
94 1956 · Sessel *369*	**162** 1989 · Regal *FNP*	**228** 2004 · Sessel *L@p*
96 1956 · Bett *GB 1085*	**164** 1991 · Sitzbank *Tubis*	**230** 2004 · Stuhl *Milanolight*
98 1956 · *Barwagen*	**166** 1991 · Stehsitz *Stitz*	**232** 200? · Regalsystem *Freddy*
100 1958 · Musikschrank *HM 1*	**168** 1991 · Klapptisch *Battista*	**234** 2005 · Bürostuhl *Sputnik*
102 1959 · Polstermöbelkollektion *Quinta*	**170** 1994 · Sessel *Xenar*	**236** 2005 · Tischsystem *Invitation*
104 1960 · Regalsystem *606*	**172** 1994 · Regalsystem *Endless Shelf*	**238** 2005 · Regalsystem *Mein_Back*

Kommode *Travo*. Design: Rolf Heide, 1998.

Inhalt Designer und Hersteller

Designer

242 Werner **Aisslinger**
245 Thomas **Althaus**
246 Jan **Armgardt**
248 Martin **Ballendat**
250 Hans Theo **Baumann**
251 Norbert **Beck**
254 Peter **Behrens**
255 Markus **Benesch**
256 Siegfried **Bensinger**
259 Christoph **Böninger**
261 Andreas **Brandolini**
262 Marcel **Breuer**
272 Luigi **Colani**
276 **Delphin Design**
278 Stefan **Diez**
279 Karl **Dittert**
286 Egon **Eiermann**
289 Uwe **Feldotto**
291 Uwe **Fischer**
294 **Frey & Boge**
295 Peter **Ghyczy**
296 Konstantin **Grcic**
298 Walter **Gropius**
299 Hans **Gugelot**
302 Rolf **Heide**
304 Stefan **Heiliger**
306 Herbert **Hirche**
311 **Jehs & Laub**
314 Peter **Keler**
315 Justus **Kolberg**
317 Ferdinand **Kramer**
318 Axel **Kufus**
323 **Lepper, Schmidt, Sommerlade**
324 Glen Oliver **Löw**
326 Peter **Maly**
329 Gioia **Meller-Marcovicz**
330 Wolfgang C. R. **Mezger**

332 Ludwig **Mies van der Rohe**
334 **Moll Design**
344 Peter **Raacke**
346 Dieter **Rams**
223 **Raumgestalt**
352 Richard **Riemerschmid**
353 Hans »Nick« **Roericht**
357 Richard **Sapper**
358 Anita **Schmidt**
359 Karl **Schneider**
360 Wulf **Schneider**
365 **Studio Vertijet**
370 Henry **van de Velde**
374 Burkhard **Vogtherr**
376 **Votteler & Votteler**
383 Christian **Werner**
384 Stefan **Wewerka**
385 **Wiege**
390 Herta-Maria **Witzemann**
392 Otto **Zapf**

Hersteller

244 **Alno**
252 **Behr**
258 **Bisterfeld & Weiss**
260 **Bofinger**
264 **Brühl**
266 **Brunner**
268 **Bulthaup**
270 **ClassiCon**
274 **COR**
277 **Deutsche Werkstätten**
280 **Drabert**
282 **Draenert**
284 **e15**
285 **Egoform**
288 **elmarflötotto**
290 **Fischer**

292 **Flötotto**
293 **Freiraum**
300 **Gwinner**
301 **Habit Wohnformen**
307 **Hülsta**
308 **Interlübke**
310 **Interstuhl**
312 **Jonas und Jonas**
313 **Kaether & Weise**
316 **König + Neurath**
320 **Kusch + Co.**
322 **Laauser/Credo**
325 **Magazin**
328 **Martin Stoll**
336 **Müller Möbelwerkstätten**
338 **Nils Holger Moormann**
340 **Planmöbel**
341 **Poggenpohl**
342 **Performa**
348 **Raumgestalt**
349 **Raumwerk**
350 **Renz**
351 **Richard Lampert**
354 **Rolf Benz**
356 **Rosenthal Einrichtung**
362 **Sedus Stoll**
364 **Seefelder**
366 **Tecta**
368 **Thonet**
372 **Vitra**
378 **WK Wohnen**
380 **Walter Knoll**
382 **Weko**
386 **Wilde + Spieth**
388 **Wilkhahn**
391 **Wohnbeton**
394 **Zeitraum**

Elementmöbelsystem *M 125*. Design: Hans Gugelot, 1950.

Vorwort: **Land der Klassiker**

Gibt es typisch »deutsche Möbel«? Noch bis in die Mitte des 20. Jahrhunderts hinein hat man das offenbar geglaubt. Es wurden Bücher darüber geschrieben. Nachdem jedoch die Nationalsozialisten die verengte nationale Perspektive und das damit verbundene Adjektiv in Verruf gebracht hatten, fiel das Thema weitgehend unter den Tisch.

Diesem Buch liegt eine einfache Definition zugrunde: Unter deutsches Möbeldesign fallen hier ansässige Firmen und hier geborene Designer, außerdem Designer mit Arbeitsschwerpunkt in Deutschland. Deshalb ist **Marcel Breuer**, geborener Ungar und Doppelemigrant, ebenso berücksichtigt wie der Holländer **Hans Gugelot** und der Wahlfranzose **Burkhard Vogtherr**.

Wer nach Ursprüngen deutschen Möbeldesigns forscht, muss mindestens bis ins Biedermeier zurückblicken, jener Epoche zu Beginn des 19. Jahrhunderts, die ebenfalls die der Romantik und des Klassizismus war. Dem entstehenden deutschen Bürgertum, noch weitgehend kleinbürgerlich und von jedem politischen Einfluss abgeschnitten, blieben Natur und Innerlichkeit als Auswege. Das Ideal des Biederen und Schlichten fand seine Anwendung nicht zuletzt auf Stuhl und Schrank – eine frühe Blüte der Kunst des Weglassens. So wurde die »Wohnkultur« und das dazugehörige Gefühl erfunden: die Gemütlichkeit.

Später führte kollektive Volkstümelei verbunden mit gewachsenem Wohlstand zum Siegeszug der »germanischen« Eiche in der guten Stube. »Altdeutsches« Mobiliar wurde zum Urbild des Heimeligen – eine erfundene, aber zähe Tradition. Wie langlebig sie war, zeigte die Designrevolte der 80er Jahre, die sich nicht nur an der Allmacht des Funktionalismus abarbeitete, sondern auch den Hirsch im Visier hatte, der immer noch durch das Wohnzimmer röhrte. Ein Resümee jener subversiven Bewegung in der Zeitschrift *Kunstforum* trug 1989 den natürlich ironisch gemeinten Titel »Deutsche Möbel«.

Regal *Plattenbau*. Design: Florian Petri, 2003.

Das Bauhaus, als Kehraus des Spießermobiliars das radikalste Programm gegen die Gemütlichkeit, war nur dort denkbar, wo sie entstanden war. Es war ein Kulturschock, der konsequente Gegenentwurf zu überholten, kulturell verwurzelten Wohntraditionen. Deshalb verstand sich das moderne deutsche Möbeldesign auch nicht als oberflächlicher Stil, sondern als Methode. Hier liegen somit auch die Ursprünge für einen Ansatz, der das deutsche Möbeldesign bis heute kennzeichnet: die ganzheitliche Herangehensweise, die alle Aspekte des Entwurfs einbezieht, von der Technik über Proportionen und Handhabung bis zu Fragen der Langlebigkeit.

Da ein Zweck der Bauhaus-Möbel die Reinigung von allem Tradierten war, durfte ihr Ursprung in Deutschland keine Rolle spielen. Dieselbe Dialektik vollzog sich nach dem neuerlichen Inferno des Zweiten Weltkriegs, als die zweite Moderne abermals mit der Vergangenheit reinen Tisch machte. Auch in der Sturm-und-Drang-Zeit der 50er und 60er Jahre spielte die Reform der Einrichtung eine Schlüsselrolle. Was nun als »Internationaler Stil« galt, beruhte wesentlich auf jenen Konzepten, die Bauhaus-Emigranten in ihrem Reisegepäck nach Amerika mitgebracht und dort an den Universitäten verbreitet hatten. Deutsches Möbeldesign fungierte somit zweimal als Katalysator des modernen Designs. Als der Italiener Dino Gavina in den 60er Jahren die Produktion von Bauhaus-Möbeln wieder aufnahm und sie zu »Klassikern« erklärte, war das nicht nur eine clevere Marketingidee, sondern machte zudem historisch Sinn. Marcel Breuers nun in *Wassily* umgetaufter Sessel *B 3* wurde so zum ersten Designklassiker – ein Begriff, der in den Weltwortschatz eingehen sollte.

In einer Zeit der sich beschleunigenden Globalisierung steht das deutsche Möbeldesign zwar gegenwärtig nicht in der Pole-Position, könnte aber zum Überholen ansetzen, wenn die Branche ihre Stärken nutzt. Dafür steht nicht zuletzt eine beachtliche Anzahl erfahrener und gut ausgebildeter junger, kosmopolitisch denkender Designer zur Verfügung. Aus dieser Situation ist gerade in jüngster Zeit eine erstaunliche Zahl innovativer Möbel hervorgegangen: häufig als Synthese aus bekannten Tugenden und einer neuen, selbstverständlichen Weltläufigkeit.

Bernd Polster

Zu besonderem Dank verpflichtet sind wir Sven Vorderstrase, Geschäftsführer der Kölner Firmen Comwork und Markanto, die historische wie aktuelle deutsche Möbelklassiker im Programm haben und uns bei diesem Projekt unterstützt haben.

Möbel als Vision

Menschen in unserem Kulturkreis verbringen die meiste Zeit zu Hause, und sie tun es gerne. Ihr Zuhause ist ihnen lieb und wichtig, besonders den Deutschen, denn die empfinden zu Hause jenes so schwer übersetzbare Gefühl, die sogenannte Gemütlichkeit. Man lasse sich dieses etwas antiquiert wirkende, aber nach wie vor nicht ersetzbare Wort auf der Zunge zergehen. Die Ausstattung der eigenen vier Wände, besagt es, befriedigt unser Gemüt. Hier lassen wir die Seele baumeln, fühlen uns geborgen. Möbeldesign ist auch Therapie.

In unübersichtlichen, sich rasant verändernden Zeiten wird der Wunsch des Menschen nach Geborgenheit noch zunehmen, sagen Trendforscher und nennen das neuerdings »Homing«. Dessen Höhepunkt, so die Fachleute, sei noch lange nicht erreicht. Das lässt sich auch in Zahlen ausdrücken: Für die Gestaltung seiner Wohnung wendet ein Bürger Deutschlands rund 500 Euro im Jahr auf, davon gut die Hälfte für Möbel. Damit liegt die Bundesrepublik weltweit an der Spitze. Dank dieser Affinität zum schönen Wohnen und einer Bevölkerungszahl von über 80 Millionen Menschen ist Deutschland für die Möbelbranche ein bedeutender Markt.

Zugleich ist die Bundesrepublik auch ein wichtiger Standort der Möbelindustrie. Trotz scharfer Konkurrenz aus Europa und dem Auftauchen neuer Herausforderer aus benachbartem und fernem Osten wurden von unserer Industrie im neuen Jahrhundert bisher jährlich Möbel im Wert von etwa 20 Milliarden Euro produziert. Das Inlandsgeschäft ist dabei insgesamt noch größer, denn Deutschland führt mehr Möbel ein, als es ausführt. Heute stammen rund 70 Prozent aller in Deutschland verkauften Möbel aus deutscher Produktion. Der Anteil wird allerdings kleiner.

Soester Hocker. Design: Christoph Boeninger, 2000.

Die Informationsrevolution nützt den Konsumenten und sie wird von ihnen genutzt. Insbesondere durch das Internet verändert sich das Kaufverhalten. Es wird flexibler und globaler. Hinzu kommt vor allem in den westlichen Gesellschaften eine starke Entwicklung hin zur Individualisierung. Menschen fühlen sich zunehmend weniger einer Klasse, Gruppe oder einem Milieu zugehörig. Sie wollen ihren eigenen Lebensstil gestalten. Möbel sind, neben der Kleidung und dem Auto, dafür wohl eines der unmittelbarsten Ausdrucksmittel. Ihre »Funktion« geht deshalb weit über ihr pures Funktionieren hinaus.

Noch komplexer wird die Angelegenheit dadurch, dass Möbel natürlich auf unterschiedlichste Weise genutzt werden können. Kinder wussten immer schon, dass Sofas eigentlich zum Hüpfen da sind. Aber auch ein einfacher Stuhl, ursprünglich zum Sitzen gedacht, kann Leiter, Nachttisch, Fußhocker, Garderobe und manches andere sein. Hinzu kommt die Phantasie der Designer, die neue, mehrfach nutzbare Möbel erfunden haben. Das hat gerade in Deutschland, wo das Kombinatorische im Möbeldesign seit hundert Jahren gepflegt wird, eine große Tradition. Ob Anbauküche, Schlafsofa, Systemschrank oder Raumteiler, sie haben hier, wo die »wachsende Wohnung« entstand, ihren Ursprung und ihre Geschichte. Zumeist sind sie einmal aus gänzlich anderen, nicht selten sozialen Gründen entworfen worden und haben sich mittlerweile aktuellen Bedürfnissen und Kaufmotiven angepasst.

Nachdem sich Design als wissenschaftliches Fach für Forschung und Lehre etabliert hat – und zwar nirgends in solcher Flächendichte wie in Deutschland –, sind die Voraussetzungen für professionellen Nachwuchs gut. Dies ist umso wichtiger, da tatsächlichen Innovationen auf dem Möbelmarkt heute ein hoher Stellenwert zukommt, nicht nur wegen der gewachsenen Ansprüche der Käufer, sondern auch, um sich von der bedrohlichen Billigkonkurrenz deutlich abzugrenzen. »Wir müssen um so viel besser sein, wie wir teurer sind«, brachte es Bundespräsident Horst Köhler jüngst auf den Punkt. Das heißt, Möbel müssen heute nicht nur neu, sie müssen auch besser als die alten sein. Die

Tisch *A 1700*. Design: Lepper Schmidt Sommerlade, 2001.

deutsche Möbelindustrie als nahezu rein mittelständisch geprägte Branche, verfügt über die nötige Flexibilität, um diese Ziele zu erreichen. Ohne Designstrategie wird dies aber kaum möglich sein. Mehr und mehr Firmen der Branche pflegen deshalb die Zusammenarbeit mit externen, auf Möbel spezialisierten Designern. Schließlich kommt es entscheidend darauf an, die Spitzenleistungen auch prägnant herauszustreichen.

Was die Sache erschwert, sind falsche, verquere Vorstellungen über Design, die sich in den Köpfen der Kunden festgesetzt haben. Hier ist Kommunikation notwendig, die u. a. mit diesem Buch geleistet werden soll, in dem die Hauptlinien des deutschen Möbeldesigns erstmals aufgezeigt werden. Was dabei auch klar wird: Design muss keineswegs heißen, dem kurzatmigen Zeitgeist hinterherzulaufen. Im Gegenteil, Möbel mit Designqualität sind heute die wahren Repräsentationsstücke. Design wird dabei ganzheitlich verstanden. Es schließt die Optik, die Haptik, die Ergonomie, die umweltschonende Herstellung und auch die Innovation mit ein. Erst alles zusammen bewirkt gutes Design. Möbel entsprechen damit zugleich einem der stärksten Bedürfnisse, dem Gestaltungsbedürfnis. Nicht umsonst boomt die Accessoirebranche. Dekoriert wird im jahreszeitlichen Reigen, bei Partys, beim Besuch von Freunden. Wandfarbe findet reißenden Absatz, Parkett wettert gegen Teppich, Raufaser wird von Tapete abgelöst. Die Vielzahl der TV-Ratgebersendungen, in denen selbsternannte Experten Zimmereinrichtungen nach dem Vorher-Nachher-Prinzip aufmöbeln, zeigt die Sehnsucht nach gestalterischer Selbstbestimmung.

Am Beginn des 21. Jahrhunderts taucht eine Reihe manchmal utopisch erscheinender Technologien auf, die das Wohnen grundlegend verändern könnten. Die Bionik oder das große Thema der Nano-Technologie wird auch das Design der deutschen Möbelindustrie beeinflussen. Sich selbst reinigende oder antibakterielle Oberflächen, ergonomisch noch bessere Sitzformen, schwebende Türen, flüssiges Holz oder andere gerade mal erahnte Dinge geben Anlass zu Visionen, für die Möbeldesign eine ideale Plattform ist. Für die Möbel- und Ein-

Küchensystem *S 20*. Design: Herbert H. Schultes, 1997.

richtungsbranche gibt es eine äußerst positive Prognose. Der weltweite Bedarf an Möbeln als Manifestation von Einrichtungsvisionen wird in den kommenden Jahren enorm anwachsen. Ob sich die Möbel- und Wohnstile dabei eher global entfalten, verstärkt lokale Identitäten bieten oder neue Mischungen entstehen, bleibt eine reizvolle Fragestellung. Dieses Buch bietet eine Fülle visionärer Entwürfe, die deutsche Möbeldesigner und Hersteller hervorgebracht haben und die hier erstmals zusammen gezeigt werden. Die meisten haben sich bereits als moderne Klassiker erwiesen, einigen steht dies noch bevor. Es ist ein Angebot an jeden Leser, die Zukunftsfähigkeit des deutschen Möbeldesigns zu prüfen.

Helmut Lübke
Präsident des Verbandes der Deutschen Möbelindustrie e.V., Bad Honnef
Präsident vom Rat für Formgebung, Frankfurt und Berlin

Der Verband der Deutschen Möbelindustrie (VDM), ist ein Verein regionaler und fachlicher Verbände, deren Mitglieder die deutschen Möbelhersteller sind. Er ist Interessenvertreter der Branche gegenüber Politik, Wirtschaft und Öffentlichkeit. Der VDM fungiert als Informationsquelle für alle, die sich für Möbel aus Deutschland interessieren, und hat den hohen Stellenwert von Design seit vielen Jahren erkannt. Dass der Unternehmer und VDM-Präsident Helmut Lübke zugleich Präsident des Rat für Formgebung ist – Deutschlands höchster Designinstanz –, kann dafür als weiterer Beleg gesehen werden. Durch den Anstoß des vorliegenden Buches will der VDM dazu beitragen, die hervorragenden Leistungen des deutschen Möbeldesigns bekannt zu machen, um auf diese Weise das Profil der deutschen Möbelindustrie zu schärfen.

Stuhl *Parlando*. Design: Andreas Kalweit, Andreas Pankonin, Reiner Wallbaum und Drabert Entwicklungsteam, 2004.

Deutsches Möbeldesign

Epochen

1835 – 1918: Noble Ehrlichkeit

Das deutsche Möbeldesign hat einen Geburtsort und eine Geburtsstunde. Man schrieb das Jahr 1835, als der Tischler Michael **Thonet** in seiner Werkstatt in Boppard die von ihm entwickelte Holzbiegetechnik erstmals auf einen ganzen Stuhl anwendete. Dass der Experimentator seine wegweisenden Serienmöbel entwickelte, als Deutschlands Industrie noch in den Kinderschuhen steckte, ist gar nicht untypisch für die Designgeschichte, die immer wieder von Ausnahmepersönlichkeiten geprägt wurde, die gegen den Strom schwammen.

Ende des 19. Jahrhunderts, als sich im nunmehr wirtschaftlich erstarkten deutschen Kaiserreich ein protziger, neureicher Wohnstil durchgesetzt hatte, waren selbst Thonet-Möbel verschnörkelt. Als Antwort auf Pomp und Protz entstand eine bürgerliche Subkultur, die unter dem Schlagwort »Lebensreform« zu mehr Natürlichkeit drängte. Besonders das schwere »altdeutsche« Mobiliar hatte in seiner Unverrückbarkeit Symbolcharakter für die festgefahrenen Verhältnisse. Aus der Idee des »Kunsthandwerks« entwickelte sich ein Gegenmodell. In Städten wie Dresden, München und Wien kam es zur Gründung ambitionierter Werkstätten. Angeregt von britischen Vorbildern produzierten sie möglichst einfache, »ehrliche« und nützliche Möbel, Textilien und Dinge des täglichen Bedarfs.

Typisch war die enge Verzahnung mit den zeitgleich entstehenden Kunstströmungen. So gehörte **Peter Behrens** zur Münchner Sezession, war später an der Darmstädter Künstlerkolonie Mathildenhöhe beteiligt und entwarf

Möbel für die Deutschen Werkstätten in Dresden. Die neue Freiheit brachte den Typ des Formerfinders hervor, wie ihn Behrens, **Henry van de Velde** und **Richard Riemerschmid** verkörperten. Letzterer entwickelte so genannte Maschinenmöbel, die für ihre »noble Einfachheit« gelobt wurden, erstmals für die maschinelle Fertigung zugeschnitten waren und sich zudem respektabel verkauften. Wichtige Impulse kamen bald auch vom **WK**-Verband, der nach dem Vorbild der Werkstätten das Niveau der »Wohnungskunst« heben sollte.

Als Motor der Entwicklung hin zu einer industriegerechten Formgebung fungierte der Deutsche Werkbund. Die Produktion neuer standardisierter und systematisierter »Typenmöbel« war wegweisend und fand reges Interesse im Ausland. Ausstellungen des aktuellen deutschen Designs waren 1912 in verschiedenen Städten der USA und noch 1915 – also während des Ersten Weltkriegs – ebenfalls in London zu sehen. Bereits 1910 war der Geradeaus-Stil der »deutschen Schule« im Pariser Grand Palais bejubelt worden und hatte das französische Design in eine Krise gestürzt.

Abbildungen:
o.: Einrichtung eines Ferienhauses
von Richard Riemerschmid.
u.: Kücheneinrichtung von Bruno Paul
für das Haus Feinhals.

1919 – 1945: Beseitigung des Unnötigen

Im Ersten Weltkrieg kamen die alten Werte abhanden. Danach roch es nach Revolution. Die Zensur wurde abgeschafft. Dadaisten feierten den Tod der Kunst. **Walter Gropius** nutzte die Gunst des Umbruchs und gründete das Bauhaus, eine Kunsthochschule, die zum Anziehungspunkt der Avantgarde und zu einem Labor neuer Formen wurde. In anfänglichen Richtungskämpfen unterlagen die Expressionisten. Man definierte sich »funktional«: als Denkfabrik für die Industrie, in der »typische Modelle« destilliert werden sollten – durch »Beseitigung des Unnötigen«, so Gropius. Entscheidendes passierte in der Tischlerwerkstatt, deren Leiter **Marcel Breuer** mit Metallmöbeln weltberühmt wurde. Die Reduktion eines Sessels auf sein Rohrgerüst war für viele Jahre der Dreh- und Angelpunkt im gestalterischen Denken und löste weltweit eine Lawine von Epigonen aus. In Deutschland wurde **Thonet** zur wichtigsten Marke für Stahlrohrmöbel. Dass es unterschiedliche Konzeptionen gab, zeigt etwa der expressive Stuhl → *ST 14* der Berliner Architektenbrüder Luckhardt.

Das Bauhaus war das einflussreichste Projekt der klassischen Moderne, aber keinesfalls das einzige. So wurde die Stuttgarter Weißenhof-Siedlung von 1927 stark beachtet, u. a. wegen des dort erstmals vorgestellten »Freischwingers« von **Ludwig Mies van der Rohe**. In vielen deutschen Städten arbeiteten fortschrittliche Architekten an der Versachlichung der Wohnumwelt, wie etwa **Karl Schneider** in Hamburg. Als weiteres Kreativzentrum entstand das »Neue Frankfurt«, wo **Ferdinand Kramer** und Grete Schütte-Lihotzy Einrichtungen »für das

Existenzminimum« entwarfen, darunter Lihotzkys »Frankfurter Küche«. Sie war das Modell für alle rationellen Anbauküchen, wie sie bald ähnlich von Herstellern wie **Poggenpohl** auf den Markt kamen. Einzelne Unternehmen ließen sich vom funktionalen Zeitgeist inspirieren, darunter **Behr**, **Drabert** und **Walter Knoll**. Auf der Weltausstellung in Barcelona 1929 präsentierte sich die Weimarer Republik in diesem neuen unterkühlten Stil.

Das Bauhaus wurde von den Nationalsozialisten 1933 sofort nach der Machtübernahme geschlossen. Dessen bekannteste Persönlichkeiten emigrierten nach und nach in die USA. Doch der erste Eindruck täuscht. Neben der Verfolgung, die sich gegen Juden und Vertreter der als »entartet« diffamierten Moderne richtete, gab es im »Dritten Reich« auch eine erstaunliche Kontinuität. Dies belegen schlichte Massenprodukte wie der Olympiade-Stuhl → *2200* von 1936. Einige Vertreter des Funktionalismus, darunter u. a. Bauhaus-Schüler, setzten ihre Arbeit fort. Natürlich waren Möbel ebenfalls Teil der Machtinszenierung. Das zeigt etwa Adolf Hitlers »nordisch-germanisch« eingerichteter Berghof auf dem Obersalzberg, der in der Propaganda als ideales »Deutsches Heim« gepriesen wurde. Die Möbel stammten wie die vieler Repräsentationsräume der NS-Größen von den Münchner Vereinigten Werkstätten.

Abbildungen:
o.: Einrichtung eines Wohnraumes von Walter Gropius.
u.: Kücheneinrichtung von Otto Haesler.

1946 – 1959: Zeitgewinner

»Wie wohnen?« hieß 1949 eine viel beachtete Ausstellung sowie die zentrale Frage in den zerbombten Städten der gerade gegründeten Bundesrepublik. Sie wurde durch die folgende, hitzige Baukonjunktur noch offensichtlicher. Wenn auch schwere Stilmöbel im »Gelsenkirchener Barock« nun die guten Stuben der Adenauer-Republik verstellten, reichte die Vorliebe für modernes Mobiliar doch bis in kleinbürgerliche Schichten. Vorbilder kamen aus den USA, wo sich der stark von Bauhaus-Immigranten geprägte »International Style« durchgesetzt hatte, sowie aus Skandinavien, das mit natürlichen Linien die Vorstellung vom Wohnen über Jahre dominierte. Aus beidem gingen neue Möbelkonzepte wie etwa der Schalensitz hervor. An diesen versuchte sich eine junge Garde deutscher Möbelgestalter, darunter **Hans Theo Baumann**, **Egon Eiermann**, **Herbert Hirche** und **Arno Votteler**, um nur wenige zu nennen.

Einer der wegweisenden Möbelentwürfe der 50er Jahre hatte seine Wurzeln in Zürich. Den Montageschrank → *M 125*, dessen Raster die Urform aller späteren Schrankwände war, hatte der dort lebende **Hans Gugelot** entwickelt. Produziert wurde er dann von **Bofinger** in Stuttgart, nachdem Gugelot mittlerweile an der Hochschule für Gestaltung in Ulm lehrte. Diese war ursprünglich eine Einrichtung der »re-education« der von der Diktatur verblendeten Deutschen. Die Besinnung auf die reine Form erschien da als eine adäquate Therapie.

Ulm war ein Zentrum der zweiten bundesdeutschen Moderne. Stuttgart, u. a. Standort der

Firmen Bofinger und **Wilde + Spieth**, ein weiteres. Dort wirkte der Ex-Bauhäusler Hirche, der Anbau- und Phonokommoden wie Ziegelquader aneinander setzte. Der in Saarbrücken und später in Ulm tätige **Peter Raacke** übertrug den systematischen Ansatz als einer der ersten ins Büro. Sein aus Tischen und Schränken kombiniertes *Zeitgewinn*-System (1957 für Voko) enthielt bereits das Grundmuster kommender Modulmöbel. Ähnlich wie die Bilder an der Wand bis dahin ihren festen Platz gehabt hatten, waren auch die Möbel unverrückbar gewesen. Nun löste sich diese Ordnung auf.

Man schlug den Stuck von den Fassaden und der Bruch mit dem Gestern wurde auf spektakulären Veranstaltungen inszeniert. Eine viel beachtete Demonstration westlicher Lebensweise war 1957 die »Interbau« in West-Berlin, nun Frontstadt des Kalten Kulturkrieges. In rund 60 Musterwohnungen wurden dort neueste Einrichtungen präsentiert, darunter Möbel von Hans Gugelot und Herbert Hirche, die beide zudem mit revolutionär schlichten Radios der Marke Braun vertreten waren. Als Egon Eiermann ein Jahr später den deutschen Pavillon auf der Brüsseler Weltausstellung entwarf und ausstattete, war der sachliche Minimalismus drei Jahrzehnte nach Barcelona wieder staatstragender Stil.

Abbildungen:
o.: Wohnzimmer mit Möbeln und Fernseher *FS 1*
(für Braun) von Herbert Hirche.
u.: Wohnzimmer mit Polstermöbelgruppe *Conseta*
von F. W. Möller.

1960–1979: Grenzen des Systems

Zu den bestaunten Neuheiten der Kölner Möbelmesse 1964 gehörten der erste Vollplastikstuhl der Firma **Bofinger** sowie die Polsterkombination → *Conseta* von **COR**, eine Sitzgruppe von bis dahin nicht gekannter Schlichtheit und Variabilität. Mitte der 60er Jahre begann das in Ulm forcierte Systemdenken im deutschen Wohnzimmer Platz zu nehmen. Die bereits aus der klassischen Moderne bekannten Kombinationsschränke wurden zu Raummöbeln und Funktionswänden weiterentwickelt, ein bis heute nicht abgeschlossener Prozess, bei dem Firmen wie **Behr**, **Bofinger**, Christian Holzäpfel und **Interlübke**, aber auch Designer wie **Otto Zapf** mit seinem Programm → *Softline* Pionierarbeit leisteten.

Nachdem der Büromöbelhersteller **Wilkhahn** sich Ulmer Vordenker direkt ins Haus holte, wurde er zum Musterbetrieb der »guten Form« und zu einem Magneten für kreative Kräfte. Vielen galt die Konzentration auf das Wesentliche inzwischen als der Königsweg. Einige Firmen, darunter COR, **Planmöbel** und **Kusch**, arbeiteten nun regelmäßig mit externen Designern. Der junge Berufsstand hatte sich mittlerweile im Verband Deutscher Industrie Designer organisiert.

Es war die Zeit, als Omas Hausrat gnadenlos entsorgt wurde. Auf der grünen Wiese türmten sich wabenartige Trabantensiedlungen. Es entstanden Überholspuren und Fußgängerzonen. Alles schien ins rationale Raster zu passen. **Arno Votteler** entwarf ein Containerschiff im Anbausystem. Bei seiner → *Stapelliege* schichtete **Rolf Heide** Schlafflächen wie Industriepaletten

übereinander. Mit dem → *Profilsystem* von **Flötotto**, dem ersten Universalsystem, wurde der Alltag zum funktionalistischen Gesamtkunstwerk.

1965 zeigte sich die deutsche Industrie auf der Londoner Ausstellung »Gute Form« von ihrer besten gestalterischen Seite. Doch die Formaskese, die auf ganzer Linie obsiegt hatte, stand bereits in Kontrast zur Welt drum herum, die gerade aus den Fugen geriet. Stile kamen nun aus dem »Underground«. Dass sich der Freiheitsdrang nicht zuletzt in den neuen Kunststoffen manifestierte, ließ den Chemiestandort Köln und die dortige Möbelmesse in den Mittelpunkt rücken. Ein Aktivist für die Auflösung aller Sitzkonventionen war **Luigi Colani**. Weitere deutsche Möbelneuheiten jener Jahre waren die »Wohnlandschaft«, bei dem Systemdenken und studentisches Lotterlager koalierten, und das Pappmöbelprogramm von **Peter Raacke**, ein Frühstart des Ökodesigns. Dass solche Tendenzen unter die Leute kamen, dafür sorgte inzwischen die Hamburger Zeitschrift *Schöner Wohnen*, ein Einrichtungsmagazin mit Millionenauflage und einer Mission, zu dessen Mitarbeitern u. a. Rolf Heide, **Peter Maly** und **Siegfried Bensinger** gehörten. Die Ölkrisen der 70er Jahre stoppten die Plastikeuphorie und forderten erste Opfer in der Branche.

Abbildungen:
o.: Einrichtung mit Sessel *Polycor* von Luigi Colani.
u.: Einrichtung mit Sofasystem *Vario* von Team Form AG.

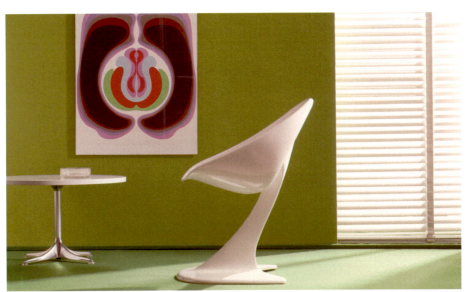

1980 – 1989: Design, Design

Die 1982 in Hamburg gezeigte Ausstellung *Möbel perdu – Schöneres Wohnen* bot erstmals ein Panorama jener Experimentierlust, die im Untergrund blühte und in eine Designrevolte mündete. Ein Jahr zuvor hatte die Gruppe Memphis in Mailand dazu den Startschuss gegeben. In Deutschland hatte das Unbehagen an der scheinbar naturgegebenen Vorherrschaft der Bauhaus-Epigonen bis dahin kein Ventil gefunden. Als Punk und Postmoderne die Schleusen öffneten, war den jungen Wilden nichts mehr heilig. Sie bauten Kitsch und Camp, Sperrmüll und Pop, Bauhaus und 50er Jahre und nicht zuletzt ihr tief sitzendes Unbehagen an der urdeutschen Wohnkultur in ihre Möbelparodien ein. Im Gegensatz zu Memphis zeigten die bundesdeutschen Stilbrecher deshalb eine deutliche Vorliebe für rohe Materialien wie Stein, Stahl oder unbehandeltes Holz, verwendeten aber auch Halbzeuge wie Wellpappe oder Zellophan sowie dem Alltag entnommene Ready-mades. Entwürfe wie → *Consumer's Rest* von Stiletto oder der Stahl-Beton-Freischwinger → *Solid* von Heinz Landes waren hybride Manifestationen zwischen Kunstobjekt, Gebrauchsgegenstand und politischem Pamphlet.

Die Dekonstruktion der Wohngemütlichkeit war eine weitgehend subkulturelle Veranstaltung. Sie fand zwar ein erhebliches Echo in den deutschen Medien, aber kein einziger Entwurf des so genannten »Neuen Deutschen Designs« ging in Serie. Nicht wenige seiner Protagonisten wechselten schließlich an die Universitäten, wie **Andreas Brandolini** und **Uwe Fischer**, die nun eine junge Gilde von Meinungsmachern

bildeten. Die deutsche Möbelindustrie ignorierte dagegen weitgehend den hausgemachten Designfrühling, wobei das Auftreten eines Impulsgebers wie **Nils Holger Moormann** letztlich nur vor dem Hintergrund der ins Rutschen geratenen Wohnwerte zu verstehen ist.

Alles geht. In den postmodernen 80er Jahren herrschte ein hedonistisches Klima. Als dessen adäquater Ausdruck galt nun Design – oft nur ein anderes Wort für Luxus. Der Chic wurde, insbesondere wenn es um Möbel ging, jetzt weitgehend in Italien definiert. Nicht zuletzt in Deutschland verschoben sich die Gewichte hin zu differenzierteren Lebensstilen: Der Aufstieg von Nobelmarken wie **Brühl** oder **Rolf Benz** gehörte ebenso in diesen Zusammenhang wie die Neubestimmung der Küche durch **Bulthaup**. Die Worthülse »Designermöbel« kam ebenso in Umlauf wie der inzwischen so geläufige Ausdruck »Designklassiker«. Gleich eine Reihe recht unterschiedlicher Firmen, darunter **Thonet**, **Vitra**, **Tecta**, **ClassiCon** und etwas später auch **Richard Lampert**, entwickelte ein historisch-reflexives Verhältnis zu ihren Produkten. Als neue Klassiker brachten es Entwürfe wie der abgezirkelte Sessel → *Zyklus* von **Peter Maly** und der multifunktionale Liegesessel → *Tattomi* von **Jan Armgardt** zu Ruhm, allerdings in der nationalen Liga.

Abbildungen:
o.: Einrichtung *Casino* von Gruppe Pentagon auf der *documenta 8* in Kassel.
u.: Einrichtung mit Sessel *Zyklus* und Liege *Cirrus* von Peter Maly.

1990 – 2005: Viel Profil

Im Wohndesign, jener Königsdisziplin, in der es Deutschland an der vorletzten Jahrhundertschwelle gelungen war, sich an die Spitze der Entwicklung zu setzen, und in der man der Moderne durch Bauhaus und Ulmer Schule danach noch einen Doppelschub verschaffte, kann man auch heute international bestehen. Dies verdeutlicht etwa ein Blick auf das vorhandene Personal, d. h. die verschiedenen, sich überlappenden Designergenerationen. Gestandene Branchengrößen wie **Jan Armgardt**, **Siegfried Bensinger**, **Peter Maly**, **Wolfgang C. R. Mezger**, **Reiner Moll**, **Anita Schmidt** oder **Burkhard Vogtherr**, die sich bereits in den 70er beziehungsweise 80er Jahren einen Namen machten, warten weiterhin mit erfolgreichen, innovativen Entwürfen auf. Die grauen Eminenzen der zweiten Moderne, wie **Karl Dittert**, **Peter Raacke**, **Dieter Rams**, **Hans »Nick« Roericht**, **Richard Sapper**, **Arno Votteler** und **Otto Zapf**, können allesamt dem Ruhestand nichts abgewinnen und sind noch immer gegenwärtig.

Schließlich gingen aus den eruptiven 80er Jahren Persönlichkeiten mit eigener Handschrift hervor. Dazu gehören **Uwe Fischer**, **Stefan Heiliger**, **Axel Kufus** und **Christian Werner**. Die nach dem Wegfall des »Eisernen Vorhangs« verstärkt einsetzende Globalisierung und der technische Paradigmenwechsel der 90er Jahre, bei dem das Credo »Alles ist erlaubt« plötzlich digital machbar war, brachte eine disziplinierte und analytische wiewohl durchaus experimentell orientierte Generation hervor. Manches Talent blieb einem größeren Publikum zunächst

noch verborgen, wie etwa **Thomas Althaus**, **Martin Ballendat**, **Justus Kolberg** oder das Studio **Lepper Schmidt Sommerlade**, während andere bereits im Licht der Öffentlichkeit stehen, darunter **Werner Aisslinger** und **Gioia Meller-Markowicz** sowie – allen voran – **Konstantin Grcic**, der internationale Beachtung findet und in gewisser Weise das aktuelle deutsche Design personifiziert. Abgerundet wird die imaginäre Konferenz durch nachrückende Designer, die ihre markttaugliche Originalität bereits bewiesen haben, wie etwa **Stefan Diez**, **Frey & Boge**, **Jehs + Laub** oder das **Studio Vertijet**.

Angesichts dieser naturgemäß unvollständigen Parade des Kreativpersonals sollte es Deutschlands Möbelindustrie – immer noch eine der potentesten der Welt – eigentlich gelingen, ihr Profil gegenüber der Konkurrenz zu schärfen. Zumal die Mischung aus der stattlichen Zahl etablierter Designmarken und jenen Avantgardefirmen, die hauptsächlich in den 90er Jahren auf den Markt stießen – zu nennen sind hier u. a. **e15**, **Freiraum**, **Jonas & Jonas**, **Kaether & Weise**, **Performa** oder **Zeitraum** – der Branche eine unterscheidbare Identität und Erneuerungsfähigkeit bescherten. Das endgültige Ableben des »Gelsenkirchener Barocks« und der besiegelte Tod des »altdeutschen« Wohnzimmers sind da nur mehr begleitende Randnotizen.

Abbildungen:
o.: Einrichtung eines Badezimmers mit Hocker *Backenzahn* von Philipp Mainzer.
u.: Einrichtung mit Sessel *Hob* und Sofa *Nuba* von Studio Vertijet.

101 Meilensteine

Eine Chronologie

Stuhl
Design: **Michael Thonet**
Hersteller: Thonet

Kleine Abbildung: Modell mit Armlehnen *214 PF*

1859 Nr. 14

Es war eines der ersten Industriemöbel, begründete den Aufstieg der Firma **Thonet** und gilt als Archetyp des modernen Möbeldesigns. Mit Stückzahlen in Millionenhöhe wurde dieser überaus schlichte Stuhl zu einem der erfolgreichsten Industrieprodukte aller Zeiten. Dabei stand am Anfang seiner Entwicklung ein eher traditioneller Entwurf aus schichtverleimten Holzlamellen. Erst nach vielen Versuchen entwickelte sich daraus der massiv gebogene »Konsumsessel«, der noch von Vertretern der klassischen Moderne wie etwa Le Corbusier als vorbildlich angesehen wurde. Die von Michael Thonet erfundene Bugholz-Technik, bei der Buchenholzstäbe unter Wasserdampf und erheblichem Druck gebogen werden, erlaubte eine Formfreiheit, wie sie später erst wieder bei Kunststoffmöbeln erreicht wurde. Kontroverse Diskussionen, ob diese Methode dem Material die letzten Reserven entlocke oder ihm Gewalt antue, waren die Folge. Bahnbrechend war auch der Vertrieb, denn der Stuhl wurde für den Verkauf zerlegt. *Nr. 14* bestand aus nur sechs Holzteilen, zehn Schrauben und zwei Muttern. Auf diese Weise konnte er problemlos versandt werden, was ihn zu einem idealen Exportartikel machte.

Stuhl
Design: **Henry van de Velde**
Hersteller: Société Henry van de Velde
Reedition: Adelta

1895 Bloemenwerf

Bloemenwerf war seine gelungene Premiere im Möbeldesign. Der ebenso einfache wie elegante Stuhl aus massivem Eichenholz stand im Esszimmer seines eigenen, von ihm entworfenen Hauses. Der Belgier van de Velde, der in der so produktiven Epoche vor dem Ersten Weltkrieg die Gestaltungsdiskussion in Deutschland wesentlich prägte, war anfangs stark von der Bewegung Arts and Crafts beeinflusst, Englands Designreformern um William Morris, die »Cottage-Möbel« kreierten. In diesem Entwurf mit seiner sauberen Linienführung finden sich denn auch Elemente englischer Bauernmöbel des 18. Jahrhunderts. So erinnert die Sitzfläche aus Korbgeflecht (es gab auch Versionen mit Rosshaar- und Lederpolsterung) an ländliche Vorbilder. Die Bögen an Rückenlehnen und Beinen, die ein grafisches Muster bilden, weisen hingegen moderne Züge auf. Ab 1898 wurde der Stuhl von der Société van de Velde, einer Firma des Künstlers, produziert und u. a. von dem einflussreichen Kunsthändler Siegfried Bing, der den Begriff L'Art Nouveau prägte, in seinem Pariser Geschäft verkauft. Im Modell *Bloemenwerf* kündigten sich van de Veldes Ideen von der organisch geprägten »neuen Kunst« an.

Stuhl
Design: **Peter Behrens**
Hersteller: Hofmöbelfabrik J. D. Heymann, Hamburg

1901 Behrens Haus

Die vorletzte Jahrhundertwende war die Zeit großer Ausstellungen und künstlerischer Höhenflüge im deutschen Möbel- und Einrichtungsdesign. Auf der Darmstädter Mathildenhöhe zeigte die dort wirkende Künstlerkolonie im Jahr 1901 unter dem Titel »Ein Dokument deutscher Kunst« ihre neuesten Werke. Darunter war auch das Wohnhaus von **Peter Behrens**, das der Grafiker, Architekt und spätere Produktgestalter komplett und bis ins letzte Detail nach eigenen Ideen ausstattete. Zu den gelungensten Entwürfen zählten darin die grazilen Wohnzimmerstühle aus weiß lackiertem Pappelholz. Sie wurden Teil einer Serie, zu der auch eine Bank gehörte. Die leichte Konstruktion (es gab sie mit und ohne Armlehne) mit schmaler, ornamentaler Rückenlehne und einer sich nach vorne verbreiternden Sitzfläche wirkt wie die Jugendstil-Version eines englischen Windsor-Stuhls. Ähnlichkeiten mit dem Stuhl *Bloemenwerf* von **Henry van de Velde** und Charles Rennie Mackintoshs Stühlen mit hohen Rückenlehnen drängen sich auf. Weiß, die Farbe der Reinheit, war der Grundton des Raumes. Die Reformer verbanden damit die Vorstellung von Helligkeit und Hygiene. Die ursprünglich roten Sitzpolster aus Leder waren auf die rubinroten Füße des Behrens'schen Kelchglassatzes abgestimmt.

Stuhl und Armlehnstuhl
Design: **Richard Riemerschmid**
Hersteller: Dresdner Werkstätten für Handwerkskunst, Dresden

Kleine Abbildung: *Musikzimmerstuhl* für Vereinigte Werkstätten
für Kunst und Handwerk München, 1899

1905 Musikzimmerstuhl

Das berühmte Sitzmöbel gehörte zu jenem modernen, schlicht gehaltenen Musikzimmer, das 1899 auf der Dresdener Kunstausstellung gezeigt wurde und seinen Schöpfer bekannt machte. Riemerschmidt, eine führende Figur der reformerischen Werkstätten-Bewegung und der wohl auch wirtschaftlich erfolgreichste Gestalter der ersten Reformergeneration, verstand sich auf einfache und dabei schlüssig konstruierte Möbel, die jedoch nicht banal wirken. Manche sehen in der zur Diagonale strebenden Armlehne, die dem Musiker Armfreiheit verschafft, den ersten Schritt hin zum modernen Möbel. Diese Lehne, eine doppelt gebogene Linie, bildet spitze Winkel mit den Vorderbeinen und den schrägen Hinterbeinen und schafft somit eine Geometrie, die dem Stuhl skulpturale Qualität verleiht. Dabei sind alle Details konstruktiv begründet. Auch deshalb gilt der originelle Sitz aus Mooreiche als eines der gelungensten Möbelstücke des deutschen Jugendstils. Ursprünglich als Modell Nummer *4059* von den Vereinigten Werkstätten hergestellt, verschaffte eine schon bald von Liberty in London aufgelegte Serie dem Entwurf internationale Beachtung.

Sessel
Design: **Walter Gropius**
Hersteller: Werkstätten des Staatlichen Bauhaus, Weimar
Reedition: Tecta

Kleine Abbildung: Sofa *F 51-3*

1920 **F 51**

Der Architekt Gropius entwarf diesen weniger berühmten Sessel und das dazugehörige Sofa in den frühen 20er Jahren für sein eigenes Direktorenzimmer – ein programmatisches Möbelstück. Es ist Teil der Architektur, aber auch in sich zeigt es Linientreue. In seinen einfachen, rechtwinkligen und miteinander verschränkten Quadern spiegeln sich konstruktivistische Prinzipien, wie sie zu jener Zeit auch bei Möbeln von Gerrit Rietveld, **Marcel Breuer**, **Peter Keler** u. a. zu finden waren. Der *F 51* insgesamt wie auch der Holzrahmen formt einen Würfel, in den der Sitzraum »eingeschnitten« ist. Damit bildete er das Empfangszimmer ab, das ebenfalls ein Würfel war. Diese Systematik entsprach dem aus der Werkstätten-Bewegung bekannten Konzept des Gesamtkunstwerks, das hier erstmals in seiner minimalistischen Variante verwirklicht wurde. In seinen berühmt gewordenen »Isometrien« stellte Herbert Bayer genau diese Raumbeziehungen dar. Die freitragende Bauweise des Sessels deutet schon auf die späteren Freischwinger hin. Der *F 51* wirkt geschlossen, ja massiv und repräsentativ. Im Original hatte er einen dunklen Rahmen aus Kirschbaumholz und war mit einem zitronengelben Wollstoff bezogen. Durch diesen farblichen Kontrast wurde die Form besonders deutlich unterstrichen.

Satztische
Design: **Josef Albers**
Hersteller: Unbekannt
Reedition: Vitra

1925 Satztische

Satztische waren ein im funktionalistischen Trend liegender Möbeltypus, wie er u. a. von Josef Hoffmann und **Marcel Breuer** verwirklicht wurde. Diese Variante gehörte zu einer Wohnungseinrichtung, die der Künstler Albers, der wie Breuer, **Peter Keler** u. a. in der Bauhaus-Tischlerei arbeitete, für das Berliner Psychoanalytikerpaar Fritz und Anna Moellenhof schuf. Den besonderen Reiz machen die gradlinige Schlichtheit der Holzkonstruktion aus Esche, die dem Möbel eine deutlich wärmere Anmutung verleiht, und mehr noch die von der Tragkonstruktion eingefassten, von unten verschiedenfarbig lackierten Glasplatten aus. Neben Weiß nutzte Albers, der von **Walter Gropius** mit dem Aufbau einer Werkstatt für Glasmalerei beauftragt worden war, die am Bauhaus beliebten Grundfarben (wie sie auch Herbert Bayer und Keler verwendeten). Dieser ebenso systematischen wie suggestiven Farbigkeit wird häufig nicht der gebührende Stellenwert zuerkannt, erst recht nicht, wenn es um Möbel geht. Ähnlich den Kirchenfenstern und den Bildern »Hommage an das Quadrat«, die Albers weltberühmt machten, präsentierte er bei den Satztischen die Farben so, dass sie unabhängig voneinander oder im Zusammenspiel gesehen werden können. Glas galt ihm dafür als das ideale Medium.

Sessel
Design: **Marcel Breuer**
Hersteller: Standard-Möbel Lengyel & Co., Berlin
Gebrüder Thonet, Frankenberg
Reedition: Gavina, Italien; heute: Knoll International

kleine Abbildung: Faltsessel *B4*, 1927
Hersteller: Standard-Möbel Lengyel & Co., Berlin
Reedition: Als *D4* bei Tecta

1925 Clubsessel B 3

Von den Dozenten, Studenten und Besuchern des Dessauer Bauhauses, wo er in einigen Wohnungen der »Meister-Siedlung« stand, wurde er bestaunt. Und schon 1926, dem Jahr des Produktionsbeginns, würdigte man ihn bei einer Ausstellung in der Dresdener Kunsthalle als »Meisterwerk«. Der erste Stahlrohrsessel *B 3* von Marcel Breuer – später als »Clubsessel« oder »Wassily« weltbekannt – erlangte sofort große Publizität und war nicht unmaßgeblich an dem einsetzenden starken Interesse am Bauhaus beteiligt. Schließlich sollte er einen weltweiten Boom für Stahlrohrmöbel auslösen, die für Avantgardismus und den Einbruch industrieller Ästhetik in die Privatsphäre standen. Mit dem ebenfalls neuen Schwarz-Silber-Kontrast, der zugleich an wertvollen Schmuck und moderne Maschinen erinnert, schuf er eine »Magie der Präzision«, wie ein französischer Kritiker schrieb. Breuer sah in seinen Möbeln »Apparate des heutigen Lebens«. Sie sollten leicht, offen, preiswert, zerlegbar und hygienisch sein. *B 3*, den es auch in einer Klappversion gab und den Breuer in seiner Freizeit mit Hilfe eines Schlossers konstruiert hatte, erfüllte diese Kriterien. Er knüpfte damit u. a. an Entwürfe Gerrit Rietvelds an. Breuer hat mit *B 3* zwar nicht wie erhofft einen alltäglichen Gebrauchsgegenstand geschaffen, aber einen neuen Möbeltypus und eine »abstrakt-reale Skulptur« (Sigfried Giedion), in dessen offener Geometrie sich der Minimalismus der neuen Formerfinder darstellt. Er wurde zur Designikone schlechthin, ein zentrales Symbol der Moderne und nicht zufällig das erste Möbel, das in den 60er Jahren als »Klassiker« vertrieben wurde.

Satztische
Design: **Marcel Breuer**
Hersteller: Tecta, Thonet, Knoll International

1926 **B 9**

Nachdem Breuer den Skelettsessel *B 3* entworfen hatte, übertrug er dessen kühle Industrieästhetik auch auf andere Möbeltypen. Seine Satztische – als Möbeltyp schon vor dem Ersten Weltkrieg realisiert, z. B. von Josef Hoffmann – waren aber weit mehr als nur Beiwerk. Die Idee zu den Stahlrohrkufen soll von den Flugzeugtechnikern der benachbarten Dessauer Junkerswerke stammen, die solche Kufenhocker bei ihrer Arbeit verwendeten, und kam somit tatsächlich direkt aus der Fabrikhalle. Die Kufen mit ihrer geringen Auflagefläche rutschen gut und sorgen zugleich für Stabilität. Die vier kniehohen Ablageflächen erfüllen verschiedene Anforderungen des neuen, »befreiten Wohnens« (Sigfried Giedion), dem Pendant zum »Neuen Bauen«. Sie sind leicht, beweglich und offen. In ihnen wird das industrielle Serienprinzip wie auch ein rationales Verständnis des Raumes offenbar. Der Kubus galt damals geradezu als Idealkörper. Auch das Prinzip der Verschachtelung, das Raumersparnis, Beweglichkeit und Kombinationsvielfalt bedeutet, passte zum Befreiungsdenken der Moderne.

Stuhl
Design: **Ludwig Mies van der Rohe**
Hersteller: Berliner Metallgewerbe Josef Müller, Berlin
Reeditionen: Knoll International (*MR Chair*)
Tecta (*MR 10* als *B 42* und *MR 20* als *D 42*)
Thonet (*MR 20* als *S 533 R/RF*)

Kleine Abbildung: *MR 20* (mit Armlehnen)

1927 MR 10

Mies van der Rohes Weltkarriere begann mit dem hinterbeinlosen »Freischwinger« (oder auch »Kragstuhl«), einem neuen Sitzmöbeltypus mit Vorgeschichte, den er Mart Stam bei der Vorbereitung auf das Weißenhof-Projekt abgeschaut hatte (ein Grund für jahrelangen juristischen Zwist). In dem Entwurf steckte außerdem Marcel Breuers damals erst zwei Jahre alte Idee, Stahlrohr statt Holz zu verwenden. Mies van der Rohe kombinierte beide Neuerungen. Seine Synthese hat nicht zuletzt den Vorteil, dass der »Freischwinger« wirklich schwingt. Dies wurde durch zwei Merkmale erreicht: technisch durch die Ausführung in nahtlosem, mehrfach gezogenem Rohr und gestalterisch durch die vorderen Rundbögen der Kufen. Durch diese Kurven, die dem Sessel zudem seine besondere Eleganz verleihen – durchaus ein Markenzeichen Mies van der Rohes –, wird die Federwirkung voll ausgeschöpft (im Gegensatz zu den rechtwinkligen Entwürfen von Stam und Breuer). Die Elastizität erhöht zusätzlich den Sitzkomfort. Von Anfang an gab es den originellen Stuhl mit verschiedenen Bespannungen (Leder, Stoff oder naturfarbenes Geflecht) sowie mit und ohne Armlehnen. Diese ist unauffällig am Stuhlrücken befestigt, aber mit einer unübersehbaren Klammer an die Vorderbeine montiert. Durch das Schwebeprinzip und die sachliche Formensprache fügt sich *MR 10* in die Reihe der bedeutendsten Möbelentwürfe des 20. Jahrhunderts. Er gilt als Ikone der Moderne, wozu auch beigetragen haben dürfte, dass er im Gegensatz zu anderen Bauhaus-Möbeln fast durchgängig produziert wurde.

Sessel
Design: **Marcel Breuer**
Hersteller: Thonet

Kleine Abbildung: Sessel mit Fußbank *S35 RH*
Fußbank: Werksentwurf, 1979

1928 B 35

Als **Marcel Breuer** 1930 im Pariser Grand Palais eine Möbelausstellung des Deutschen Werkbundes einrichtete, auf der sich die deutsche Moderne Bewegung erstmals in Frankreich präsentierte, war auch sein neuer, in den Jahren zuvor entworfener Sessel *B 35* unter den Exponaten – eine Weiterentwicklung des Freischwingers. Breuer war es gelungen, alle Funktionen eines komfortablen Stahlrohrsessels in einer einzigen Stangenlinie zu realisieren. Dies bewirkt eine Verstärkung des Federeffektes, da auch die mit einer Holzauflage versehenen Armlehnen frei stehen. So hält der Sitzende mit Körper und Armen das doppelte Schwingen selber in »Balance«. Noch wichtiger: der auf Kufen stehende »Clubsessel« verletzte nicht das Urheberrecht des Freischwinger-Erfinders Mart Stam. Allerdings bestand der Sessel keineswegs aus einem einzigen Rohr. Für die Stabilität der Konstruktion sorgen zwei Querstangen vorne und hinten sowie eine unsichtbare Spannstange unter der Sitzfläche. Die Verbindungen der drei Teilstücke des Rahmens wurden unter der Bespannung aus Eisengarn verborgen. Dieses Textil, ein gewachstes Baumwollgewebe, das metallisch glänzte, wurde in der Bauhaus-Weberei speziell für die Breuer-Stühle entwickelt. Das im Grand Palais gezeigte Modell war allerdings mit Leder bespannt und auch Korbgeflecht wurde in den frühen Jahren verwendet.

Sessel
Design: **Ludwig Mies van der Rohe**
Hersteller: Berliner Metallgewerbe Joseph Müller
Reedition: Knoll International

Kleine Abbildung: Liege MR (*Barcelona*-Kollektion)

1929 MR 90 / Barcelona

Die Sitzmöbel, die Ende der 20er Jahre für den deutschen Pavillon auf der Weltausstellung in Barcelona entworfen wurden, verdienen den Namen Klassiker. Zum einen, weil das Ensemble des lichten Pavillons den unterkühlten Wohnstil – später »Internationaler Stil« genannt – weltweit bekannt machte. Zum anderen, weil es historische Bezüge zur Antike gibt. So haben wohl griechische Klappstühle (Scheren- oder Faltstuhl als Thron für Gottheiten und Herrscher) als Anregung gedient. Es handelt sich also gewissermaßen um einen neuzeitlichen Thron (ohne Klappfunktion). In der Tat erfüllte *MR 90* bereits in seinem ursprünglichen Kontext höchst repräsentative Zwecke. Diese Konzeption steht im Gegensatz zu den sozialen, ja sozialistischen Zielen, die zahlreiche Protagonisten des »Neuen Bauens« damals vertraten. Mies van der Rohe verwendete Bandstahl und Lederpolster auf der Weltausstellung in feierlichem Weiß. Der Sessel *Barcelona* war ein Luxusmöbel und überdies kaum für die Serie geeignet. Das Gestell musste von Hand aufwendig verschweißt werden, weshalb der Sessel auch erst ab 1948 in einer veränderten Version produziert wurde. Dennoch handelte es sich um einen überaus innovativen Entwurf, der das Repertoire der Moderne erweiterte. Die separaten, größengleichen und einzeln abnehmbaren Sitz- und Rückenpolster »fallen« von selbst in die gewünschte Position. Dabei gewinnt der Sessel seinen optischen Reiz nicht zuletzt aus dem Gegensatz des geschwungenen Gestells zu den eher statisch wirkenden Lederquadern.

Stuhl

Design: **Marcel Breuer**
Hersteller: Thonet (heute als S 32 im Programm)
Reedition: Gavina, Italien; heute: Knoll International

Kleine Abbildung: B 32 (S 32)
Große Abbildung: B 64 (S 64), Modell mit Armlehnen

1929 B 32

Als der Stuhl unter der Bezeichnung B 32 Ende der 20er Jahre auf den Markt kam, war der patentrechtliche Streit um die Urheberschaft des Freischwingers, in den Mart Stam, **Ludwig Mies van der Rohe** und **Marcel Breuer** ebenso verwickelt waren wie die Firma **Thonet**, gerade in vollem Gange. Das Neuartige lag darin, dass Breuer die beiden biegsamen Werkstoffe Bugholz und Stahlrohr, die für das moderne Möbeldesign eine so entscheidende Rolle gespielt hatten, erstmals in einem Entwurf vereinigte. Die kühle Härte des Metalls kombiniert mit der Weichheit eines Holzrahmens ergab eine neue wohnliche Qualität, die durch die Verwendung von durchbrochenem Rohrgeflecht – einer traditionellen Stuhlbespannung – noch unterstrichen wurde. So nimmt es auch nicht Wunder, dass dieser einfache Stuhl Breuers größter kommerzieller Erfolg wurde. Der sachliche Stil war Ende der 20er Jahre auch in der Architektur zu einer tonangebenden Richtung geworden. Das Bauhaus war en vogue und liberale Bürger bereit, sich die modernen Möbel zuzulegen, insbesondere wenn sie wie hier nicht ganz so radikal aussahen. Später sollten die Modelle B 32 und B 64 (mit Armlehnen) zu einem Urbild der Möbelmoderne werden, in Gestalt massenhaft vertriebener billiger Kopien und als erste »Reedition«. 1962 brachte die italienische Firma Gavina den Stuhl unter dem Namen Cesca (nach Breuers Tochter Francesca) heraus und verwendete dafür den Begriff »Klassiker«.

Stuhl

Design: **Ludwig Mies van der Rohe**
Hersteller: Berliner Metallgewerbe Josef Müller,
Berlin und Bamberg
Reedition: Knoll International

1930 MR 50 »Brno«

Eigentlich wollte **Mies van der Rohe** die von ihm erbaute Villa der Geschäftsleute Tugendhat im mährischen Brünn mit dem Freischwinger *MR 10* einrichten (den er drei Jahre zuvor für die Stuttgarter Weißenhof-Siedlung entworfen hatte). Dieser nahm jedoch zuviel Platz weg und die nach hinten geneigte Sitzposition war für einen Esstisch kaum geeignet. Deshalb entstand dieses kleinere, gedrungenere Modell, dessen L-förmiges Polster bequem ist und zu aufrechtem Sitzen animiert (vielleicht ein Grund, weshalb der Stuhl zum beliebten Requisit in deutschen Fernseh-Talkshows wurde). Die rechteckigen Rücken- und Sitzflächen sind zwischen zwei federnden Stahlbögen eingespannt, deren Verbindung kaum sichtbar ist. In der Brünner Villa, in der 24 Exemplare standen, gab es sowohl Versionen in Stahlrohr als auch in Flachstahl, die entweder mit weißem oder mit rotem Leder bezogen waren – lauter optische Ausrufezeichen. Der Stuhl wurde ursprünglich in einer verchromten, einer vernickelten und einer lackierten Version geliefert. Die formale Spannung zwischen dem annähernd rechten Winkel des eingehängten Sitzes und der Bogenlinie des Metalls ist eine Besonderheit dieses Entwurfs. Sie macht ihn zu einem der elegantesten Freischwinger überhaupt.

Stuhl

Design: **Hans und Wassili Luckardt**
Hersteller: Desta (Deutsche Stahlmöbel), Berlin als *ST 14*
Reedition: Thonet (als *S 36* im Programm)

1931 **ST 14**

Er wirkt überaus schnittig und grazil. Da die Rückenlehne sich an das gekrümmte Rohr schmiegt und der dünne Sperrholzsitz wie ein gewelltes Tuch im Raum schwebt, bleibt der kühn geschwungene Rahmen visuell dominant. Aus dessen Linienführung gewinnt der Entwurf seine ungewöhnliche Dynamik. Sie scheint die Ära der Stromlinienformen vorwegzunehmen, hat ihre Wurzeln aber wohl eher in der expressionistischen Vergangenheit der beiden Architekten. Wie bei einigen anderen Stuhlentwürfen jener Jahre besteht die tragende Konstruktion aus einem in sich geschlossenen Stahlrohr. Aber anders als etwa bei **Marcel Breuer** oder **Ludwig Mies van der Rohe**, die geometrische Grundformen bevorzugten, war den Luckardt-Brüdern der freie künstlerische Strich wichtig. Die stark gebogene, sichelförmige Rückenlehne, die fast wegzufliegen scheint, sowie die von der Seite betrachtet S-förmige Sitzfläche charakterisieren die Radienvielfalt und räumliche Komplexität des Stuhls. Lehne und Sitz bilden Mulden und machen den Stuhl so komfortabel. Eine Klappvariante machte *ST 14* auch für Reihenbestuhlung verwendbar.

Sessel
Design: **Werksentwurf**
Hersteller: Thonet

Kleine Abbildung:
Sessel mit Fußbank S 411 H

1932 S 411

Um 1930 hatte sich der Stil der »Neuen Sachlichkeit« etabliert. Stahlrohrmöbel waren, ähnlich wie die Jazzmusik, Ausdruck des modernen Lebensgefühls. In dieser Zeit, die zugleich durch sich verschärfende wirtschaftliche und politische Krisen geprägt war, wagte die Firma Thonet eine Kombination, wie es sie bis dahin noch nicht gegeben hatte: voluminöses Polster auf schwungvollem Stahlrohr. Das Gestell dieses Hausentwurfs variierte Merkmale existierender Modelle. Die Verwendung einer durchgehenden, verchromten Stange entsprach **Marcel Breuers** Stuhl S 64. Das eingehängte »L« aus Rückenlehne und Sitzfläche erinnert an **Ludwig Mies van der Rohes** Barcelona-Sessel. S 411 war allerdings produktionstechnisch bei weitem nicht so aufwändig. Dieser etwas traditionell wirkende Sessel, der die Vorteile des »Freischwingers« mit klassischem Federkernpolster verbindet, wurde nicht zufällig zu einem neuen, unendlich oft kopierten Typus. Schon in den 30er Jahren gehörten ähnlich stattliche Stahlrohrsessel zur repräsentativen Ausstattung privater und öffentlicher Räume. Der Sessel S 411 war also von Anfang an ein echtes Gebrauchsmöbel.

Teewagen
Design: **A. Bamberg**
Hersteller: Thonet

1933 S 179

Als Requisit einer Großstadtbar oder einer Filmszene kann man ihn sich durchaus vorstellen. Der Servierwagen *S 179* wirkt schlicht und zugleich mondän. Wie die Möbel **Ludwig Mies van der Rohes** ist er ein frühes Beispiel für die Adaption der neuen Sachlichkeit an ein bürgerliches Umfeld. Die Ausführung eines Servierwagens als Stahlrohrkonstruktion, war, insbesondere seit das Bauhaus in Mode kam, ziemlich nahe liegend und wurde von **Marcel Breuer** erstmals verwirklicht: in einer drei- und einer vierrädrigen Version (1928/32) mit jeweils zwei herausnehmbaren Tabletts. Der vorliegende Entwurf von Bamberg weist demgegenüber einige Besonderheiten auf. So sind die Funktionen Transport und fester Stand auf ebenso einfache wie funktionale Weise vereinbart, ohne dass etwa die Räder arretiert werden müssten. Dies gelingt durch die Beschränkung auf Vorderräder, die nur benutzt werden, wenn man den Wagen an seinem Griff anhebt. Dieser Griff ist das Ende einer mittig verlaufenden Stange, die der Konstruktion Stabilität verleiht und an der auch die Räder befestigt sind – eine unaufwändige und elegante Lösung. Bei den drei identischen Abstellflächen klingt industrielle Multiplikation ebenso an wie die parallelen Etagenbänder moderner Hochhäuser, wie sie etwa Erich Mendelsohn bei seinen Kaufhausbauten verwendete. Mit den abgerundeten Ecken erinnert *S 179* auch das ein Jahr zuvor eingeweihte Berliner Shell-Haus.

Schreibtisch
Design: **Marcel Breuer**
Hersteller: Thonet

Kleine Abbildung: Nachttisch *B 117* (Werksentwurf, 1934)

1935 S 285

Das Bauhaus verstand sich als Forschungsstelle für Formen. Traditionelles sollte durch neue, modellhafte »Typen« ersetzt werden, die den gängigen Vorstellungen also fast zwangsläufig widersprechen mussten. All dies traf auf den Schreibtisch *S 285* zu. Allerdings hatte **Marcel Breuer** sich bei Entstehung dieses Modells bereits selbständig gemacht und ein Büro in Berlin eröffnet. Während Büroschreibtische bis dahin durchweg aus Seitenschränken mit aufgesetzter Arbeitsplatte bestanden, wurde hier der statische Gegensatz von oben und unten aufgelöst. Die einzelnen Elemente sind Teil einer Gesamtkonstruktion. Das Verbindende – formal und physisch – ist das Stahlrohr. Ein einziges Rohr, das um Schubladen und Arbeitsfläche »mäandert«, hält die drei Teile zusammen. Es ermöglicht zweierlei: bessere Beweglichkeit durch die Kufen und eine differenzierte Raumnutzung. Weder die Arbeitsplatte noch die Schränke liegen auf, wodurch unter der Platte Ablagefläche entsteht und man durch das Möbel hindurchblicken kann. Der Kontrast zwischen seriösem Schwarz und glänzendem Metall erzeugt den Eindruck von Hochwertigkeit und technischer Präzision.

Stuhl
Design: **anonym**
Hersteller: Bombenstabil, Frankenberg
Reedition: Magazin

1936 2200 »Frankfurter Stuhl«

Er stand und steht noch immer in Hinterzimmern der Post, der Bundesbahn (die ihn bis 1987 bezog) und manch anderer Ämter. Er war so selbstverständlich, dass er weitgehend ignoriert wurde, obwohl er vom Designstandpunkt aus durchaus interessant ist. Handelt es sich doch um ein auf die notwendigsten Teile reduziertes Massenprodukt. In seiner unprätentiösen Einfachheit liegt seine Qualität. Es handelt sich um einen Bugholzstuhl nach der Methode **Thonet**. In den 20er Jahren wurden ähnliche Modelle im Zuge der »Neuen Sachlichkeit« von zahlreichen Herstellern hauptsächlich als Küchenstühle produziert. Die Firma Bombenstabil aus Frankenberg (heute Stoelcker) entwickelte Mitte der 30er Jahre einen Stuhl aus Buchenschichtholz, dessen Produktion noch wesentlich vereinfacht war. Die Höhe der Sitzzarge wurde z. B. vergrößert, wodurch Versteifungsleisten unnötig wurden. Vorderbeine, Vorderzarge und die gebogene Hinterzarge verleimte man in einem Arbeitsgang. 1936 kam das Modell *2200* auf den Markt, mit dem die Mannschaftsunterkünfte der im selben Jahr ausgetragenen Olympischen Spiele in Berlin komplett ausgestattet wurden. Später übernahmen zahlreiche Behörden diesen »Volksstuhl«. *2200*, dessen Wurzeln in den 20er Jahren und davor liegen, ist, ähnlich wie der Volkswagen, ein Beispiel für die erstaunliche Kontinuität der Designmoderne in Deutschland. Dass dieser schlichte, »anonyme« Stuhl nun von **Magazin** produziert wird, passt haargenau in die Konzeption dieses Herstellers.

Beistelltisch
Design: **Hans Bellmann**
Hersteller: Unbekannt
Reedition: Vitra

1945 Kolonialtisch

Er kann als Ergänzung zu den in den 40er und 50er Jahren sehr beliebten »Kolonialstühlen« skandinavischer Hersteller verstanden werden (bekannt wurde der um 1930 entstandene *Safaristuhl* von Kaare Klint). Das Konzept: einfache, flexible Möbel, die auf Vorbilder des anonymen Alltagsdesigns zurückgriffen, darunter auch englische Kolonialmöbel. Bellmann, dem in seiner Studienzeit am Bauhaus in Dessau der Sinn fürs Praktische vermittelt wurde und der während der NS-Zeit in die Schweiz emigrierte, ließ sich zu dem Entwurf von einem zerlegbaren Zeichenhocker inspirieren. Die Aufgabe bestand darin, einen Beistelltisch zu entwickeln, der sich schnell und einfach montieren (und demontieren) lässt und dabei standfest und stabil ist. Das Prinzip besteht aus drei gedrechselten Tischbeinen aus lackiertem Buchenholz, die durch ein sternförmiges Metallscharnier miteinander verbunden werden. Sie lassen sich mit einfachen Handgriffen zum Untergestell auffächern. Die Spitzen der Beine werden dann durch schräg gebohrte Löcher in die Tischplatte gesteckt. Sogenannte Schultern unterhalb der Spitzen verhindern ein Durchrutschen der Beine und arretieren die in Ahorn oder Kirsche furnierte Platte. Der zweckmäßige Entwurf mit seinen verschiedenen Wurzeln reflektiert auch den pragmatischen Geist einer schwierigen Pionierzeit, in der man unter dem Eindruck des Zweiten Weltkriegs und seiner Folgen nach neuen, erschwinglichen Lösungen suchte.

Korbsessel
Design: **Egon Eiermann**
Hersteller: Heinrich Murrmann
Reedition: Richard Lampert

1948 E 10

Vier Jahre nach Kriegsende fand in Stuttgart eine viel beachtete Möbelausstellung statt, deren Titel eine Frage war, die sich damals zwangsläufig viele Deutsche stellten: »*Wie wohnen?*« Im Zentrum der Ausstellung stand eine von **Egon Eiermann** entworfene und komplett eingerichtete Vierzimmerwohnung. Der Architekt wählte Einrichtungsgegenstände aus verschiedenen Materialien wie Stahlrohr, Holz und Sperrholz und platzierte sie locker im Raum. Darunter war neben einer Reihe anderer eigener Entwürfe auch der Korbsessel *E 10*. Mit seinem zentralen, stammartigen Fuß und der tiefen Sitzschale, die sich wie eine Blüte öffnet, war er weltweit ein Prototyp für viele spätere Entwürfe dieser Art (bekannt wurde z. B. Isamu Kenmochis Sessel von 1961). Der bequeme, formal konsequente und dekorative Sessel gehört zu den gelungensten Arbeiten des Architektendesigners, obwohl er längst nicht die Popularität anderer Eiermann-Möbel erreichte. Die Sitzskulptur, die Eiermanns Interesse an organischen Formen zeigt, ist nur in reiner Handarbeit herzustellen (ein geübter Flechter benötigt etwa 25 Stunden). Kein anderes Material als Rattan wird verwendet. Die elastischen Stangen gewinnen durch Verflechten an Steifheit und damit an Belastbarkeit. Eine innen liegende Versteifung des Sockels stabilisiert die Konstruktion. Dass hier Schaft, Sitzmulde, Armauflage und Rückenteil aus einem Guss sind, ist auf den ersten Blick zu erkennen.

Stuhl
Design: **Egon Eiermann**
Hersteller: Wilde + Spieth

1949 SE 42

Es war jenes Modell, das man in seiner Frühzeit gern mit dem fünf Jahre zuvor entstandenen Stuhl *DCW (Dining Chair Wood)* von Ray und Charles Eames verwechselte, dessen internationale Bekanntheit es jedoch nie erreichte. Tatsächlich zeigt die Konstruktion beider Entwürfe einige Übereinstimmungen: organisch gestaltete Sitz- und Lehnenplatten aus formgepresstem Sperrholz, aufgelegt mit möglichst wenigen Befestigungspunkten auf ein Gestell aus gebogenen, montierten Sperrholzstreifen. Die auf den Sitz- und Lehnflächen sichtbaren Schrauben sind ein charakteristisches und unterscheidendes Merkmal und verweisen auf ein konstruktives Detail. Beim *SE 42* gehen die Schrauben durch beide Sperrholzteile und einen zusätzlichen Gummipuffer hindurch, während sie beim Eames-Modell nur am Gestell verschraubt und ansonsten verklebt sind. Ein weiterer und struktureller Unterschied: **Egon Eiermann** stellt mit dem Verzicht auf das vierte Bein die Standfestigkeit nur scheinbar in Frage. Durch die Reduktion wirkt der Aufbau klarer. Die Variante mit drei Beinen wurde zwei Jahre später auch von den Dänen Arne Jacobsen (Stuhl *Ameise*) und Poul Kjaerholm (Stuhl *PK 0*) umgesetzt. Wagemutig zeigte er sich in der Belastbarkeit des Materials. Der kleine Biegeradius des vorderen Teils der nur neun Millimeter dünnen Sitzfläche wurde zur Zerreißprobe für das Sperrholz. Insgesamt ist die Linienführung komplex und erscheint lebhaft.

Stuhl
Design: **Egon Eiermann**
Hersteller: Wilde + Spieth

1950 SE 68

Ein paar Jahre Karenzzeit lagen im Normalfall dazwischen, bis Entwicklungen aus dem gelobten Land Amerika sich auch in Europa verbreiteten. Das gegen Ende des Zweiten Weltkriegs in Kalifornien lebende Designerpaar Ray Eames und Charles Eames hatte mit seinen auf dünnem Stahlrohrgestell fußenden, dreidimensional gebogenen Sperrholzstühlen das prototypische Sitzmöbel der 50er Jahre geschaffen. Diese praktische, weil leichte und sitzfreundliche Kombination fand Epigonen in vielen Ländern. **Egon Eiermann** zählte zu den Ersten, die das neue Instrumentarium auf dieser Seite des Atlantiks anwandten (zwei Jahre vor Arne Jacobsens *Ameise*). Schon bei seinem reinen Sperrholzstuhl *SE 42* zwei Jahre zuvor hatte sich der Modernist und Konzeptionalist an dem transatlantischen Vorbild orientiert. In diesem Falle entwickelte er daraus eine leicht reduzierte, strengere und damit wohl auch typisch deutsche Variante. Sein zierliches Modell *SE 68* mit Vierbeingestell ist ein wahrer Mehrzweckstuhl. Die Stapelbarkeit prädestiniert ihn als Ausstattung für Schul-, Seminar- und andere Vortragssäle. Generationen von Studenten haben auf der optionalen, klappbaren Schreibunterlage ihre Mitschriften verfertigt. Da das leichte Möbelstück zudem schnell zum Sinnbild des neuen Aufbruchs wurde, war es ein beliebter Einrichtungsgegenstand für modern Gesinnte. Sitz und Rücken sind aus mehrfach verleimtem Echtholzfurnier gefertigt. Ein charakteristisches Erkennungsmerkmal bilden dabei die auf der Vorderseite sichtbaren Verschraubungen, ein konstruktives Detail, das auch auf die erhöhte Festigkeit und Haltbarkeit verweist.

Elementmöbelsystem
Design: **Hans Gugelot**
Hersteller: Bofinger

1950 M 125

Nun konnte man »Wände bauen, deren Hauptcharakteristik es ist, Behälter zu sein«, sagte **Hans Gugelot**. Drei Jahre tüftelte der Neuerer nebenher an seiner »Schrankwand«, mit der er große Räume unterteilen wollte, bis sie 1953 auf der Baseler Mustermesse erstmals vorgestellt wurde. Es dauerte aber noch drei weitere Jahre, bis eines der ersten und konsequentesten variablen Schranksysteme aus standardisierten Einzelteilen bei der Firma **Bofinger** in Produktion ging (bis 1988). Zu den Vorbildern zählten deutsche Typen- und Anbaumöbel (vgl. **Richard Riemerschmid** und **Marcel Breuer**), aber auch amerikanische Konzepte wie die *Storagewall* von George Nelson. Der neue Möbeltypus, der dem Einzelschrank eine variable Kombinatorik entgegensetzte, war das Ergebnis empirischen Vorgehens. Gugelot hatte vom Aktenordner bis zur Schallplatte zahlreiche Gegenstände abgemessen und die durchschnittliche Augen-, Greif- und Bedienungshöhe errechnet. Daraus leitete er die Maßeinheit von 125 Millimeter ab. Das Bauprinzip: Bretter als kleinste Einheiten werden zu festen Kuben verbunden, ein revidierbarer Prozess, der zugleich industrielle Fertigung ermöglicht. Die kunststoffbeschichteten Oberflächen, anfangs noch in Mondrian-Farben, waren hell, damit sie viel Licht reflektierten. Das universale *M 125* mit seinen charakteristischen kreisförmigen Griffmulden wurde sowohl als privates Wohnmöbel wie auch als umfassende, bis in stattliche Höhen stapelbare Büroausstattung verkauft.

Klappstuhl
Design: **Egon Eiermann**
Hersteller: Wilde + Spieth

1953 SE 18

Der praktische Klappstuhl aus den frühen 50er Jahren folgte mit seinem Rundholzgestell und seiner organischen Ausbildung von Sitz und Lehne eindeutig einem Formenideal, wie es sich im davorliegenden Jahrzehnt besonders in Dänemark ausgebildet hatte (darauf verweist auch eine Version in teurem Teakholz). Bei diesem Stuhl gilt Ähnliches wie bei den anderen Modellen von **Egon Eiermann**. Die besondere Leistung des Architektendesigners lag in der gelungenen Symbiose von Technik und einer ganz selbstverständlich erscheinenden Formgebung. Offenheit der Konstruktion und Materialökonomie, jene Prinzipien, die Neofunktionalisten wie er aus dem Katechismus der klassischen Moderne übernahmen, waren nur die eine Seite der Medaille. Eine lebendige, Spannung erzeugende Linienführung, wie man sie auch bei den Skandinaviern studieren konnte, war die andere. Jedes Stuhlteil – später experimentierte er u. a. mit Kunststofflehnen – ist für sich durchgestaltet. Eierman hatte das Modell für **Wilde + Spieth** speziell auf die Bestuhlung von Großräumen zugeschnitten. Tatsächlich war es auf diesem Gebiet lange konkurrenzlos. Dass *SE 18* zur Ausstattung der bald in Ulm eröffneten Hochschule für Gestaltung gehörte, ist trotzdem erstaunlich, da bei den Ulmern doch eher geradlinige Nüchternheit herrschte.

Sessel mit Hocker
Design: **Herbert Hirche**
Hersteller: Richard Lampert

1953 Tiefer Sessel mit Hocker

Der repräsentative Salonstil war einem Mobiliar im Wortsinn, d. h. einer tatsächlich beweglichen Habe, gewichen, was dem Wunsch nach zwangloser Geselligkeit entgegenkam und auf die begrenzten Wohnverhältnisse Rücksicht nahm. **Herbert Hirches** *Tiefer Sessel* steht als Entspannungsmöbel geradezu beispielhaft für eine neue, stark an amerikanischer Lebensart und skandinavischen Vorbildern orientierten Wohnkultur. Hirche hatte Sessel und Hocker zunächst für sein Privathaus in Stuttgart entworfen. Schon andere Gestalter hatten auf eine hohe Rückenlehne und Armstützen verzichtet und die Polster auf flache Kuben reduziert. Hirches Version trieb diese Reduzierung auf die Spitze. Auf ein zu Kufen und Lehnenhalterung gebogenes Stahlrohr wurden mit Abstandhaltern Sitz und Lehne im rechten Winkel geschraubt. Weniger Masse kann ein Sessel kaum haben. Das Minimum an Auflage ließ die flachen Polster zudem gleichsam über dem Gestell schweben. Das chromglänzende Stahlrohr wie auch das Streben nach größtmöglicher formaler Strenge zeugen von Hirches Ausbildung am Bauhaus. Die Zierlichkeit des Möbels, seine extrem niedrige Sitzhöhe wie auch die Bescheidenheit der Materialien – Schaumstoffpolster waren mit einem einfachen Wollstoff bezogen – weisen den Entwurf zugleich klar als Kind seiner Zeit aus.

Tisch
Design: **Egon Eiermann**
Hersteller: Richard Lampert

1953 Tisch mit Kreuzverstrebung

Unter den Möbelentwürfen von **Egon Eiermann** spielen Tische eigentlich nur eine beiläufige Rolle. Eine für ihn allerdings charakteristische Konstruktionsidee ist das Gestell aus zwei seitlichen Stahlrohrrahmen, die er durch ein dazwischen geschweißtes, schräg liegendes Rohrkreuz diagonal miteinander verband. Mit einem Reißbrett als Platte (und als unmissverständlichen Hinweis auf den Ursprung dieses Entwurfs) bildete dieser »Architektentisch« die Arbeitsfläche für Generationen Karlsruher Architekturstudenten. Derselbe Gestelltyp aus verchromtem Stahlrohr und in leicht abgewandelter Dimension trug 1954 auf der Mailänder *Triennale* ein Klavichord. In den 60er Jahren gab es den Tisch – als »Eiermann 2« – in einer Variante mit senkrechten Kreuzstreben, entweder mittig oder nach hinten versetzt. Obwohl diese Idee von einem Assistenten stammt, nennt man es »Eiermann-Gestell«, da es vom »Eiermann 1« abgeleitet ist. Es eignet sich z. B. als Esstisch. Beide Versionen werden mittlerweile von **Richard Lampert** wieder hergestellt. Das Originalgestell gibt es nun auch zerlegbar. Was die Tischplatten betrifft, machte Eiermann keine Vorschriften. Er selbst arbeitete an einer massiven Lindenholzplatte, viele seiner Studenten an einem Türblatt.

Hocker
Design: **Max Bill, Hans Gugelot, Paul Hilbinger**
Hersteller: Eigenproduktion der HfG Ulm
Reedition: Zanotta, Italien; Wohnbedarf, Zürich; Vitra

1954 Ulmer Hocker

Der multifunktionale Kasten aus dem Gründungsjahr der Hochschule für Gestaltung in Ulm ist untrennbar mit dieser legendären Institution verknüpft, die sich als Nachfolgerin des Bauhaus verstand und dieses an Prinzipientreue noch übertraf. Die Konstruktion ist denkbar einfach: drei rechteckige Fichtenholzbretter, rechtwinklig durch Fingerzinken verbunden, ein Rundstab aus Buchenholz, der die Seitenbretter in Bodennähe durchdringt und sowohl als Tragegriff als auch zur Stabilisierung dient. Das ebenso stringente wie asketische Konzept galt als Manifest. Waren Rechteckformen und deren Kombination in Rastersystemen doch das Ideal der Ulmer Neuerer, die rationalistisch geradeaus dachten und denen jeder Schnörkel, jedes Symbol und jede »Unehrlichkeit« ein Gräuel waren. Tatsächlich ist dieses praktische Minimum äußerst vielseitig verwendbar: zum Sitzen in zwei Höhen, als Beistelltisch zum Arbeiten und Frühstücken, als Fußbank, als Transportbehälter, als Tablett, als Podest für Redner und – zu mehreren zusammenstellt – als Sitzbank, Präsentationsfläche und Büchertisch. Außerdem reflektierte die spartanische Formgebung noch ein anderes Faktum: Aufgrund der permanenten Geldknappheit an der so berühmten Designschule war an eine aufwändige Ausstattung gar nicht zu denken.

Stuhl
Design: **Eddie Harlis**
Hersteller: Thonet

1954 S 664

Wer mit der Zeit ging, hatte ihn im Wohnzimmer. Der Schalensitz war eine Errungenschaft der 40er Jahre (frühe Entwürfe stammen von Eero Saarinen, Ray und Charles Eames). Aber erst im darauf folgenden Jahrzehnt wurde er zu einer Ikone. Bei diesem Stuhl bestehen Sitzfläche und Lehne aus einem einzigen Stück Sperrholz, jenem Material, in dem sich, ähnlich dem Beton in der Architektur, eine Welt organischer, oft dynamischer und bis dahin nicht gekannter Formen kreieren ließ. In der Freiheit der Linienführung zeigte sich der heute manchmal naiv erscheinende Optimismus jener Epoche. Auch die Kombination von Holz und einem Gestell aus dünnem Stahlrohr knüpft an die genannten Vorbilder an, allerdings verleiht die strenge geometrische Anordnung der Stangen dem Entwurf einen eigenen Reiz. Die Sitzschale wirkt trotz der gewagten Wölbung durchaus schlicht. Von vorne betrachtet bildet sie einen Kreis, von der Seite ein Dreieck. Gerade die spannungsgeladene Kombination von Konstruktivität und Ausdruck hebt S 664 über den Durchschnitt. Der eigentliche Blickfang sind dabei zweifelsohne die zwei Öffnungen an der hinteren Unterseite. Natürlich erinnern die Löcher an Augen – die eines Tieres oder eines Außerirdischen. Sie sind aber keineswegs nur ästhetisches Beiwerk, sondern erfüllen verschiedene Zwecke. Einerseits waren sie nötig, um die extreme Verformung der Sperrholzsitzschale überhaupt zu ermöglichen, andererseits dienen sie der Belüftung und können zudem als Griff benutzt werden.

Sessel
Design: **Anonym**
Hersteller: Walter Knoll

1956 369

Die Sitzschale wurde zu einem Sinnbild der Moderne, spätestens seit der Amerikaner Eero Saarinen Ende der 40er Jahre mit seinem Sessel *Womb*, zu deutsch Mutterleib, die Dreidimensionalität organischer Linien auf ein Polstermöbel übertragen hatte. Grundsätzlich anders gegenüber dem traditionellen Sitzmöbel war nicht nur die fließende Linienführung (und somit die weitestgehende Abwesenheit von Kanten), sondern vor allem die Verschmelzung aller Einzelelemente des Sessels zu einer einheitlichen Gesamtform – während er in seiner funktionalistischen Variante ja gerade in seine Einzelteile zerlegt wurde. Ein Blick in das Standardwerk *Die schöne Wohnung*, Ausgabe 1959, zeigt, dass die dort abgebildeten Musterwohnungen nicht nur mit Saarinens Original, sondern auch mit etlichen Varianten bestückt waren. Mitte der 50er Jahre war der Schalensessel Standard. Eine der formal sehr gelungenen Variationen dieses neuen Typs ist das relativ kleine Modell *369*. Die kreisförmige Öffnung der Sitzschale und die dreieckige Seitensilhouette ergeben eine ruhige, formal ausgewogene Erscheinung. Dies wird durch die klaren Linien der seitlich geführten Stahlrohrbeine noch unterstrichen. In die leicht nach hinten abfallende Schale rutscht man hinein, dabei ist die Sitzfläche aber kurz genug, um auch bequem wieder aufstehen zu können.

Bett
Design: **Hans Gugelot**
Hersteller: Habit Wohnformen

1956 GB 1085

Ein Bett ist ein Bett, ist ein Bett, ist ein Bett. **Hans Gugelot**, einer der eigenständigen Charaktere an der Ulmer Hochschule für Gestaltung, verstand es, sowohl im Produktdesign wie im Möbeldesign den Dingen auf den Grund zu gehen. Der in der Schweiz aufgewachsene gebürtige Holländer hatte bereits vor seiner Ulmer Zeit mit der gerasterten Schrankwand *M 125* (1950) ein Modell für das neue, rationale Wohnen geliefert. Mit den Phonogeräten der Firma Braun, insbesondere der kastenförmigen Kompaktanlage *SK 4*, weltbekannt als »Schneewittchensarg«, begann eine neue Ära im Produktdesign. Im selben Jahr entstand *GB 1085*, die Minimalversion eines Bettes. Auch hier huldigt Gugelot der »reinen« rechteckigen Form, dieser Chiffre der klassischen Moderne. Sie steht für Vernunft, die auf alles Überflüssige verzichtet – ganz besonders auf Pathos. *GB 1085* wird, wie **Herbert Hirches** Barwagen aus demselben Jahr, von schwarz lackiertem Metall eingefasst und ist ebenso einfach konstruiert. Das Bett besteht aus einem Metallrahmen mit nach innen gebogenem L-Profil, in das ein Lattenrost und die Matratze eingelegt werden. Die dünnen Röhrenfüße komplettieren das asketische, wenn nicht existentialistische Flair: Ich schlafe, also bin ich.

Barwagen
Design: **Herbert Hirche**
Hersteller: Holzäpfel

1956 Barwagen

Ein Möbel aus Eisen, Glas und Gummi. Schon die Wahl dieser industriellen Materialien könnte kaum programmatischer sein. Hinzu kommt ein Minimalismus, bei dem der Entwurf allein durch seine Außenkanten definiert wird, die zugleich sein hauptsächliches physisches Substrat bilden. Dadurch wirkt der Wagen wie eine Gestalt gewordene geometrische Zeichnung. Ein Gebilde aus abstrakten Flächen und Geraden wird zum theoretischen Objekt. Die Forderung des »befreiten Wohnens« nach visueller Offenheit ist konsequent umgesetzt. Der Gegensatz zu den damals üblichen, fest eingebauten und zumeist verschlossenen Barschränken konnte nicht größer sein. Dieser fast »immaterielle« Servierwagen, der doch recht irdischen Bedürfnissen dient, ist ein Raummanifest auf Rädern und geht an gestalterischer Radikalität über seine Vorgänger der klassischen Moderne hinaus (vgl. *S 179* von A. Bamberg aus dem Jahr 1933).
Herbert Hirche, der für die Firma Christian Holzäpfel bereits mehrere Wohnmöbelprogramme entworfen hatte, verwirklichte im selben Jahr die Büromöbel *DHS 30*, bei denen er Rechteckstahlrohr in Schwarz verwendete – eine Lösung, die Schule machen sollte. Die Stahlrohre entsprachen den verschweißten Winkelprofilen des Barwagens, in die sich die Industrieglasplatten einlegen ließen (der mit Hirche bekannte **Hans Gugelot** verwendet dasselbe Prinzip beim Bett *GB 1085*). Der Hybrid zwischen Tisch und Regal fuhr auf vier Gummirädern.

Musikschrank
Design: **Herbert Hirche**
Hersteller: Braun

Kleine Abbildung:
Musikschrank *RB 10*, *R 10* und *RL 10*
für Braun, 1959

1958 HM 1

Als die Radio- und Phonofirma Braun Mitte der 50er Jahre die Gestaltung ihrer Produkte grundsätzlich überdachte, wandte sie sich an **Hans Gugelot**, einen Dozenten der Ulmer Hochschule für Gestaltung, und an den Architekten **Herbert Hirche**. Dass beide auch als Möbeldesigner arbeiteten, war kein Zufall, denn der Plan von Firmenchef Erwin Braun bestand darin, Geräte zu produzieren, die zu modernen Wohnungseinrichtungen passen sollten. Hirche hatte 1955 das Anbaumöbelprogramm *DHS 20* (für Christian Holzäpfel) entworfen, ein System aus Tisch und Sideboards in Kastenform, deren Füße erstmals aus rechteckigen Stahlprofilen bestanden. Dieselben Stilelemente fanden sich bei seinen Rundfunkgeräten wieder. Es waren Kuben, deren flächige Front er in Rechtecke gliederte. Die Lautsprecher wurden mit grauem oder schwarzem Gewebe bespannt. *HM 1* und die Folgemodelle enthielten Rundfunkgerät und Plattenspieler (teilweise auch Tonbandgeräte), d. h., es handelte sich um »Musiktruhen«, damals das Spitzenprodukt der Radioindustrie. Diese sahen zumeist pompös aus und waren mit goldenen Zierleisten dekoriert. Hirches schlichte, klar strukturierte Schränke markierten eine deutliche Abkehr vom traditionellen »Musikmöbel«.

Polstermöbelkollektion
Design: **Michael Bayer**
Hersteller: COR

1959 Quinta

Quadrat, Kubus, Rechteck. Schon rein formal war *Quinta* eine zeitgemäße Antithese zur restaurativen Gemütlichkeitskultur. In den 50er Jahren wurde der Beweis angetreten, dass man auch im weichen Material der Polster die visuelle Sprache der neuen Sachlichkeit umsetzen kann. Die historischen Rückbezüge sind unübersehbar. Was um 1955 im Industriedesign und hier insbesondere in der Zusammenarbeit der Firma Braun und der Ulmer Hochschule für Gestaltung begonnen hatte, war nun auch im Wohnzimmer angekommen. Die Richtung, die Pioniere wie **Hans Gugelot** und **Herbert Hirche** vorgegeben hatten, wurde hier zu einem Programm ausgebaut. *Quinta* war das erste Polstersystem, das es den Anbauschränken gleichmachte. Die Sitzgruppe bestand aus fünf Elementen – daher der Name »Quinta« – und erlaubte einen ganz neuen, flexiblen Einrichtungsstil. Sessel, Sofa, Klappliege, Tisch und Schrank wurden in verschiedenen, zueinander passenden Varianten geliefert. Die Sitze gab es jeweils mit oder ohne Armlehnen. Ähnlich wie die Bilder an der Wand bis dahin ihren »ewigen« Platz gehabt hatten, waren auch die Möbel schwere, quasi »unverrückbare« Objekte. Diese feste Ordnung wurde nun aufgelöst. Ob im I-, L- oder U-Muster, die Sitzelemente konnten nach Bedarf gruppiert und miteinander verbunden werden. Systematik und Leichtigkeit waren Merkmale, die die Gruppe vom zeitgenössischen Mobiliar, aber auch von ihren historischen Vorgängern unterschied.

Regalsystem
Design: **Dieter Rams**
Hersteller: Vitsoe
Reedition: sdr+ und de Padova

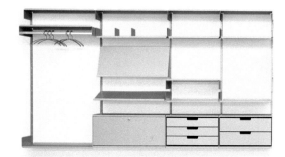

1960 606

Dieter Rams, der seit Mitte der 50er Jahre mit dem Ulmer Dozenten **Hans Gugelot** an neuen Phonogeräten der Firma Braun arbeitete, hatte mit dem Regal *RZ 57* sein erstes Montagemöbel vorgelegt. Es bedeutete nichts anderes als eine Fortsetzung des bei Braun eingeschlagenen Weges. Wie bei den Radios und Phonogeräten stellte der Übergang von Holz zu Metall beim Regal *RZ 60* (heute *606*) einen weiteren bedeutenden Schritt dar. Robustheit und Stabilität wurden erhöht, bei einem Lastenträger gewiss kein nebensächlicher Aspekt, aber auch der damit verbundene industrielle Impetus, der das Regal zu einem Gerüst werden ließ, hob es aus dem Durchschnittsmobiliar seiner Zeit heraus, und dies bedeutete einen Paradigmenwechsel, der durchaus mit der Verwendung von Stahl in den 20er Jahren vergleichbar ist. Auch das zurückhaltende Grau, eine Grundfarbe der neuen deutschen Nüchternheit, hat dieselben Rückbezüge nach Dessau und Ulm – und entsprach demgemäß auch dem Braun'schen Neutralitätsprinzip. Schließlich erfolgte Anfang der 70er Jahre die Ausweitung vom wandmontierten Regal zum »Raumsystem«. Konstruktives Grundelement blieb das gelochte Aluminium-E-Profil, das die unterschiedlichen Elemente trägt und verbindet. Das vielseitige System lässt sich zu einem Arbeitsplatz erweitern oder auch als Garderobe verwenden. Mit der Option frei stehender Versionen potenzierte sich die Zahl der Varianten, die man heutzutage via Internet-Konfigurator online zusammenstellen kann.

Sessel
Design: **Dieter Rams**
Hersteller: Vitsoe
Reedition: sdr+ (Programm *620*)

Kleine Abbildung: Sessel mit Fußbank und Beistelltisch

1962 RZ 62

Anfang der 60er Jahre ergänzten der Sessel *RZ 62* (und *RZ 60*) das Möbelprogramm der Firma Vitsoe, das von **Dieter Rams** bestimmt wurde, der damals gerade zum Designchef der Firma Braun aufstieg und von dem auch das Regal *606* stammte (heute sdr+). Die Basis der Sesselkonstruktion ist ein stabiler Holzrahmen mit Federkern. Er wird durch Schalen aus staubabweisendem Kunststoff abgedeckt, die als Rücken- und nach oben gebogene Armlehnen fungieren. Sie umschließen einen Sitzraum der Geborgenheit (ein Konzept, an das z. B. der Rams-Schüler **Christian Werner** mit seinem Sofa *6900* anknüpfte). Alle Elemente einschließlich der Seiten- oder Rückenschalen sind leicht lösbar und lassen sich somit austauschen. Die Sessel können auf einfache Weise in Zwei- oder Mehrsitzersofas verwandelt werden. Später wurde das System durch Beistelltische, Verbindungsplatten (zur Reihung) sowie »Sektorenelemente« erweitert, die eine Kreisanordnung erlauben. Weiteres Zubehör waren Holzkästen in Lichtgrau oder Mattschwarz. In Form und Material orientierte sich Rams an amerikanischen Vorbildern wie z. B. George Nelsons *Modular Seating System*. Seine ästhetische Eigenständigkeit gewinnt *RZ 62* durch die neutrale Ausstrahlung, denn sein Schöpfer setzt auch im Wohnraum auf Unaufdringlichkeit, eine zeitlose Attitüde.

Schrankwand
Design: **Team Form AG**
Hersteller: Interlübke

1963 Interlübke / SL

Dass die Firma den Namen dieses Möbelstücks schließlich selbst annahm, sagt eigentlich alles über dessen Bedeutung für das Unternehmen aus. Die Schrankwand *Interlübke* (heute *SL*) war die Initialzündung, der das westfälische Unternehmen seinen Aufstieg und auch sein eindeutiges Profil verdankt. Eigentlich kam der Entwurf als eine ungefragt eingesandte Idee ins Haus und wäre fast ungesehen in den Papierkorb gewandert. Walter Müller von Team Form, einem Schweizer Büro, das bis heute für **Interlübke** arbeitet, hatte ein Rundschreiben an deutsche Möbelhersteller geschickt, in dem ein neuartiges und damals höchst ungewöhnliches Schranksystem vorgeschlagen wurde. Für den Unternehmer Leo Lübke war daran besonders interessant, dass es aus nur ganz wenigen Teilen gebaut werden konnte, denn oberer Kranz und Sockel waren identisch. Wenn man den Schrank also um 180 Grad drehte, wurde aus dem oberen Teil der untere. So konnte im Anbauverfahren ein Endlosschrank gebaut werden. Dieser reichte von Wand zu Wand und vom Boden zur Decke und war als eine große, in neutralem Weiß gehaltene Fläche das Gegenstück zum traditionellen Einzelschrank, aber auch eine Alternative zur kleinteiligen, modularen Schrankwand wie dem System *M 125* von **Hans Gugelot** (1950). Dem ästhetisch reizvollen additiven Prinzip, signifikant durch die in gleicher Richtung öffnenden Türen, entsprach jedoch ein höchst variabler innerer Aufbau. Dazu gehört heute neben diversen Einlegeböden, Körben und Auszügen u. a. auch ein Ausklappbett.

Kinderstuhl
Design: **Richard Sapper, Marco Zanuso**
Hersteller: Kartell

1964 K 4999

Der Kinderstuhl, den der Wahlitaliener **Richard Sapper** mit Marco Zanuso entwickelte, war eine Pionierleistung, obwohl das Projekt außergewöhnlich lange dauerte. Es gab Vorversionen in verschiedenen Materialien wie Holz, Metall oder Fiberglas. Schließlich wurde der Entwurf noch einmal komplett neu durchdacht, denn als Anfang der 60er Jahre die Patente für Thermokunststoffe abliefen, war das nahezu unbegrenzt formbare Material plötzlich erschwinglich und löste Sperrholz als Lieblingsmaterial der Möbeldesigner ab. In der zweiten Hälfte der 60er Jahre häuften sich die Innovationen, darunter der **Bofinger**-Stuhl *BA 1175* (1966) und das *Garten-Ei* (1968). Sapper und sein Partner waren unter den Ersten, die den neuen Wunderstoff für ein Sitzmöbel nutzten. Das im Spritzgussverfahren geformte Polyethylen, das hier Verwendung fand, hat verschiedene Vorteile: Es ist extrem haltbar, leicht, nicht zu hart und lässt Farben zu, die Kinder anregen. Die durchweg abgerundeten Kanten und Ecken senken die Verletzungsgefahr. Ein auffälliges Detail ist die gerippte Sitzschale. Eine der wichtigsten Vorgaben war die Stapelbarkeit. Als man sich für dicke, zylindrische Beine entschied, entstand daraus die verspielte Idee, sie hinter die Rückenlehne zu klemmen. Der Stuhl war damit selbst zum Spielzeug geworden, denn aus den Einzelteilen bauen Kinder, was ihrer Fantasie entspringt.

Sofasystem
Design: **Friedrich Wilhelm Möller**
Hersteller: COR

1964 Conseta

Wer das aktuelle *Conseta*-Programm mit den ursprünglichen Modellen aus den 60er Jahren vergleicht, muss schon genau hinschauen, um die Übereinstimmungen zu erkennen. Wie bei einem Automodell, das sich von Generation zu Generation verändert, hat sich auch diese Polstergruppe, die bereits über vier Jahrzehnte angeboten wird, der aktuellen Ästhetik angepasst. Als auffälligstes Detail haben die zu Kufen geformten Metallbänder überdauert, allerdings als eine von sieben Fußvarianten. Geblieben ist auch die strenge Geradlinigkeit, die die Polsterelemente wie Teile eines Baukastens wirken lässt. Es war nicht das erste modulare Polstersystem. Ein Vorbild war v. a. das *Modular Seating System* des Amerikaners George Nelson aus dem Jahr 1955, dessen Grundgedanken **COR** 1959 mit *Quinta* erstmals umsetzte. *Conseta* hatte eine nochmals erheblich gesteigerte Variationsbreite. Fünf verschiedene Sesseltypen, kombiniert zu Zweier- und Dreiersofas, ergeben Sitzbreiten zwischen 60 und 240 Zentimeter. Die Eck- und Abschlusselemente, durch die sich das Sitzsystem praktisch in jeden Raum einfügen lässt, sind heute Standard. Es war nicht weniger als die Erfindung der Couchecke, die sich in Symbiose mit dem Fernseher zu einem neuen Wohnmittelpunkt entwickelte (eine Entwicklung, der **Rolf Benz** im selben Jahr mit dem Programm *Addiform* nachkam). Von diesem VW-Golf unter den Polstermöbeln wurden bis heute weit über eine halbe Million Elemente verkauft.

Stuhl und Tisch
Design: **Helmut Bätzner**
Hersteller: Bofinger

Kleine Abbildung: Tisch zum *BA 1171*

1966 »Bofinger-Stuhl« BA 1171

Dass 1966 auf der Möbelmesse in Köln der erste aus einem Stück geformte Kunststoffstuhl vorgestellt werden konnte, lag wieder einmal daran, dass ein inspirierter Gestalter einen gleichgesinnten Unternehmer gefunden hatte. Der Architekt Helmut Bätzner hatte für den Neubau des Karlsruher Staatstheaters eine Bestuhlung entwickelt. Den Stuhl, der aussieht, als wäre eine Haut über ein imaginäres Gestell gespannt, prägen komplexe Kehlungen und Winkelungen. Die praktischen Vorteile liegen auf der Hand: Obwohl nur vier Kilogramm leicht, war der Polyester-Stuhl stabil, witterungsbeständig und zu enormer Höhe stapelbar. Beim Möbelunternehmen **Bofinger** war man von Bätzners Entwurf überzeugt, fand einen geeigneten Hersteller und gab die dafür notwendige 10-Tonnen-Presse in Auftrag. Der Stuhl war in acht plakativen Farben erhältlich und mit einer Stückzahl von 120.000 wohl auch eines der meistverbreiteten, von der Pop-Art inspirierten Objekte. Dabei kann er als echter Industriestuhl gelten. Das Modell *BA 1171* (auch *Bofinger-Stuhl*) diente als Vorbild für einen neuen Stuhltypus (ein Jahr später entwarf Vico Magistretti den Polyester-Stuhl *Selene* für Artemide) und war, ähnlich wie die Bugholzstühle *Nr. 14* (1859) und der Stuhl *2200* (1936), ein echtes Massenphänomen. Wiederholte Versuche der Firma **Habit**, ihn wieder aufzulegen, waren zwar nicht erfolgreich, aber in der Form ästhetisch zumeist anspruchsloserer Adaptionen ist er in den Gärten und Straßencafés dieser Welt allgegenwärtig.

Gartensessel
Design: **Peter Ghyczy**
Hersteller: Reuter
Reedition: Ghyczy Novo

1968 »Garten-Ei«

In den 60er Jahren wurden Stuhl und Sessel neu erfunden, nicht zuletzt mit Hilfe der neuen Kunststoffe. Der Beitrag des gebürtigen Ungarn **Peter Ghyczy** war ein Gartenmöbel, wie man es tatsächlich bis dahin noch nicht gekannt hatte. Die runde Form, sowohl von oben wie von der Seite eine Ellipse, entbehrt in ihrer Geschlossenheit sämtliche Merkmale eines herkömmlichen Sessels. Das so genannte *Garten-Ei*, mit etwa 70 Zentimeter Durchmesser und 14 Kilogramm noch ein Leichtgewicht, dürfte trotz seines berühmt gewordenen Spitznamens die Zeitgenossen wohl ebenso an eine Raumkapsel erinnert haben. Es ähnelte einer anderen futuristischen Sitzgelegenheit, dem ein Jahr zuvor herausgekommenen Sessel *Pastilli* des Finnen Eero Aarnio (heute bei Adelta). Ghyczys bestechende Idee war die integrierte Klappe, die hochgestellt als Rücklehne fungiert und in geschlossenem Zustand das Kissen schützt. Seit ein paar Jahren wird der bequeme, 45 Zentimeter niedrige Gartensessel in limitierter Auflage wieder von Ghyczy selber produziert, mit besserer Dichtung und weiteren Extras wie z. B. einer 360-Grad-Drehscheibe. In der Hochglanzversion ist praktisch jeder Farbwunsch erfüllbar.

Stapelbett
Design: **Rolf Heide**
Hersteller: Müller Möbelwerkstätten

1968 Stapelliege 223/224

In einer Zeit, in der das »Trampen« in Mode kam und das improvisierte Matratzenlager als »progressiv« galt, war die Idee, die Einrichtung müsse ebenso variabel sein wie das unsteter gewordene Leben, wahrlich nicht weit. Mitte der 60er Jahre entwarf **Rolf Heide** das erste Bett, dessen Platz nicht mehr wie bis dahin üblich – und bis heute die Regel – ein für alle Mal festgelegt war. Zum Prinzip der Beweglichkeit kam das der Mehrfachnutzung. So entstand ein Bett, das tagsüber auch als Sofa genutzt werden kann, ohne dafür eine Mechanik konstruieren zu müssen. Die Grundidee verrät schon der Name: Die Bettgestelle sind so geformt, dass sie sich übereinander gestellt ineinander verschränken. Auf diese Weise kann eine zusätzliche Schlafmöglichkeit Platz sparend und »unsichtbar« untergebracht werden. Die unverdeckten Schrauben betonen die bewusste »Low-Tech«-Lösung und den praktischen Nutzen dieses ebenso unkonventionellen wie unprätentiösen Möbels. Dass sie zerlegbar, leicht zu montieren und zu versenden ist, gehört zu den weiteren Vorzügen dieser alternativen »Kiste«. Heute wird die *Stapelliege* als Teil des Möbelprogramms *modular* (**Müller Möbelwerkstätten**) angeboten, in dem frühe Entwürfe von Heide wieder aufgelegt werden.

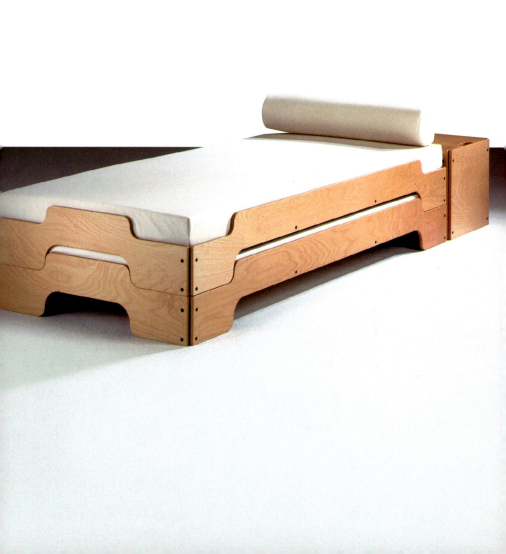

Stuhl
Design: **Gerd Lange**
Hersteller: Drabert

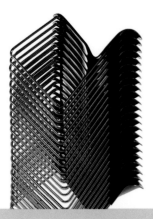

1968 SM 400

In den »wilden Sechzigern« mutierten Sitzmöbel zu Popobjekten, bunten Blickfängern, die zugleich die formgeberischen Vorteile der neuen Kunststoffe ausloteten. Einer der erfolgreichsten Stühle dieser Ära war das Vollplastikmodell *BA 1171* von **Bofinger**. Der wenig später entstandene *SM 400* ist eine ebenfalls stapelbare, jedoch weitaus leichtere Variante, was in der raffinierten Konstruktion, bei der sich eine Kunststoffschale und ein Stahlrohrgestell gegenseitig stabilisieren, begründet ist. Schon diese Kombination war neu und schuf einen eigenen Typus. Die an beiden Seiten identischen Rohre fungieren unterhalb der Sitzfläche als waagerechte Stützen, bilden auf dem Boden Kufen und laufen auf der Rückseite vertikal in die Lehne hinein. Bei dieser abermaligen Variation des Themas Schalenstuhl verschmelzen Rückenlehne und Sitzfläche zu einer einheitlichen Raumplastik. Ein auffälliges Detail ist der muldenförmige Übergang zwischen beiden. *SM 400* ist ein organischer Entwurf mit einer ungewöhnlichen Wölbungslandschaft, deren Komplexität über alles bis dahin Bekannte hinausging und die dabei bis heute erstaunlich modern wirkt. Natürlich dienten die weichen Übergänge auch der Anpassung an den sitzenden Körper, ein Dauerthema der Firma **Drabert**. Die starke Einbuchtung der Rückenlehne, die an den Seiten leicht erhöhte Sitzfläche sowie die »Zunge« an deren Vorderseite sind sichtbare Bequemlichkeitsfaktoren.

Sessel
Design: **Luigi Colani**
Hersteller: COR

1969 Orbis

Eine offene Sitzfläche, die zum ungezwungenen Sitzen animiert. In *Orbis* zeigt sich der antiautoritäre Geist der 60er Jahre, ein Freiheitsstreben, das sich auch in legeren Sitzsitten äußerte. Neue Möbel trugen diesem Trend Rechnung, oft unter Zuhilfenahme der neuen, formbaren Kunststoffe. Zwar ist diese Lösung weniger radikal als die Arbeiten einiger zeitgenössischer Kollegen, wie Verner Panton oder **Otto Zapf**, die ganze Polsterlandschaften entwarfen. Dennoch ist es nicht weniger als die Umkehrung des traditionellen Konzepts eines Sessels, der durch ein inneres Gestell getragen wird. **Luigi Colani** verlegte dieses nach außen wie Le Corbursier, der die Polster bei seinem Sessel *Grand Confort* (1928) in einen Käfig steckte. Den brauchte der Schaumstoff nicht mehr. Der aus einem Stück bestehende *Orbis*-Korpus, in dessen Sitzmulde ein Kissen eingelegt wird, liegt in einer flachen Schale aus Polyurethan – eine Konstruktion, die der des Sessels *RZ 62* von **Dieter Rams** (1962) ähnelt. Bei *Orbis* bleiben die Seiten frei. Die schwarz oder weiß lackierte Schale steht in Kontrast zu den kräftigen, monochromen Farben der Originalbezüge. Über Druckknopfstege können die Sessel miteinander verbunden werden. Dass diese Sitzmonumente sich durch den Raum rollen lassen, war auch eine Absage an die starre Möbelhierarchie der Vorväter.

Stuhl
Design: **Herbert Hirche**
Entwurf für das Restaurant Santa Lucia, Stuttgart
Reedition: Richard Lampert

1969 Santa Lucia

Das Gestell besteht aus zwei U-förmig gebogenen und abgeknickten Rohren. Auffällig ist die als Mulde ausgebildete Rückenlehne, deren vorderer Rand mit den Hinterbeinen eine durchgehende Gerade bildet, ein Detail, das dem Entwurf eine gewisse Strenge verleiht und gleichzeitig eine stabile Konstruktion, bei der der Rücken umschlossen wird, aber die Armfreiheit gewahrt bleibt. Bereits Anfang der 50er Jahre hatte **Herbert Hirche** einen Geflechtstuhl entworfen, der ebenfalls stapelbar war, ein zeittypisches Stahlrohrgestell besaß und weitere formale Ähnlichkeiten mit späteren Modellen aufwies. Lehne und Sitzfläche waren verbunden, die Hinterbeine schräg gestellt. Freiheit und Beweglichkeit anstrebend, entwickelte er über zwei Jahrzehnte hinweg eine ganze Serie dieser leichten, robusten Arbeitsstühle. Ein Schulbeispiel für behutsame Variation (eine auf Kufen stehende Version nutzte er selber als Schreibtischstuhl). 1957 bekam er den Auftrag, in Stuttgart den Gastraum des italienischen Restaurants Santa Lucia einzurichten. Das Ergebnis war eine nochmals leichtere Version eines Korbstuhls, in der sich Modernität mit nostalgischen Anklängen an »Bella Italia« verbanden. Kein Geringerer als **Walter Gropius** verwendete diesen Stuhl im selben Jahr in seiner Musterwohnung auf der Berliner Architekturausstellung Interbau. Für die Erweiterung desselben Restaurants entstand ein gutes Jahrzehnt später Hirches letzter Korbstuhl – und sein elegantester, denn die Linienführung ist hier besonders stringent.

Schrankprogramm
Design: **Rolf Heide**
Hersteller: Müller Möbelwerkstätten

Kleine Abbildung: Kommode
Große Abbildung: Kleiderschrank

1971 Container

Nur bei anpassungsfähigen Möbeln ist es möglich, dass sie ihren Besitzer über diverse Ortswechsel hinweg begleiten. Raster, Modul, Programm. Das sind die Stichworte, wenn Designer solch eine durch Flexibilität erreichbare Langlebigkeit anstreben. Zu den deutschen Möbeldesignern, denen dies ein ums andere Mal gelang, zählt **Rolf Heide**. Eine der Spezialitäten des Systematikers sind »Kastenmöbel«. Sein erstes brachte mit dem ebenso lakonischen wie präzisen Namen *Container* die Sache gleich auf den Punkt. Das System bestand aus Schrank- und Regalelementen verschiedener Tiefe und Höhe, die mit Rollen versehen waren, auch dies war damals noch ein Novum. Die dadurch bedingte Veränderbarkeit der Beziehungen der Staueinheiten untereinander und zum Raum bedeutete eine bis dahin nicht gekannte Flexibilität. So erlebten die beweglichen Schränke, die die Urform des Möbels darstellen, in der zweiten Hälfte des 20. Jahrhunderts eine Wiederbelebung in einer neuen Dimension. Unter der Bezeichnung *Modular* wurde Heides Programm stark überarbeitet bei den **Müller Möbelwerkstätten** wieder aufgelegt.

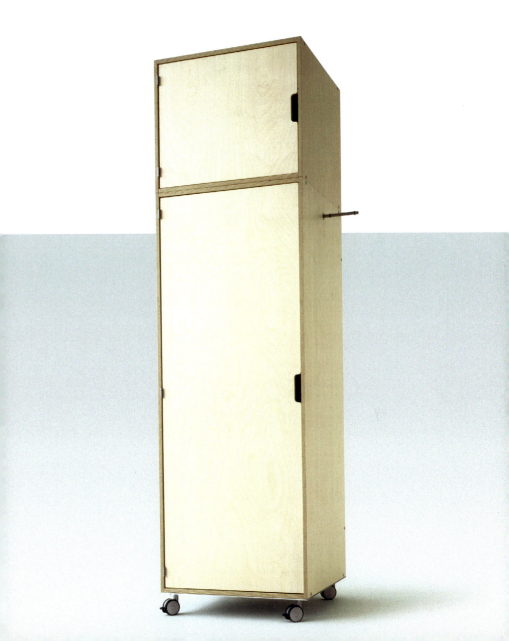

Büromöbelsystem
Design: **Otto Zapf**
Hersteller: Zapf

Kleine Abbildung: *Zapf Office System*
für Knoll International
Große Abbildung: Schrank und Regal *Softline*

1971 Softline

Von **Otto Zapf**, der u. a. zusammen mit Niels Vitsoe Produktion und Vertrieb für die Möbel von **Dieter Rams** aufbaute, stammen zahlreiche wegweisende Entwürfe, die er zum großen Teil selbst produzierte. Dazu gehört das um 1970 entstandene modulare *Softline*-Programm. Flexible Materialien und deren Verbindung durch Druckknöpfe waren charakteristisch für diese Möbelserie, die Regale, Schränke, Tische, Sitzmöbel und Betten umfasste. Als der stark dem Systemgedanken und den humanitären Ideen verpflichtete Möbelreformer Anfang der 70er Jahre ein Bürosystem für die amerikanische Firma Knoll entwickelte, setzte er hier an. Das daraufhin entstandene, ungemein erfolgreiche und nach ihm benannte Programm basierte auf dem Grundgedanken des »Human Touch«. Innerhalb eines Jahres hatte Zapf stabile, austauschbare Teile entwickelt, aus denen sich ein offenes und jederzeit veränderbares Büro zusammenstellen ließ. Hauptelemente waren mit textiler Oberfläche versehene Wandplatten unterschiedlicher Größe, die Lärm schluckten und weich wirkten. Diesen Eindruck unterstrichen die abgerundeten Kanten. Aus den Trennelementen entstanden abgeschirmte Arbeitsplätze: das Büro im Büro. Konzentrationsfördernde optische Ruhe wurde durch den Verzicht auf Griffe erreicht. Die Verbindung von Einfachheit, hohem Nutzen und hochwertigen Materialien erwies sich als starker Anreiz für die kapitalstarke Kundschaft. Dies war Knolls Einstieg in die Welt der Systemmöbel.

Sitzgerät
Design: **Luigi Colani**
Hersteller: Top System Burkhard Lübke

Kleine Abbildung: Kinderstuhl, 1978

1972 Zocker

Mit der Verfügbarkeit der neuen Kunststoffe gerieten auch die Möbelkonventionen in Fluss. Neben Kollegen wie Helmut Bätzner (»*Bofinger-Stuhl*« *BA 1171*, 1966) oder Peter Ghyczy (»*Garten-Ei*« 1968) gehörte **Luigi Colani** zu den Pionieren, die die Möglichkeiten der verformbaren Masse konsequent ausloteten. Der für Kinder entwickelte Stuhl *Zocker* und das später hinzugekommene, etwas größere, formal identische Sitzgerät *Colani* sind frei benutzbare, mithin multifunktionale Sitzmöbel, auf deren pultartige »Rückenlehne« vieles gelegt werden kann, sei es ein Trinkglas, Schreib- oder Spielzeug oder auch die eigenen Ellbogen. Man kann sie selbst als Spielzeug verwenden oder darauf arbeiten. Durch abgerundete Kanten und den ansatzlosen Übergang der Funktionsteile ist die Verletzungsgefahr gering. Die leichten Stühle sind standfest, stapelbar sowie stoß- und kratzfest. Dabei wirken sie nicht wie eine Konstruktion, sondern wie ein künstlerischer Geniestreich – eine biomorphe, die Fantasie anregende Alltagsplastik. Letztlich sind die antiautoritären Experimentalmöbel auch prägnante Beispiele für die sich wandelnden Wohn-, Lebens- und Bewegungsformen. Die grellen Farben wirken da wie das Signal zum Ausprobieren.

Satztische
Design: **Peter Draenert**
Hersteller: Draenert

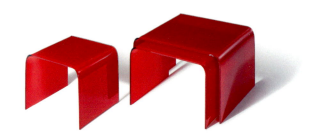

1973 1600 Nurglas

Ein höchst einfacher Tisch aus einem Guss, der transparent ist, somit den offenen Raum maximal wahrt und darüber hinaus noch anderen Prinzipien der klassischen Moderne folgt. Das neutrale Zusatzmöbel, das sich visuell selbst negiert, hat auch praktische Vorteile, z. B. durch seine Stabilität, die Standfestigkeit und die leicht zu reinigende Oberfläche. Clubtisch, Beistelltisch und Satztische bestehen aus Float-Glas, das bei 800 Grad Celsius gebogen wird – ein Vorgang, der einen hohen Aufwand erfordert. Das Glas wird dabei durch die enorme Hitze in seiner Reinheit leicht beeinträchtigt und es kann zu »Apfelsinenhaut« oder Regenbogeneffekten kommen. Da es sich beim Glasbiegen um hochwertige und individuelle Handarbeit handelt, kann kein Tisch wie der andere ausfallen, wodurch das Anonyme dieses Entwurfs konterkariert wird. Andererseits bedingt gerade das minimalistische Konzept den Zwang zur Exaktheit, jede übermäßige Abweichung würde sofort auffallen. Neuerdings gibt es *Nurglas* in farbigen Versionen (praktisch alle RAL-Farben sind möglich). Ob transparent oder opak, hier tritt die harmonische und einprägsame U-Form in den Vordergrund.

Möbelkollektion
Design: Werksdesign
Hersteller: Flötotto

Kleine Abbildung: Kleiderschrank *Profilsystem*

1975 Profilsystem

Mitte der 70er Jahre entwickelte **Flötotto** ein Möbelsystem, das extrem einfach, praktisch und variabel sein sollte. Die Ulmer Hochschule für Gestaltung existierte bereits nicht mehr, aber ihr dem Raster geweihter Geist war mit dem Profilsystem endgültig mitten im bundesdeutschen Alltag angekommen. Kernstück des gesamten Programms war die patentierte Eckverbindung, die mit einer sehr geringen Anzahl von Normteilen und zudem ohne Leim und Verzapfung auskam. Zusammen mit den für den Namen verantwortlichen Holzprofilen entstand daraus die Rahmenkonstruktion: die Grundstruktur dieses universellen Kastenmöbels, in die farbige Flächen, etwa aus Glas oder Kunststoff, eingefasst waren. So entstand der Container, der sich beliebig reihen und stapeln ließ, als Grundeinheit für Schrankwände, -türme, Raumteiler, Regale und Vitrinen. Hinzu kamen schließlich Tische, Sessel, Betten, Vitrinen – praktisch ein komplettes Möbelprogramm, mit dem man nicht nur Wohnräume, sondern auch Arbeitsplätze ausstatten konnte. Da das Profilsystem nicht nur flexibel, sondern auch sehr robust ist, liegt die spezielle Verwendung in Schulen, Kindergärten und Kinderzimmern nahe. So entspricht die Flexibilität der Container dem Hang zum ständigen Umräumen, das mit der Dynamik von Kindergruppen einhergeht. Die bunten Baukastenmöbel, die selbst zum Spielzeug werden können, fördern die Kreativität. Zudem können Spezialmöbel, wie etwa ein Wickeltisch, aus dem System abgeleitet werden. Ein weiterer entscheidender Vorteil ist, dass beschädigte Teile einfach ausgetauscht werden können.

Sessel und Fußbank
Design: **Reinhold Adolf, Hans-Jürgen Schröpfer**
Hersteller: COR

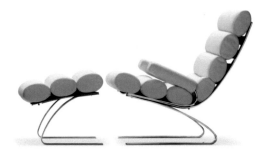

1976 Sinus

Jahrelang wurde er nicht mehr produziert und teilte damit das Schicksal weit bekannterer Möbelklassiker. Seine optische Überzeugungskraft gewinnt der raumgreifende Sessel durch das Zusammenwirken gleich mehrerer Besonderheiten. Dazu gehört die schwungvolle Silhouette, die weniger mathematisch ausgeklügelt als von künstlerischer Hand mit sicherem Strich gezogen scheint und schließlich die Aneinanderreihung identischer Polsterelemente. Historische Bezugspunkte sind **Ludwig Mies van der Rohes** Liege von 1931 und Eileen Grays ein Jahr später entstandener Sessel *Pirelli*, die auch bereits den Hart-Weich-Kontrast von Metall und Polsterung einsetzten. Das Besondere an *Sinus*: Der Rahmen aus breitem Stahlband steht auf gleich breiten Stahlkufen, die wie eine Blattfeder nachgeben und so nicht unwesentlich zum Sitzkomfort beitragen. In den Rahmen sind Gurte eingezogen und die Befestigung der Sitzkissen erfolgt über Druckknöpfe. In seiner Grundkonzeption wirkt *Sinus* wie eine Synthese Mies van der Rohes *Barcelona*-Sessel und dessen Freischwinger. Allerdings ist das Freischwinger-Prinzip hier umgekehrt, d. h. die Kufen öffnen sich nach vorn. Optisch bestimmend ist deshalb die Spannung der gegenläufigen Linien. Wird der dazu passende Hocker herangeschoben, schließt sich seitlich betrachtet die Öffnung und es entsteht ein neues und prägnantes grafisches Bild.

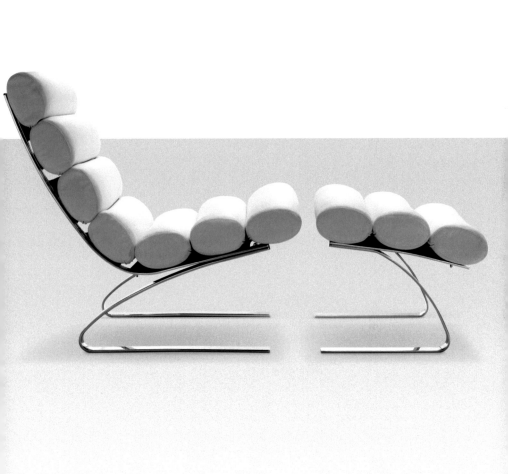

Stuhlkollektion
Design: **Richard Sapper**
Hersteller: Knoll International

1979 Sapper

Seinen hohen Komfort sieht man ihm sofort an. Offensichtlich ist es **Richard Sapper** gelungen, den nach ihm benannten Bürostuhl prägnant auf die Zielgruppe zuzuschneiden: die Vorstandsetage. Die Assoziation zu komfortablen Autositzen, in denen genau diese Klientel Platz zu nehmen gewohnt ist, dürfte dabei kein Zufall sein. Sapper, der seine Karriere bei Mercedes Benz begann, hat sich offensichtlich an dem dort gepflegten Standard orientiert – und das keineswegs nur aus Statusgründen. Autositze gehörten, was die Sitzergonomie anbelangt, lange zum Besten vom Besten. Metall, Kunststoff, Kunstgewebe. Auch die Materialkombination kennen wir aus modernen Limousinen. Der *Sapper*-Stuhl hat einen Rahmen und ein Untergestell aus Aluminium, einen stahlverstärkten Rücken, Armlehnen aus Plastisol und eine Sitzschale aus gummibeschichtetem Nylongewebe. Das flache Sitzpolster ist an drei Stellen, nämlich Kopf, Gesäß und Kniekehle, in relativ großen Radien gebogen. Sein flaches Profil wird durch die parallele Steppung noch unterstrichen. Der vordere Bogen wird von der Armlehne stilsicher nachvollzogen. Ein kleines, aber sofort ins Auge stechendes Detail, das zum Erkennungszeichen wurde, ist der rote Regulierhebel, mit dem ergonomische Funktionen gesteuert werden.

Bürostuhl
Design: **Klaus Franck, Werner Sauer**
Hersteller: Wilkhahn

1980 FS

Bürostühle – halb Möbel, halb Arbeitswerkzeug – sind Zwitterwesen. Sie haben ihre eigene, lange Tradition, aber in den Olymp der Designikonen sind sie selten aufgestiegen. Eine der Ausnahmen ist das Modell *FS* von **Wilkhahn**. Es bedeutete nicht mehr und nicht weniger als einen Paradigmenwechsel. Die, die ihn bewirkten und dem Stuhl den Namen gaben, verkörpern klassisches deutsches auf Innovation und Funktion ausgerichtetes Industriedesign. Während Bürostühle bis dahin, noch verstärkt in den ergonomiebesessenen 70er Jahren, die Einstellmöglichkeiten ins Vielfache steigerten, war *FS* das erste Modell, das sich praktisch von selber regelt. Sein wesentliches, konstruktives und zugleich gestalterisches Merkmal sind die seitlichen Schwenkarme. Sie bewirken in Verbindung mit der flexiblen Mittelzone der Sitzschale und der vorn liegenden Drehachse des Sitzes, dass Sitz und Rücken immer den günstigsten Neigungswinkel zueinander bilden. Der Körper wird abgestützt, ob man nun vornübergebeugt arbeitet oder sich entspannt zurücklehnt. Um dies zu erreichen, waren viele Versuchsmodelle nötig, mit denen etwa das Verhalten der Torsionsfeder und der in der Biegezone kräftig ausgebuchteten Sitzschale getestet wurden. Mittels »Durchdringung des Produktsystems mit einheitlich gestalteten, sichtbaren Funktionselementen« wurde ein hoher Wiedererkennungswert erreicht. Von *FS* sind mittlerweile drei Millionen Exemplare weltweit im Einsatz.

Stuhl
Design: **Stefan Wewerka**
Hersteller: Tecta

1982 Einschwinger

Ein Möbel als Denkanstoß. Die Entwürfe des Künstlerdesigners **Stefan Wewerka** sind Irritationen unserer Seh- und Gebrauchsgewohnheiten. Da erscheint der gewundene *Einschwinger* geradezu als Sinnbild seiner vorzugsweise nicht geradlinigen Gedankenführung und gefächerten Bedeutungsebenen. Schon der Name ist ein Wortspiel mit dem hehren Begriff Freischwinger. Auch wenn es sich nicht um den ersten einbeinigen Freischwinger handelt – Vorläufer sind der *Schlangenstuhl* des Dänen Poul Henningsen (1932) und der Stuhl *Gru* des Italieners Silvio Coppola (1970) – Wewerka gelang in dieser Spezialdisziplin ein sehr konsequenter Entwurf, der zudem in Produktion ging und auch blieb. Sein Stahlrohrstuhl besteht aus einer einzigen, über drei Meter langen Stange, die maschinell in sechs gleichen Radien gebogen wird. Diese Zickzacklinie wirkt fast wie ein geometrisches Modell. Nicht nur im Hauptwerkstoff findet sich ein Rückbezug auf die klassische Moderne, sondern auch in der minimalistischen Konzeption, etwa durch Verzicht auf die Rückenlehne, deren Stützfunktion von einem aufgesteckten Polster erfüllt wird. Dessen an eine Wurst erinnernde Form vollzieht die Rundung der Stange nach und fügt dem Ganzen, ebenso wie der farbige Sitz, noch eine Prise Pop-Art hinzu. Das ominöse Objekt ist aber auch zum Sitzen da: Wer sich traut, erlebt ein doppeltes Schwingen zur Seite wie nach hinten, eine Überraschung für alle Erstbenutzer.

Stuhl
Design: **Frank Schreiner (Stiletto)**
Hersteller: Stiletto Studios, Berlin
Reedition: Gebrüder Siegel, Leipheim

Kleine Abbildung: Kinderstuhl *Short Rest*, 1990

1983 Consumer's Rest

Der Sessel als Metallkäfig. Er muss wohl als Kommentar auf die Konsumgesellschaft verstanden werden, in der alles und jedes und schließlich auch der Mensch zur Ware wird und dann konsequenterweise selbst im Einkaufskorb Platz nimmt. In den frühen 80er Jahren, als sich Punk und Postmoderne zu einer Antiästhetik paarten, bliesen auch in Deutschland junge Designer zum Aufstand gegen die Designkonventionen. Eine verbreitete Vorgehensweise war das seit Dada bekannte Ready-made, bei dem Alltagsgegenstände verfremdet, recycelt beziehungsweise umfunktioniert wurden. In diesem Fall geht es um einen Gegenstand, den jeder kennt, was zur Popularität des Entwurfs mit beigetragen haben dürfte. Ein eigentlich für Supermärkte gedachter Einkaufswagen, in dem Kinder allerdings immer schon gesessen haben, wird vorne aufgetrennt. Dadurch ist er auch für Erwachsene als Sitz verwendbar, obwohl es sich wohl doch eher um eine Botschaft als um ein alltagstaugliches Möbelstück handelt. *Consumer's Rest* gab es mit und ohne Räder. Ein Sofa, ein Tisch und eine Kinderversion verließen das Format des Originals. Gebogene Seitenteile dienten als Armlehnen und eine transparente Plastikauflage garantiert einen gewissen Sitzkomfort. Im englischen Namen steckt eine Anspielung auf den globalen Charakter des Entwurfs, den er mit seinem Ursprung teilt. Tatsächlich fand das ironische Objekt seinen Weg in die Designsammlungen dieser Welt und entwickelte sich, neben dem *Verspannten Regal* (1984) und dem Sessel *Solid* (1986), zu einer Ikone des »Neuen Deutschen Designs«.

Küchenmöbel
Design: **Stefan Wewerka**
Hersteller: Tecta

Kleine Abbildung: Wohnkonzept *Cella*

1984 Küchenbaum

Eine massive Eisenstange – sozusagen der Baumstamm – ist das Grundelement der Konstruktion. Sie ist dreh- und höhenverstellbar und lässt sich somit sowohl den Raumverhältnissen wie auch dem Benutzer anpassen. Die verchromte Röhre dient außerdem zur Führung der Wasserleitung und der Stromkabel sowie als Halterung für die verschiedenen Funktionselemente. Diese sind fächerartig angeordnet, eine Form, die **Stefan Werwerka** auch bevorzugt bei seinen Tischen verwendet, weil er sie als »demokratisch« ansieht. Zu den Funktionselementen, die ausgetauscht und ergänzt werden können, gehört eine Kochplatte, eine Spüle, eine Arbeitsplatte aus Holz und ein Handtuchhalter. Der Künstlerdesigner Wewerka, der bei seinen Möbelentwürfen für die höchst ungewöhnliche Verbindung von konstruktiven und dekonstruktiven Ideen berühmt wurde, sah seinen Apparat als Teil des Konzepts *Cella*, einer Wohnlandschaft, bei der die Möbel von der Wand in die Mitte des Raumes rücken. Der Gedanke erinnert an die Überwindung der Blockbebauung im »Neuen Bauen« durch Zentralgebäude und verweist damit wiederum auf Wewerkas Affinität zum Bauhaus. Der Pionier für Paradigmenwechsel lieferte hiermit eine frühe Alternative zur scheinbar alternativlosen Kochzeile und darüber hinaus sind seine »Bäume« durchaus als Stehimbiss, Stehschreibtisch oder als Garderobe einsetzbar.

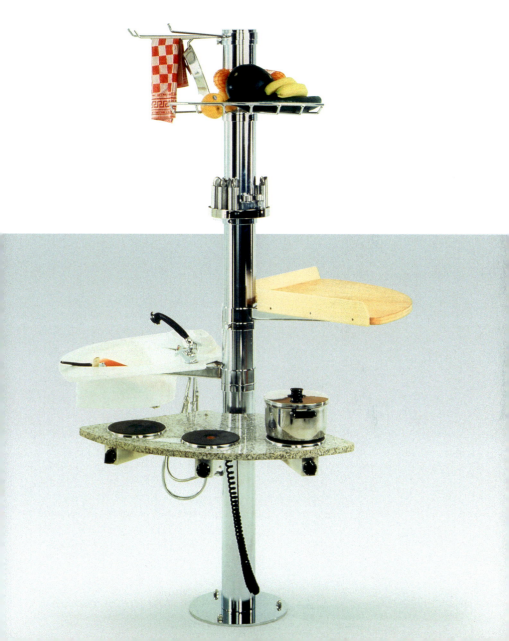

Sessel
Design: **Burkhard Vogtherr**
Hersteller: Arflex

Kleine Abbildung: Zweisitzer *T-Line*

1984 T-Line

Als **Burkhard Vogtherr** ins Projekt *T-Line* einstieg, aus dem ein neuer Sesseltypus hervorgehen sollte, war er auf der Suche nach einem möglichst vielseitigen Sitzmöbel. Deshalb probierte er verschiedene Versionen und variierte dabei die Höhe des Rückens und andere Parameter. Das Resultat ist ein Mittelding, das die formale Klarheit eines Stuhles mit der Bequemlichkeit eines Sessels verbindet und dabei mit einer markanten grafischen Linienführung aufwartet. Dieser Entwurf bedeutete den Durchbruch des deutschstämmigen Wahl-Franzosen in Italien. Das Neuartige des *T*-Konzepts liegt dabei wesentlich in der Reduktion auf zwei plattenflache Rechtecke, die nahezu im 90-Grad-Winkel zueinander stehen. Durch die daraus resultierende Silhouette drängte sich der Name auf. Die gebogenen Armlehnen mit ihrem beachtlichen Durchmesser und die Standkufen, die etwas Comicartiges an sich haben, tun ihr Übriges, um bei allen, die ihn nicht kennen, einen Überraschungseffekt auszulösen. Der Sessel ist platzsparend, komfortabel und leicht zu montieren. Er besteht aus einem durch Polsterung kaschierten Stahlgestell. Die Federung wird durch elastische Bänder verstärkt. Auch dass er gut kombinierbar ist, macht *T-Line* vielseitig einsetzbar, sei es zu Hause, im Wartezimmer oder in der TV-Talkshow.

Sessel
Design: **Peter Maly**
Hersteller: COR

Kleine Abbildung: Sessel *Zyklus* mit Fußbank

1984 Zyklus

Schon im ersten Jahr nach seiner Einführung, als er in der Filmkomödie »Männer« als Statist glänzte, wurde dieser Sessel zu einem Kultobjekt. Doch es stecken noch mehr Geschichten hinter diesem wohl berühmtesten deutschen Möbel der designverliebten 80er Jahre. Er entstand letztlich dadurch, dass Designer und Unternehmer auf derselben Wellenlänge kommunizierten. Helmut Lübke, damals Geschäftsführer von **COR**, wollte Avantgardismus beweisen, denn er hatte erkannt, dass die Zeit offen war für neue Formen. Der kuriose Ausgangspunkt für das Erfolgsprojekt war dann ein alter Puppensessel aus den 30er Jahren, der ihm gefiel und den er **Peter Maly** ans Herz legte. Der, etwas irritiert, abstrahierte das Spielzeug schließlich immer weiter, wobei er ein strenges Neun-Zentimeter-Raster zu Grunde legte. Alle Radien sind ebenfalls ein Vielfaches von Neun. So entstand ein abgezirkelter, harmonischer Entwurf, in dem sich formale Strenge mit einem spielerischen Ausdruck verbindet. Die Presse war begeistert und dies auch deshalb, weil Lübke und Maly ihr Prunkstück europaweit präsentierten. Auch in Doris Dörries Film ist er wohl nicht ganz zufällig geraten.

Regal
Design: **Wolfgang Laubersheimer**
Hersteller: Nils Holger Moormann

1984 Verspanntes Regal

Zwei parallele Seitenstreifen aus Stahlblech sind durch fest verschweißte Regalböden gleicher Tiefe (30 Zentimeter) und gleichen Materials miteinander verbunden. Durch ein einseitig gespanntes Stahlseil entsteht eine leichte Biegung in der Senkrechten. Dabei handelt es sich nicht um Dekoration oder einen Gag, sondern die Spannung verleiht der schlanken Konstruktion erst die für ein Regal unabdingbare innere Stabilität. So wird der entscheidende Nachteil von Blech beim Regalbau durch einen einfachen, patentgeschützten Kniff kompensiert. Es entsteht ein Spannungsgleichgewicht, das an das Prinzip des Freischwingers erinnert. Die Versteifung korrigiert die Labilität des Materials (vergleichbar dem Fachwerkbau), wodurch das Regal tatsächlich ungewöhnlich standfest ist und ohne ins Schwanken zu geraten bis zu drei Tonnen Lesbares und Unlesbares tragen kann. Laubersheimer, dem es immer um den reduzierten Entwurf ging, lieferte damit neben Stilettos *Consumer's Rest* eines der wenigen Möbelstücke des »Neuen Deutschen Designs«, das in Serie ging. Dass es bis heute in Produktion ist, verwundert bei der ihm inhärenten Funktionalität nicht. Wer will, kann darin genauso einen subtilen Angriff auf den im klassischen Funktionalismus so sakrosankten rechten Winkel sehen.

Liege/Sessel
Design: **Jan Armgardt, Ingo Maurer**
Hersteller: Mobilia

1985 Tattomi

Weil die Rückenlehne vierfach und das Sitzteil dreifach verstellbar ist, kann *Tattomi* entweder Sessel, Liege oder auch Gästebett sein. Dieses frühe und unendlich oft kopierte Funktionsmöbel, das heute wieder produziert wird, erlaubt ein Dutzend verschiedene Sitz- und Liegepositionen. **Jan Armgardt** hatte sich Anfang der 80er Jahre intensiv damit beschäftigt, was sich alles an Möbeln drehen und klappen lässt. Im Gespräch mit dem Unternehmer Werner Dechand von Mobilia Collection entstand schließlich die Idee, einen Sessel zu entwickeln, der sich zu einer Liege ausklappen lässt. Oder genau umgekehrt: eine Matratze, die sich in einen Sessel verwandelt. Das Ziel war ein praktisches Möbelstück für unkonventionelle Leute in kleinen Wohnungen. Schon der Prototyp, der 1985 auf der Kölner Möbelmesse vorgestellt wurde, löste, nicht zuletzt wegen seiner aufsehenerregenden Schlichtheit, große Begeisterung aus, u. a. auch bei dem Leuchtendesigner Ingo Maurer, der spontan den Kontakt zum Mailänder Hersteller DePadova vermittelte und den Namen *Tattomi* beisteuerte. Jetzt geriet Dechand noch einmal ins Grübeln und erfand den »Relaxknick«. Das bedeutet, dass das zweite Gelenk sich mehrmals einrasten lässt und so, auch bei stark geneigter Rückenlehne, verschiedene entspannte Beinhaltungen für ideale Lese- und Fernsehpositionen zulässt.

Stuhl
Design: **Heinz Landes**
Hersteller: Heinz Landes

1986 Solid

Sieben gebogene, in einen Betonsockel eingegossene Eisenstäbe ergeben reichlich Stoff für Interpretationen. Natürlich grenzt diese Version eines Freischwingers fast schon an Blasphemie. Mit bis zu zwei Zentnern ist *Solid* auch gewichtsmäßig der Antipode der gerade auf Leichtigkeit abzielenden Entwürfe eines **Marcel Breuer** oder **Ludwig Mies van der Rohe**. Der Designsatiriker und Möbelexperimentator Heinz Landes schuf mit *Solid* – neben Stilettos Ready-made-Sitz *Consumer's Rest* (1983) und dem *Verspannten Regal* von Wolfgang Laubersheimer (1984) – eine der letzten Ikonen des »Neuen Deutschen Designs«. Bei näherer Betrachtung besitzt der Betonfreischwinger allerdings Qualitäten, die man dem Rohling gar nicht zutrauen würde. Schon der Aufbau hat Logik. Der Betonklotz bürgt für Stand- und Kippfestigkeit. Das Armierungseisen, das auch in seinem architektonischen Einsatz für Spannung sorgt, wird somit ebenfalls materialadäquat verwendet. Die Sitzfläche schwingt tatsächlich und bricht, im Gegensatz zu ihren »Vorbildern«, selbst bei extremer Beanspruchung nicht. Darüber hinaus ist der bis heute erhältliche Solitär, ursprünglich nur ein Entwurf aus einer ganzen Betonmöbelkollektion, natürlich auch ein Monument: für starke Entwürfe und gegen die Harmlosigkeit des Designs.

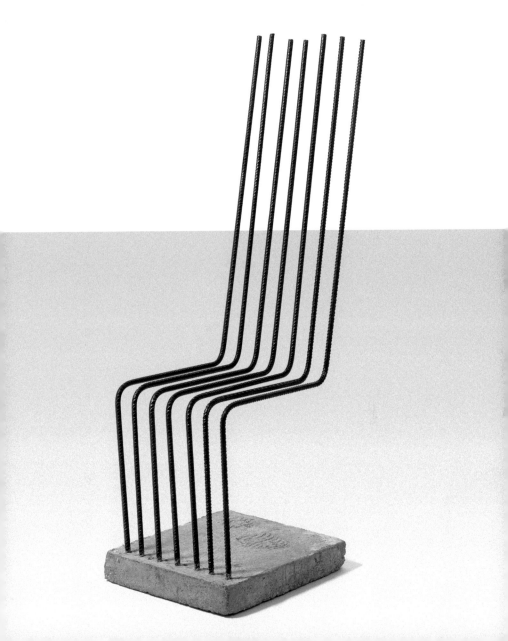

Tischbank
Design: **Ginbande**
Hersteller: Vitra

1987 Tabula Rasa

Ein richtiger Tisch ist schwer und unverrückbar. Das statische Möbelkonzept ist wohl nirgends fester verankert als in unserer Vorstellung von einer Tischplatte und vier Beinen. **Uwe Fischer** und Klaus-Achim Heine, als Studio Ginbande eine Kreativwerkstatt des »Neuen Deutschen Designs«, traten an, um auch diese Konvention aufzulösen. Ihre Tisch-Bank-Kombination passt sich in ihrer Länge nicht nur der Größe der jeweiligen Tischgesellschaft an, sondern optimiert durch die Verkleinerung zugleich die Nutzbarkeit des Raumes. *Tabula Rasa* changiert zwischen weniger als einem und etwa fünf Meter. Um dies zu erreichen, entwickelte das Tandem eine Konstruktion aus Scherengitter- und Rollladenmechanismen sowie entsprechend segmentierten Birkenholzplatten in Sitz- bzw. Tischbreite. Zusammengeschoben verschwindet diese flexible Tafel in dem seitlich angebrachten Holzkasten. Faszinierend wie ein Zauberkunststück ist natürlich, dass der lange Tisch in einen solch kleinen Kasten überhaupt hineinpasst. *Tabula Rasa*, ein Entwurf, bei dem die Funktion auch die soziale Dimension umfasst, ist weit mehr als nur ein konzeptionelles Denkprodukt, bei dem die leichte Bedienung überrascht.

Sessel
Design: **Stefan Heiliger**
Hersteller: WK Wohnen

1989 WK 698 Spot

Auch der Laie sieht diesem Sessel sofort an, dass er irgendetwas Besonderes kann. Den Ausgangspunkt des Projekts bildeten Stangenprofile aus Aluminium, deren Herstellung nicht ganz unaufwändig ist. Sie werden bei rund 400 Grad Celsius durch eine Matrize gepresst. Diese Profile haben links und rechts je zwei Nuten, die **Stefan Heiliger** auf eine Idee brachten. Er wollte einen Funktionssessel konstruieren, bei dem Sitz und Armlehne in der Nut laufen. Das Ergebnis war einer der beweglichsten Sessel: eine ausgeklügelte Sitzmaschine, wie man sie bis dahin nur von Bürostühlen kannte. Ein besonderer Vorteil liegt darin, dass man den Sitz nach vorne stufenlos ausziehen kann. Der Rücken wird wie beim Autositz mit einem Hebel schräg gestellt. Die Bewegung der Teile drückt sich im Schwung der Linien aus. Technik, Funktion und Form bilden so eine fast symbiotische Einheit, die bis ins letzte, aber keinesfalls unbedeutende Detail geht. So kann durch die Einbuchtung am oberen Rand der Rückenlehne das Kopfkissen nicht verrutschen. Entscheidend für den großen Erfolg dieses Modells war die Möglichkeit, auf einfache Weise in verschiedenste Sitzpositionen zu »fahren«. *Spot* ist – ebenso wie seine Abkömmlinge *Flex* und *Solo* – der ideale Fernsehsessel, aber lädt auch zum Lesen oder Dösen ein.

Regalsystem
Design: **Axel Kufus**
Hersteller: Nils Holger Moormann

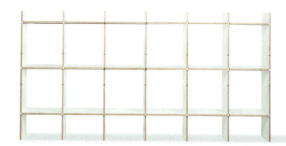

1989 FNP

»Immer wieder geht es um die Frage, wie kann ich etwas einfacher machen«, erklärt **Axel Kufus** sein Anliegen, das allerdings schwierig zu erreichen ist. Bei diesem Systemregal, einem seiner frühen Entwürfe, ist es ihm vorbildhaft gelungen. Als reines Raster ist es auf Wangen und Böden reduziert, die im Verbund mit den eingesteckten Aluminiumschienen den Entwurf transparent machen. Durch die einfache wiewohl intelligente Konstruktion kann das System zudem an nahezu jede Gegebenheit eines Raums angepasst werden. Dafür gibt es mittlerweile einen Konfigurator im Internet. Bei freistehenden Varianten sorgt eine Spannvorrichtung für zusätzliche Stabilität. *FNP*, das auf dem Gebiet zerlegbarer Regale neue Maßstäbe setzte, kann komplett ohne Werkzeug aufgebaut werden. Durch präzise Fertigung fügen sich die Bauelemente zu einem außerordentlich stabilen Fachwerk. Die Anmutung bleibt trotz seiner hohen Belastbarkeit filigran. Dass hinter dem so durchsichtigen Produkt auch eine Geschichte steht, darauf verweist schon der ironische, aus der Stadtplanungsbürokratie entlehnte Name im Duktus des »Neuen Deutschen Designs«. Kufus verfolgte damals mit der einfachen Konstruktion noch eine andere Idee. Er wollte das Regal dezentral bei regionalen Herstellern produzieren lassen.

Sitzbank
Design: **Wiege**
Hersteller: Wilkhahn

1991 Tubis

Wer durch die Welt fliegt, landet früher oder später auf Tubis. Flughäfen in Dresden, Dubai, Hongkong, Lanzarote, Leipzig, München und Mailand sind mit diesem variablen Banksystem ausgestattet, mit dem sich **Wilkhahn** in einem neuen Markt etablierte. Um 1990, Vielfliegerei war noch ein weitgehend amerikanisches Phänomen, machte man sich in Bad Münder darüber Gedanken, wie die Bedürfnisse der Luftreisenden mit den wirtschaftlichen Parametern der Flughafengesellschaften zur Deckung zu bringen seien. Die Polsterbänke können in Endlosreihen oder Eckverbindungen miteinander verknüpft werden. Integrierte Ablageflächen, variabel einzufügende Armlehnen und rollbare Fußwagen bieten den Planern große Freiheit in der Gestaltung und den Benutzern Komfort beim obligatorischen Warten. Einer der entscheidenden Erfolgsfaktoren neben der Systemtauglichkeit war die hohe Design- und Fertigungsqualität, denn Reinigungs- und Servicefreundlichkeit sparen den Betreibern eine erhebliche Menge an Folgekosten. Die Rechnung ging auf, als der Airport Hongkong 12.500 Sitzeinheiten orderte – der größte Einzelauftrag der Unternehmensgeschichte.

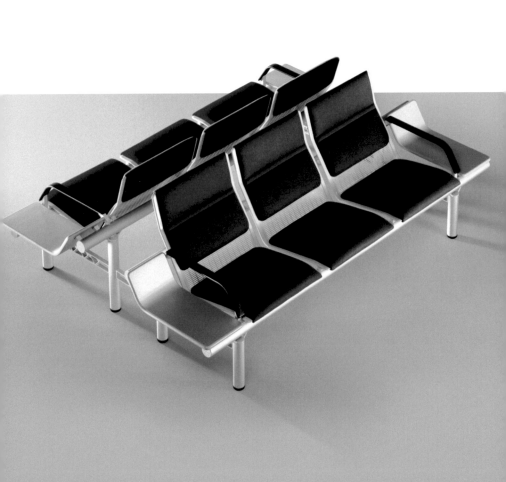

Stehsitz
Design: **Hans Roericht**
Hersteller: Wilkhahn

1991 Stitz

»Der gesunde Stuhl ist eine Fiktion«, erklärt **Wilkhahn**, immerhin eine Institution in Fragen der Sitzergonomie. Tatsächlich muss, wer den Büroalltag heil überstehen will, so oft wie möglich aufstehen, um sich vom Schreibtisch zu lösen. Damit man dabei weiterarbeiten kann, wurde *Stitz* erfunden – allerdings nicht von der Firma Wilkhahn, die den merkwürdigen Zwitter erst gar nicht haben wollte. Spätestens seit der »Trimm dich«-Welle der 70er Jahre hatte sich **Hans »Nick« Roericht** darüber Gedanken gemacht, wie Möbel aussehen könnten, die einen gesunden Wechsel von Sitzen, Stehen und Stützen fördern. Herausgekommen ist ein völlig neuer Möbeltypus: Sein Steh-Sitz-Hybrid, den er anfangs als *Stitz 1* in eigener Regie realisierte (und der bis heute von Ingo Maurer im Hinterhof gefertigt wird), animiert zum Aufstehen und fordert zum spielerischen Haltungswechsel heraus. Bei dem späteren, produktionstechnisch optimierten, nun von Wilkhahn produzierten *Stitz 2* lässt sich die Stützhöhe über einen Rundumgriff unter der Sitzfläche stufenlos regulieren. Der Sitzstab entlastet so den Körper bei verschiedensten Tätigkeiten, in Balance bleiben muss man aber selbst. Deshalb werden ganz nebenbei Bänder und Muskeln trainiert sowie der Kreislauf angeregt.

Klapptisch
Design: **Glen Oliver Löw, Antonio Citterio**
Hersteller: Kartell

1991 Battista

Im Studio von Antonio Citterio wurde der Servierwagen neu erfunden und der gebürtige Rheinländer **Glen Oliver Löw** war entscheidend daran beteiligt. Statt des üblichen Prinzips, den Rolltisch mittig zu klappen, wurde der ganze Tisch in sich flexibel gestaltet, so dass er wie eine Ziehharmonika ein- und ausgefahren werden kann. Bei nur zehn Kilogramm Gewicht kann er von maximal einem Meter Länge Ausdehnung bis auf 20 Zentimeter zusammengeschoben werden. Diesen Zweck erfüllen zwei konstruktive Mittel: zum einen ein Scherenmechanismus wie ihn etwa auch die Tische *Tabula Rasa* (1985) und *Sax* (1999) verwenden und zum anderen eine elastische Oberfläche, die es in zwei Ausführungen gibt (als lackiertes Polyurethan oder als poliertes Polyester) und die im Wartestand wie ein Lappen herunterhängt. Nicht nur zu Hause kann *Battista* wie ein zusammengeklappter Kinderwagen verstaut werden, auch bei Verwendung in größerer Zahl wie etwa im Büro oder in der Gastronomie benötigt er wenig Lagerraum. Ein paar Jahre später hat das Mailänder Erfolgsduo seinen fast ebenso bekannten Rollcontainer folgen lassen. Dahinter stand die Idee des mobilen Alltags, denn, so Löw, »wenn man heute ein Produkt kauft, geht es nicht mehr allein um die Hardware«.

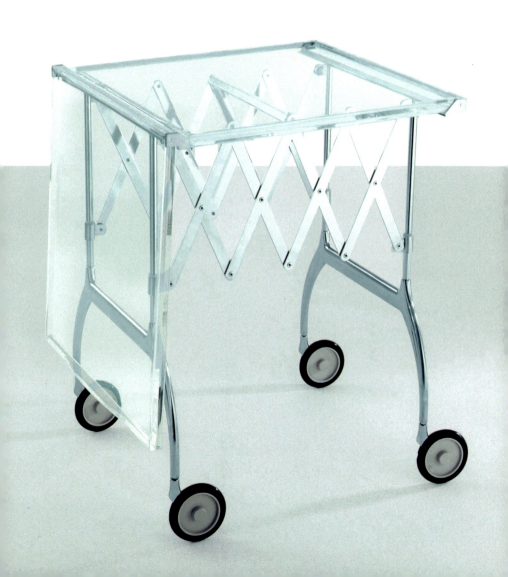

Sessel
Design: **Reiner Moll**
Hersteller: Interprofil

1994 Xenar

Er ist nicht nur ein prägnantes Beispiel für den neuen Minimalismus, der Anfang der 90er Jahre die Postpostmoderne einläutete. Im Sessel *Xenar* verbindet sich auch die wesentlich in Deutschland geprägte Tradition der Stahlrohrmöbel aus der ersten Hälfte des 20. Jahrhunderts mit dem Geist des späten 20. Jahrhunderts. Trotz der formalen Strenge der Polsterelemente und deren klarer Anordnung wirkt der Entwurf von **Reiner Moll** keineswegs wie ein Retrodesign. Durch das ovale Stahlprofil sowie durch dessen U-förmige Linienführung entsteht der Eindruck von Leichtigkeit. Die Sitz- und Rückenpolster – in welche die Rohre an den Ecken eingeführt werden – scheinen zu schweben und keine direkte Verbindung zueinander zu haben, was dem Sessel vollends die Schwere nimmt. Die offene Konstruktion korrespondiert mit einer maximalen Freiheit der Sitzpositionen und zu guter Letzt unterstreichen die Farbakzente das zeitgemäße Bild. Dass es sich um ein langlebiges Sitzmöbel handelt, beweist die Nachfrage, die nicht zuletzt durch die vielseitige Nutzbarkeit bedingt ist. Als Einzelsessel, in Reihung als Zwei- und Dreisitzer oder zum Gegenübersitzen lässt sich *Xenar* gruppieren.

Regalsystem
Design: **Werner Aisslinger**
Hersteller: Porro

1994 Endless Shelf

Es scheint tatsächlich eine endlose Erfolgsgeschichte zu sein. Beim Regal *Endless Shelf*, dem ersten Produkt von **Werner Aisslinger**, handelt es sich wohl um das meist ausgezeichnete Regal der letzten Jahre und zudem um eines der kommerziell erfolgreichsten. Es steht nicht nur in Wohnzimmern, Büros und Boutiquen, sondern auch in den diversen Designsammlungen dieser Welt. Das Prinzip ist schnell erklärt: Sein »Geheimnis« liegt in jenem Aluminiumkreuzstück, das die Platten auf elegante Weise miteinander verbindet und das dem Möbel von vorn ein signifikantes, grafisches Gesicht verleiht. Ähnlich wie das Regal *FNP* von **Axel Kufus** (1989) ist das System absolut modular, dadurch addierbar, erweiterbar und veränderbar. Das in Italien produzierte Montierwunder erscheint wie die Minimalversion jener Baukastenidee, die sich nun über ein Jahrhundert hinweg durch das deutsche Möbeldesign zieht. Seit Ende der 90er Jahre gibt es neben MDF-Platten (mit Furnieren in Birke oder Kirsche) auch semitransparente Kunststoffplatten in verschiedenen Farben, in deren Struktur sich das Schachbrettraster im Kleinformat fortsetzt.

Ausziehtisch
Design: Draenert
Hersteller: Draenert

1995 1224 Adler

Granit Nero Assoluto oder Imperial White, Marmor Statuario oder Kalkgestein römisch Travertin. Die Auswahl der Steinarten klingt exquisit, ist aber nicht das, was das Modell *Adler* von allen anderen unterscheidet. Einzigartig ist, dass auch die einschwenkbare mittlere Zusatzplatte aus einem der edlen, aber auch äußert schweren Gesteine besteht und nicht wie sonst üblich aus Holz. Damit dieser Kraftakt auf leichtgängige und ruckfreie Weise funktionieren kann, bedurfte es eines ausgeklügelten Mechanismus. Die beiden Hauptplatten gleiten auf zwei Schlitten zur Seite. Sie gaben dem Tisch seinen Namen, der auf die enorme Spannweite von nahezu vier Metern anspielt und auf die Fähigkeit, seine beiden Flügel ein- und auszufahren. Um beide Bewegungen zu synchronisieren, sind die Platten über ein Kettengestänge miteinander verbunden. Die Mittelplatte wird durch eine federgelagerte Drehhubkonstruktion um 90 Grad gedreht und gleichzeitig angehoben. Die gesamte patentierte Maschinerie – ein gut gehütetes Betriebsgeheimnis – wurde im zentralen Sockel untergebracht. Dort ist außerdem ein Hubrollenwerk verborgen, mit dem man den Tisch per Hebel auf Räder stellen kann. Das bis zu 300 Kilogramm schwere Möbel kann so kinderleicht bewegt werden.

Regal
Design: **Anette Ponholzer**
Hersteller: Freiraum

1996 Wunderkisten

Ein Möbel, das in verschiedene Richtungen schaut, hatte es bis dahin wohl noch nicht gegeben. Wunderkisten, das sind sechs unterschiedlich große Holzboxen, die auf einer an der Grundplatte befestigten Aluminiumstange aufgesteckt werden, eine denkbar einfache Anordnung, die zugleich Zusammenhalt und Beweglichkeit bewirkt. Durch diese simple Mechanik und die pyramidenartige Schichtung können die Elemente gedreht und versetzt werden. Wenn nötig, sind sie auch hochkant aufsteckbar. Die Stecklöcher dienen zugleich als Kabelausgang und als Zubehör gibt es einen Rollensatz. Das hier angewandte Fächerprinzip liegt z. B. auch dem *Küchenbaum* (**Stefan Wewerka**, 1984) zugrunde. Allerdings verzichtet dieses bei **Freiraum** produzierte Mittelding von Schrank und Regal scheinbar auf jede technische Ambition und erinnert besonders durch sein Understatement an vergleichbar trickreiche Holzkonstruktionen von **Konstantin Grcic**, wie z. B. die Garderobe *Hut ab* (**Nils Holger Moormann**, 1998). Wer will, kann *Wunderkisten* als essentiellen oder vielleicht sogar existenzialistischen Minimalismus auf dem so traditionsreichen Gebiet der Kasten- und Systemmöbel ansehen. Da standen sowohl das Bauhaus als auch die Apfelsinenkisten der »68er« Pate.

Stuhl
Design: **Beata und Gerhard Bär, Hartmut Knell**
Hersteller: Bär + Knell

1996 Zeitdokumente

Am Anfang war der Ärger, dass aus Bergen von Kunststoffmüll nichts anderes fabriziert wurde als Abflussrohre oder Blumenkübel. Drei junge Kreative entwickelten die Idee, Möbel aus PET-Flaschen und Plastiktüten entstehen zu lassen. Bei der Wiederverwendung sollten die ursprünglichen Farben der Verpackungen und die dem Verbraucher geläufigen Logos erhalten bleiben und nur durch den Herstellungsprozess verfremdet werden. Jedes Objekt bleibt so ein Einzelstück und wird zur Dokumentation des Alltäglichen. Es handelt sich um Möbel, die Schicht um Schicht die Dingwelt und Lebensgewohnheiten einer modernen Industriegesellschaft enthalten. Dahinter steckt die Lust am Experiment, die Suche nach technischen Verfahren, die die Geschichtshaltigkeit der Kunststoffabfälle und ihre besondere Zusammensetzung hinüberzuretten in ein neues Dasein. Eine verzerrte Aldi-Tüte zieht sich über die Sitzfläche: Der ausgiebig publizierte Sessel *Zeitdokumente* heißt nicht nur so. Er ist ein Schnappschuss des real existierenden Kapitalismus, eine Anspielung auf die sich abwechselnden Konsumvorlieben, Trends und Moden. Recycling mit künstlerischer Tiefe. Die Möbel von Bär + Knell haben etwas von Ready-made, Pop-Art, erinnern an die Werke der französischen Decollagisten, aber auch an die spontanen Kleckbilder eines Jackson Pollock. Hinzu kommt der explizite Designbezug. *Zeitdokumente* bedient sich der Physis des »Bofinger-Stuhls« *BA 1171* (1966). Später haben Bär + Knell auch den Stuhlklassiker *SE 68* von **Egon Eiermann** mittels recyceltem Fleckenmuster ins Hier und Jetzt transformiert.

Tisch
Design: **Jakob Gebert**
Hersteller: Nils Holger Moormann

1996 Spanato

Was will man mehr von einem Tisch erwarten? *Spanato* verbindet Leichtigkeit mit hoher Stabilität und Belastbarkeit. Die Tischplatte aus nur sechs Millimeter starkem Birkensperrholz ist flexibel und wackelt deshalb nicht, selbst nicht auf unebenen Böden. Die Oberfläche der Platte wird auf Wunsch mit Linoleum beschichtet. Die Beine, bestehend aus zwei flachen Brettern, die in Bodennähe verschraubt sind, weiten sich nach oben zu einen »V« aus. Sie werden einzeln mitgeliefert und können mit einer Montagehilfe in die seitlichen Zargen eingeschoben werden, wodurch ihre Position frei wählbar und veränderbar ist. Wird die Montagehilfe entfernt, verspannen die Beine sich in der Führung und sind fixiert. Ebenso leicht sind sie wieder zu lösen, und zum Transport werden Beine und Montagehilfe flach unter die Tischplatte geschoben. Es gibt zahlreiches Zubehör wie z. B. ein seitlich eingestecktes Board, Eckverbinder und ein Schubkastensystem. *Spanato* ist exemplarisch für jenen lakonischen Funktionalismus, der bei **Nils Holger Moormann** Programm ist, der in die großen Fußstapfen der klassischen Moderne tritt und dabei so angenehm tiefstapelt.

Kommodensystem
Design: **Peter Maly**
Hersteller: Behr

1996 Menos

Die kontinuierliche Betreuung und Pflege seiner Produkte sind ihm wichtig. Deshalb hat **Peter Maly** die Aufgabe, das Schranksystem *Menos* nach gut einem Jahrzehnt zu erweitern und zu verfeinern, besonders gereizt. Ausgangspunkt des Systems, das sich dazu bekennt ein »Kastenmöbel« zu sein, war eine quadratische Schubkastenkommode. Die Frontaufteilung in 16 gleiche Quadrate betonte das Serielle und Systematische. Details wie die auf Gehrung gearbeiteten und dabei mit feinen Rundungen versehenen Kanten und Eckverbindungen unterstrichen den feinen Gesamteindruck und erinnern an das edle Finish im zeitgenössischen Automobildesign. Die kleinen, ebenfalls rechteckigen Aluminiumgriffe stechen aus den farbigen Oberflächen hervor und sind als grafische Punkte zu unterschiedlichen Mustern geordnet. Dieses Schrankprogramm steht in einer Reihe mit Anbaumöbeln wie der »wachsenden Wohnung« der 20er Jahre und Schrankwänden wie *M 125* (**Hans Gugelot**, 1950) oder *BMZ* (**Behr**, 1955). In ihm wirkt der rationalistische Imperativ des Bauhaus, also letztlich die Tradition der Aufklärung. Der so gespannte geistesgeschichtliche Bogen verdichtet sich im Symbol des Quadrats. Wobei zu betonen ist, dass es sich bei *Menos* um eines der umfangreichsten und variabelsten Einrichtungsprogramme handelt, das verschiedenste Elemente umfasst, von der Kommode bis zum Couchtisch.

Tischsystem
Design: **Klaus Franck, Werner Sauer**
Hersteller: Planmöbel

1996 x-act

Zentrale Konstruktionselemente von *x-act* sind die doppelfüßigen Teleskoprohre an den modular aufgebauten Gitterzargen, optische Ausrufezeichen, durch die die Besonderheit des Konzepts sofort ins Auge springt. Ihre eigenwillige, stativartige Konstruktion erlaubt es, weitgehend frei geformte Tischplatten einzusetzen und deren Höhe stufenlos einzustellen. Mit den Rohren, die durch die Platte stoßen, lassen sich Arbeitsplätze mit zusätzlichen Ablageebenen und praktischen Zubehörteilen wie Telefonen oder Buchklemmen komplettieren, die an den Stangen befestigt werden. Ein ungewöhnliches Merkmal sind auch die Gitterbrücken in Kopfhöhe, die von einer Tischseite zur anderen reichen und sowohl als Ablagen wie auch als auch Hängevorrichtung dienen können: für Körbe, Leuchten oder auch einen Talisman. **Planmöbel** hat sich von dem bekannten Team Klaus Franck und Werner Sauer ein formal und ästhetisch eigenständiges System entwickeln lassen, dessen Charme in seiner großen Flexibilität liegt. Das heißt auch, dass jeder Mitarbeiter damit seinen Arbeitsplatz selbst verändern kann, ein für die Motivation keineswegs unerheblicher Aspekt.

Hocker
Design: **Philipp Mainzer**
Hersteller: e15

Kleine Abbildung: Tisch *Bigfoot*
(mit Florian Asche, 1994) und Bank *Taro*

1996 Backenzahn

Ein Höchstmaß an Gestaltungsqualität ist immer dann erreicht, lehrt das Designstudium, wenn Konstruktion und Nutzen auf zwanglose Weise auseinander hervorgehen. Genau dies ist beim Hocker *Backenzahn* gegeben, und zwar in einer Weise, die man kurz vor Ende des 20. Jahrhunderts wohl kaum erwartet hätte. Das kleine, klotzige Konstrukt setzt sich allein aus vier gleichen, sich nach unten verjüngenden Beinen zusammen, die aus dem Kernholz des Baumes stammen. Die doppelt symmetrische Anordnung gewinnt ihren Reiz aus der Spannung zwischen der erstaunlich einfachen Geometrie und grober Rübezahl-Ästhetik, zu der auch eine gewisse Unregelmäßigkeit der Linien und Oberflächen gehört. Die Magie des Entwurfs wird durch die treffende laut- und bedeutungsmalerische Namensgebung noch unterstrichen. Die gewollte Rauheit und die zentrale Mulde sorgen zudem für ein sicheres Sitzen. Damit gehört *Backenzahn* in eine Reihe mit vergleichbar einfachen, in Deutschland entstandenen Hockern wie dem Modell *B 9* (1927 von **Marcel Breuer**), das aus der Montagehalle kam, und dem *Ulmer Hocker* (**Hans Gugelot**, 1950), der für die Denkfabrik erdacht wurde. Dass der alte Werkstoff Holz in die Zeit passt, bewies **e15** wiederum mit dem massiven, zerlegbaren Tisch *Bigfoot*, bei dem Risse ein Teil des Designs sind.

Küchensystem
Design: **Herbert H. Schultes**
Hersteller: Bulthaup

Kleine Abbildung: Schrankelement
und Spülelement
Abbildung Seite 189: Kochelement

1997 S 20

»Hier will ich sitzen, wenn möglich viele Stunden, und die Zeit mit Freunden und der Familie genießen«, erklärt der Designer Herbert H. Schultes. Seit anderthalb Jahrzehnten kreiert der ehemalige Designchef von Siemens für **Bulthaup** Küchenkonzepte und hat mit *b 3* (2004) mittlerweile sein drittes Programm vorgelegt, dessen Tenor jeweils derselbe ist: Die Küche soll perfekt funktionieren, aber zugleich neben Ess- und Wohnzimmer als Lebensraum wiedererobert werden. Eine Neuheit beim *S 20* war das tragende Pylonsystem aus einer Aluminiumlegierung, das man sich patentieren ließ. Der Begriff »Industriedesign« erhielt hier seine prägnante Zuspitzung und der Werkbankcharakter, durch den man Ende der 80er Jahre einen neuen Küchentypus definiert hatte, wurde zum System. Dies ist allein durch die Dominanz des Werkstoffs Metall, der für das Maschinelle und Präzise steht, offensichtlich. Die technische Dimension wurde auch auf andere Weise verdeutlicht, z. B. in den markanten, parallelen Kehlungen der Seitenwände, die zudem die Robustheit der Konstruktion signalisieren (und entfernt an die »Ju 52«, Deutschlands wohl berühmtestes Flugzeug, erinnern). Das Konzept freistehender Module wurde weiterentwickelt, die einzelnen Elemente sind am Boden nicht »verblendet«, sondern haben Füße oder Rollen, können also bei Bedarf verschoben werden. »Wir haben die Küche befreit«, freute sich Gerd Bulthaup bei der Einführung von *S 20*.

Sessel
Design: **Gioia Meller-Marcowicz**
Hersteller: ClassiCon

1998 Dia

Ende der 90er Jahre war es schon eine kleine Überraschung, dass ein Hersteller, der sich im Hochdesign profiliert, eine Serie von Gartenmöbeln herausbrachte, eine Sparte, die in der Szene nicht sonderlich gepflegt wurde. Das Programm *Dia*, das einen Stuhl, eine Liege und zwei unterschiedlich hohe Tische umfasst, war durch die vielseitige Verwendbarkeit dieser Elemente durchaus als Angebot für alle Gelegenheiten zu verstehen (nicht nur draußen, sondern auch in der Wohnung). Der Stuhl wird durch einfaches Drehen zum Sessel mit niedriger Sitzhöhe (jeweils passend zu den beiden Tischen) und ist achtfach stapelbar. Die mit Rollen versehene Liege lässt sich an Kopf- und Fußende mehrfach verstellen und so verschiedenen Liegestellungen anpassen. Ein aufgespanntes rundes Kopfpolster sorgt für zusätzlichen Komfort. Das Gestell aus poliertem Edelstahl und die auf Stangen aufgespannten Stoffe sind ein unmissverständlicher Verweis auf die Stahlrohrpioniere der 20er Jahre. Nirgends dürfte die Wahl der widerstandfähigen Materialien funktionaler sein als gerade für den Gebrauch unter freiem Himmel. Durchdacht, elegant, robust. **Gioia Meller-Marcovicz** empfiehlt ihr Gartenensemble als eine »Anschaffung fürs Leben«.

Garderobe
Design: **Konstantin Grcic**
Hersteller: Nils Holger Moormann

1998 Hut ab

Die etwas andere Garderobe *Hut ab* hat der Münchner **Konstantin Grcic** entwickelt. Sechs dünne Stäbe aus rohem Eschenholz sind hier über drei Gelenke verbunden, wodurch eine simple Scherenmechanik entsteht. Haken wie auch Ausformungen an den Enden der Stangen ergeben eine Vielzahl von Hängegelegenheiten: vom lässigen Überwurf bis hin zum ordentlichen Aufhängen der Kleidung auf Bügeln ist alles möglich. In der Beuge zwischen langen und kurzen Holmen finden Taschen Halt. Wird es einmal nicht benötigt, lässt sich das schlanke Ding schnell zusammenklappen. Über die Jahre hat Grcic eine Serie kleiner Nützlichkeiten für **Nils Holger Moormann** erfunden, die es so vorher noch nicht gab, darunter die Regalleiter *Step* und das dauerhaft schräge Regal *Es*. Sie alle haben mit *Hut ab* das eine oder andere gemeinsam. Sie sind allesamt einfach, das Gegenteil von Hightech und sie sind nicht starr, aber stabil. Die Konstruktion ist so ausgelegt, dass ihr Eigengewicht dazu beiträgt, sie in stabiler Balance zu halten. Schließlich sind Grcics Beimöbel kleine Irritationen, Erinnerungen, dass keineswegs alles so selbstverständlich ist, wie wir allzu oft meinen. Man traut seiner Wahrnehmung nicht, zweifelt an den Naturgesetzen und hegt manchmal leise Zweifel, ob das überhaupt funktionieren kann. *Hut ab* tut es.

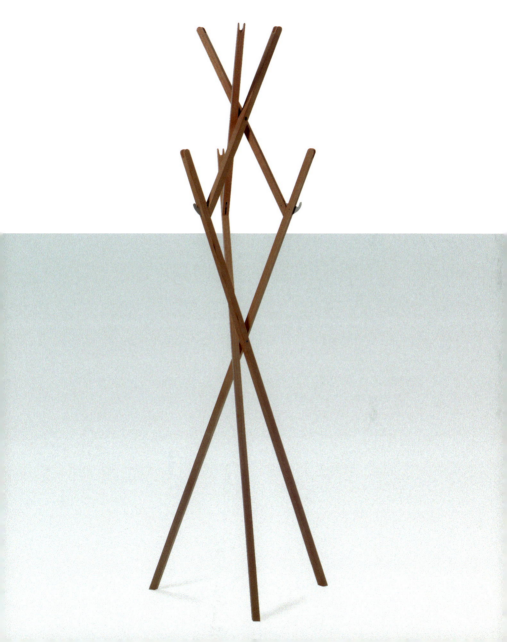

Tisch
Design: **Christoph Böninger**
Hersteller: ClassiCon

1999 Sax

Es ist ein Tisch, sagt die viereckige Platte. Aber bereits auf den zweiten Blick wird klar, dass sich der Entwurf so eindeutig gar nicht zuordnen lässt. Beistelltisch oder Servierwagen? Er ist beides. Und genau darin liegt die Besonderheit. Ebenso mobile Vorgänger sind **Herbert Hirches** fahrbarer *Barwagen* (1956), aber auch **Glen Oliver Löws** Klapptisch *Battista* (1991), die allerdings nur eine Höhe bieten. Dem Thema höhenverstellbarer Tisch wurden hier neue Seiten abgewonnen. **Christoph Böningers** *Sax* ist eine konstruktive Meisterleistung und darin Ginbandes *Tabula Rasa* (1985) ähnlich, da beide ihren ausgetüftelten Unterbau offen darbieten und mit Klapp-, Scheren- und Schiebetechnik arbeiten. Der *Sax*-Mechanismus funktioniert folgendermaßen: Die an mobilen Elementen befestigten Tischbeine können entlang der Unterseite der Tischkante hin- und herbewegt werden. Je nach Höhe ergibt sich so durch die veränderten Winkel eine andere Geometrie des Gestells. Der Diener verändert seine Statur. Mal steht er straff gestreckt, mal macht er einen Knicks.

Sitzmöbelkollektion
Design: **Werner Aisslinger**
Hersteller: Cappellini (Stuhlkollektion), Zanotta (Liege)

Kleine Abbildung: Liege
Abbildung Seite 197: Prototyp

1999 Soft Cell

1996 besuchte **Werner Aisslinger** die Designausstellung *Mutant Materials* im New Yorker Museum of Modern Art, auf der erstmals innovative Materialanwendungen gezeigt wurden. Am meisten faszinierte ihn der Fahrradsattel eines amerikanischen Herstellers, der erste, bei dem Gel zur Dämpfung verwendet wurde. Von da an ließ ihn der Gedanke nicht los, wie man diese Technik in die Möbelwelt übertragen könnte. Er recherchierte Firmen, die Gele herstellen und stieß schließlich auf ein italienisches Unternehmen, das eine Lizenz von Bayer gekauft hatte. Es handelte sich um das erste Gel ohne Weichmacher, das somit langfristig erhalten bleibt. Bei *Soft Cell* werden zwei Einheiten aus einem Gel-»Sandwich« auf einem verchromten linearen Metalluntergestell montiert. Das »Sandwich« besteht aus einem mit Gel ummantelten, tragenden Nylongitter. Hier reicht das organische Design bis in den Mikrobereich. Die Geloberfläche ist matt und mit einer Textur beschichtet, die der menschlichen Haut nachempfunden ist. Die Konstruktion kombiniert die transparente Minimalstruktur eines Stahlrohrmöbels mit der Elastizität und dem Sitzkomfort eines Polstersessels. Durch die transluzenten Flächen scheint das organische Gittermuster wie bei den Adern eines Blattes durch. Je nach Lichteinfall changieren die Farben und die Gelmöbel verändern ihre Erscheinung.

Stehpult
Design: **Bernd Benninghoff, Karsten Weigel**
Hersteller: Jonas & Jonas

2000 Nudo

Selbst in dieser sich rasend schnell verändernden Welt gibt es noch Dinge, von denen wir annehmen, dass sie, weil sie immer so aussahen, auch weiter so oder so ähnlich aussehen werden, wie z. B. das kastenförmige Steh- oder Rednerpult. Nun ist auch diese fixe Idee Vergangenheit. Das reduzierte, kaum mehr als »Pult« (abgeleitet von lateinisch »pulpitum« für Brettergerüst) zu bezeichnende dreibeinige Gestell, das für **Jonas & Jonas** entwickelt wurde, ähnelt eher einem Kamerastativ. Wie dieses ist es formal reduziert und verstellbar. Die Beine aus Edelstahlrohr laufen in einem Knoten zusammen, der Bakelit-Drehknopf ermöglicht die Anpassung der Höhe wie der Neigung der Ablagefläche. Elastikbänder oder die in die Arbeitsfläche eingelassene Holzschiene verhindern das Wegrutschen der Papiervorlagen. *Nudo*, ähnlich gesundheitsfördernd wie die Sitzstütze *Stitz* (**Hans »Nick« Roericht**, 1991), weil die Wirbelsäule im Stehen entlastet wird, bietet vielseitige Anwendungen: als improvisierter Frühstückstisch, Staffelei für schnelle Skizzen, Telefonablage, Notenständer, Projektorfläche und – warum nicht – auch als Rednerpult. Schließlich wird durch die fehlende Barriere zum Publikum der Vortragende im Ganzen sichtbar und die Situation dadurch demokratischer.

Hocker
Design: **Christoph Böninger**
Hersteller: Mabeg

2000 Soester Hocker

Hocker bilden eine Nebenlinie in der Geschichte des deutschen Möbeldesigns, aber eine wiederkehrende. Ob als Stahlrohrkonstruktion (**Marcel Breuer**, 1926), Ulmer Kubus (**Hans Gugelot**, 1950) oder *Backenzahn* aus Kernholz (Philipp Mainzer, 1996), dieses einfachste aller Sitzmöbel hat manches Mal zu frappierenden Lösungen herausgefordert. Eine Hightech-Version lieferte **Christoph Böninger**. Der Münchner, der sich seit langem mit materialtechnischen Neuerungen beschäftigt, begann Ende der 90er Jahre mit Aluminiumblechen zu experimentieren, die er zu Sitzmöbeln verformen wollte. Daraus entstand der *Soester Hocker*, ein wahrhaftes Industriemöbel. Mit 43 Zentimeter Höhe und je 45 Zentimeter Breite und Tiefe ist er nahezu ein Würfel, aber eben nur beinah. Im Gegensatz zum berühmten *Ulmer Hocker*, dessen Namenskonzept er übernimmt (Soest ist der Standort der Firma Mabeg, die u. a. Haltestellen produziert), wird seine Oberfläche von fließenden Formen bestimmt. Weiche Übergänge und hartes Metall sind sinnliche Antipoden. Seitliche Ausbuchtungen, die wie eine Vorhangfalte wirken, erhöhen die Standfestigkeit. Die kreisförmige Mulde in der Sitzfläche verhindert das Abrutschen. Die durchkomponierte Wellenstruktur ähnelt den Oberflächen moderner Automobile. Auch die Leistungsfähigkeit dieses Kleinmöbels ist beachtlich: obwohl nur etwas schwerer als ein Kilogramm vermag es drei Zentner zu tragen.

Stuhl- und Tischprogramm
Design: **Justus Kolberg**
Hersteller: Kusch + Co.

2000 Profession 9100

Als der Designer **Justus Kolberg** für den Tisch einen Scherenmechanismus vorschlug, war Kusch Senior sofort einverstanden, denn die Firma besaß noch ein entsprechendes Patent. »Nur wenn man sich die Bälle gegenseitig zuspielt, kann man ein hohes Niveau erreichen«, sagt Kolberg, der für **Kusch + Co.** die Konferenzmöbel *Profession* entwickelte, eine Produktfamilie, wie sie in dieser Vollständigkeit und Geschlossenheit Seltenheitswert besitzt. Es ist ein Beispiel für eine bewusst gepflegte Designkultur, durch die sich die technische Kompetenz des Herstellers und die Ideen des Designers weiterentwickeln. Auch der Stuhl ist nach dem Scherenprinzip konstruiert – an sich nichts Neues, aber durch Details wie die hochklappbare Armlehne und die Verbindung zweier elliptischer Profile, die von einem runden Rohr durchbrochen werden, ist er nicht nur besonders stabil, sondern kann auch sehr eng zusammengeschoben, d. h. »gestaffelt« werden (ebenso wie der Tisch). So können viele Stühle (oder Tische) gleichzeitig von einer Person transportiert werden. *Profession* entspricht hiermit den flexibler gewordenen Konferenz- und Seminarmethoden, bei denen zunehmend in wechselnden Gruppen und Räumen gearbeitet wird. Auch das Zubehör wird dem gerecht: So kann der Rollwagen sowohl für Computerarbeit wie für Projektion eingesetzt werden, eignet sich aber genauso gut als Servierwagen. Bei dessen Aufbau hatte Kolberg die Träger alter Stahlwerke vor Augen.

Schranksystem
Design: **Wulf Schneider**
Hersteller: Interlübke

2001 EO

Ende der 90er Jahre, **Interlübke** suchte Linie und Orientierung, übernahm Helmut Lübke noch einmal das Ruder und brachte die Firma wieder auf Designkurs. Das Schlüsselprodukt für den Neustart lieferte **Wulf Schneider**: das Schrankprogramm *EO*, eine Weltneuheit und damals Gesprächsthema auf den großen Möbelmessen. Das auf einem quadratischen Raster basierende, mit Glastüren ausgestattete System wird von innen beleuchtet und kann auf Knopfdruck seine Farbe ändern. Es ist somit das erste Möbel, das sich nicht nur auf jeweilige Stimmungen einstellen, sondern diese vielleicht sogar beeinflussen kann. Durch die Kombination von Farbe und Musik wird der Effekt noch verstärkt. Das Psychedelische der 60er Jahre war mittels aktueller Technik im Wohnzimmer angekommen. *EO* verbindet die funktionale und emotionale Ebene auf direkte Weise. Die Grundidee des Avantgardemöbels ist die der additiven Farbmischung. Im Inneren befinden sich rote, grüne und blaue LED-Lämpchen, die mittels Fernbedienung angesteuert werden. Nahezu jede erdenkliche Farbe ist möglich, indem die Anteile der Grundfarben entsprechend verändert werden. Fünf Lieblingsfarben lassen sich speichern. Ob Türcontainer oder Schubkästen, ob an der Wand hängend oder auf Füßen stehend, der therapeutische Leuchtschrank ist, auch was Aufbau und Zubehör betrifft, sehr anpassungsfähig und kann ebenso als Raumteiler dienen – mit oder ohne Leuchtdioden.

Garderobe
Design: **Martin Kleinhans**
Hersteller: Performa

2001 Garderobe

Den entscheidenden Anstoß zu dieser Idee gab eine Kundin, die nach einer Kleiderablage für ihre ganze Familie suchte. Daraufhin entwickelte Martin Kleinhans eine »mitwachsende« Garderobe, die sich sowohl in ihrem Äußeren als auch bei der Benutzung durch extreme Einfachheit auszeichnet. Die Grundidee: parallele Schlitze, in die verschiedene Haken und Ablagen eingesteckt werden, und in denen sie durch ihre Eigenspannung fest sitzen. Kinder benutzen die unteren Schlitze, Erwachsene die oberen. Soweit der offensichtliche Nutzen dieser dem Prinzip nach klassischen Wandgarderobe. Schon die zwei Zentimeter, die der Block von der Wand Abstand hält, verweisen darauf, dass es sich hierbei nicht nur um einen schnöden Gebrauchsgegenstand handelt, sondern auch um eine monochrome Skulptur. Überhöht wird der quadratische Hakenhalter dabei durch die makellose Oberfläche, die ihn als perfekten Körper erscheinen lässt. Zu diesem Eindruck hermetischer Geschlossenheit trägt auch die weiche Haut aus Linoleum oder Gummi bei. Man muss übrigens keineswegs ausschließlich Kleider an die **Performa**-Garderobe hängen. Man kann sie, etwa mit Fotos oder privaten Dingen dekoriert, auch zur persönlichen Installation umfunktionieren.

Sofasystem
Design: **Studio Vertijet**
Hersteller: COR

2002 Scroll

Kirsten Antje Hoppert und Steffen Kroll, die sich als **Studio Vertijet** »Träume« erlauben wollen, haben das Programm von **COR** um ein Sofa ergänzt, das das Bewusstsein vom Sitzen und Liegen erweitern soll und dafür allenthalben Beifall erhielt. Diesmal führte sie ihre Fantasie hin zu einer Polsterinsel: das Sofa *Scroll*, das – ähnlich wie *Lobby* (**Siegfried Bensinger**, 2003) – rundherum nutzbar ist. Die Abkehr von der Zweidimensionalität verändert den Charakter des Polstermöbels hin zu einem kommunikativeren »Medium« und definiert auch die Beziehung von Raum und Sitzgruppe neu. Das Programm umfasst Einzelsitzmöbel, schmale Zweisitzer, Liege und Sofa. Die Grundform besteht aus flachen, dicht über dem Boden liegenden Polsterelementen, die durch abgerundete Ecken markant und grafisch wirken. Die Lehnen lassen sich in vier Stufen verstellen. Durch die Überbreite verwandelt sich *Scroll* dabei von einem üblichen Frontalsofa in eine Liege mit genügend Platz für zwei Personen. Werden mehrere Modelle kombiniert, entstehen lebendige Polsterlandschaften, die der jeweiligen Tätigkeit oder Befindlichkeit angepasst werden können.

Sitzmöbelprogramm
Design: **Wolfgang C. R. Mezger**
Hersteller: Davis

Kleine Abbildung: Banksystem *Lipse* mit Ablagen

2002 Lipse

Es gibt ihn als vierfüßigen Stapelstuhl, mit Mittelsäule und aufgereiht auf einer Traverse. *Lipse* gehört zu den universal einsetzbaren Sitzmöbeln und visuell zu den interessantesten. Die Grundidee: Zwei unterschiedlich geformte Holzschalen bilden eine organische Mulde, die an die Doppelform aneinander gehaltener Handflächen erinnert (und die im Übrigen als ein einheitliches Schichtholzteil so gar nicht möglich wäre). Der Aluminiumstab, der beide Teile verbindet, fungiert zusätzlich als optisches Erkennungszeichen, einerseits als grafische Trennlinie, andererseits durch den Gegensatz zwischen kühlem Metall und warmem Holz. So wird der Stuhl auch zu einem Symbol für Einheit und Teilung. *Lipse*, ein Wortspiel mit Lippe und Ellipse, ist eine Skulptur, deren harmonische Proportionen **Wolfgang C. R. Mezger** aus einem einzigen Block Styropor als maßstäbliches Modell in Handarbeit nach und nach herausgearbeitet hat. Eine von allen Seiten überaus ansehnliche Erscheinung. Das wird nicht zuletzt deutlich, wenn mehrere drehbare Doppelschalen auf der Traverse hintereinander aufgereiht werden. Die Modelle harmonieren selbst in versetzter Stellung, eine Eigenart, die nicht nur auf ihre ästhetische Qualität verweist, sondern auch kommunikative Möglichkeiten eröffnet – sei es als Hin- oder als Abwendung.

Schreibtisch
Design: **Patrick Frey, Markus Boge**
Hersteller: Nils Holger Moormann

Kleine Abbildung: Schreibtisch *Kant* mit Schubladen und Computerhalterung

2002 Kant

Es sind die so einfachen und deshalb eigentlich naheliegenden Verbesserungen, die unserem Geist so schwer fallen, lehren uns die Gestaltpsychologen. Eine Tischplatte mit Knick gehört wohl zu diesen Phänomenen, auf die zwar jeder kommen könnte, die dem Selbstverständlichen und Alltäglichen jedoch allzu sehr zuwiderlaufen, als dass das Hirn diesen Denkgraben überwinden könnte. Dabei hat der simple Eingriff, den **Frey & Boge** dann doch vornahmen, gleich mehrere positive Folgen. Die Ordnung des Schreibtisches ist durch Ablage von Büchern und anderem Kleinteiligen an der Hinterkante grundlegend geregelt. Die Tatsache, dass die Dinge durch ihr Eigenwicht gehalten werden, erhöht den Ordnungsfaktor. Schließlich hat das organisatorische Extra auch konstruktive Vorteile, denn der Doppelknick steigert deutlich die Stabilität. Dies wird noch dadurch verstärkt, dass die gekreuzten Beine die Linienführung der hinteren Platte aufnehmen. Der proklamatorische Name *Kant*, mit dem man die ansonsten geübte Zurückhaltung ein wenig verlässt, ist wohl auch eine Aufforderung an die Geistesarbeiter, von Zeit zu Zeit um die Ecke zu denken. **Nils Holger Moormann**, der als Standort seiner Firma das oberbayrische Land gewählt hat, kommt beim Anblick der Vertiefung z. B. eine gut gepflügte Ackerfurche in den Sinn.

Sofa
Design: **Siegfried Bensinger**
Hersteller: Brühl

2002 Lobby

Hier erhält das Wort Kombinationssofa eine völlig neue Bedeutung. *Lobby* ist eine einfache Konstruktion aus drei Kuben: ein flächiger Grundkorpus, auf dem zwei unterschiedlich lange Rückenlehnen asymmetrisch angeordnet sind. Durch die zentrale Position der Hauptlehne kann rundum Platz genommen werden. Es entsteht eine Sitzinsel ähnlich wie beim Sofa *Scroll* (**Studio Vertijet**, 2002). Diese ungewöhnliche Bauweise eröffnet freie Sitzpositionen für eine große Anzahl von Personen. Auf welchem Sofa kann man schon Rücken an Rücken sitzen? Werden mehrere Modelle kombiniert, gehen die Konstellationen wie auf einem Schachbrett gegen unendlich. Weich überlagernde Kissen federn die architektonische Strenge optisch etwas ab. Wie bereits bei **Herbert Hirche** und anderen frühen Neomodernen geht hier eine klare Linienführung mit hohen Freiheitsgraden einher. Schließlich bietet Lobby noch ein ganz besonderes Extra: Ist Ruhe- oder Schlafbedarf gegeben, können Rücken- und Armlehne getrennt voneinander durch Ziehen einer Schlaufe und leichtes Drücken komplett versenkt werden und es entsteht eine große Liegefläche. »Man sieht es ihm am Tage nicht an, dass es ein Schlafsofa ist«, unterstreicht **Siegfried Bensinger**, der bei seinem Entwurf auch die neuen, flachen TV-Geräte im Auge hatte. Fernsehhersteller Loewe ist ein Nachbar der Firma **Brühl**.

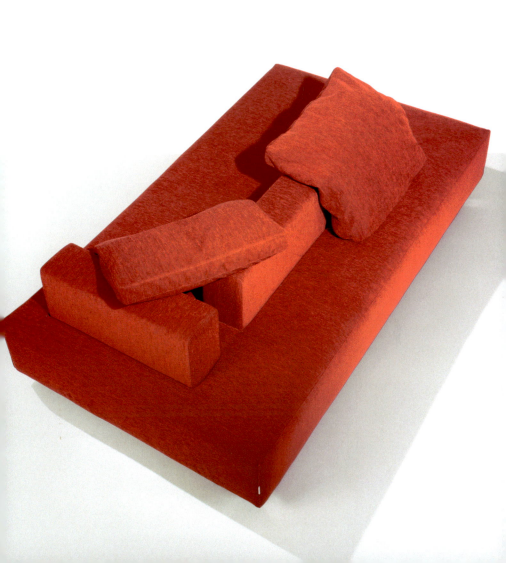

Beistelltischkollektion
Design: **Konstantin Grcic**
Hersteller: ClassiCon

2002 Diana

Couchtisch, Stehpult, Hocker, Handbibliothek, Zeitungsablage, TV- oder Notebook-Ständer. **Konstantin Grcics** Metalltischserie ist offen für viele Nutzungen und Interpretationen. Ihren Reiz gewinnen die geschnittenen und gefalzten Objekte aus dem Gegensatz zwischen dem harten, industriellen Material und den fast spielerischen Formen, deren Faltungen so leicht wirken, als seien sie aus Papier. Die pulverlackierten Kleinskulpturen gibt es u. a. in Tiefschwarz, Oxidrot oder Cremeweiß (Sonderfarben sind möglich). So entsteht ein Vexierspiel aus Farben und Raumgeometrien, ein Stahl-Origami mit versetzten Flächen. Der Rückgriff auf Geraden und zumeist rechte Winkel ist ein Zitat der klassischen Moderne, die hier allerdings wesentlich komplexer ausfällt als noch bei **Herbert Hirches** *Barwagen* aus den 50er Jahren. In der Tat wirken die Ablageelemente ein wenig wie utopische Skulpturen russischer Konstruktivisten aus den 20er Jahren. Vielleicht sind sie aber auch eine Anspielung auf die Metallhaut des Autos, das vor unserer Haustür steht. So wie wir aus Buchstaben Worte bilden und erfinden, können die *Diana*-Tische auf verschiedenste Weise gruppiert werden. Mit diesem dreidimensionalen Alphabet lässt sich ein Zimmer immer neu lesen.

Bürostuhl
Design: **Wiege**
Hersteller: Wilkhahn

2003 Solis

Weg von der Sitzmaschine! **Wiege** konzipierte für **Wilkhahn** den intuitiven Bürostuhl. Bei der Gestaltung von *Solis* wurde das Formenrepertoire konsequent auf einfache, symmetrische Körper und homogene, geometrische Flächen beschränkt. Ob Sitz- und Rückenschalen, Fußkreuz oder Gestellstruktur, die Linienführung folgt der Maßgabe von Einfachheit und Eindeutigkeit. Das hat zudem funktionale Aspekte, denn wesentliche Elemente sind durch die Reduktion besser wahrnehmbar. Ohnehin macht der Stuhl, wenn Höhe und Gewicht eingestellt sind, alles Weitere von selbst. Optionen wie die Höheneinstellung der Rückenlehne oder die Veränderung der Sitztiefe lassen sich ohne jeden Hebel instinktiv bedienen. Dabei wirkt sich das Zusammenspiel von flexiblen, ergonomischen Schalenausprägungen mit einer neuartigen Synchronautomatik positiv auf das Sitzen aus: Der weite Öffnungswinkel bietet im Wechsel zwischen Konzentration und Entspannung eine gute Unterstützung etwa durch das automatische Absenken der Sitzvorderkante synchron zum Bewegungsablauf. Das »F« beim Modell *Solis F* steht für Frame und bezeichnet die prägnanten, rechteckigen Sitz- und Rückenkonstruktionen, die aus bespannten Rahmen gebildet werden.

Schranksystem
Design: **Gert Wessel**
Hersteller: Weko

2003 Baureihe E

Für die Kölner Firma **Weko**, die Mitte der 90er Jahre mit der schlichten *Baureihe M* konsequent auf Raster gesetzt hatte und so aus der Phalanx der Ununterscheidbaren ausgeschert war, stellte sich schließlich die Frage: Ist der Purismus noch zu steigern? Mit der *Baureihe E* wurde sie positiv beantwortet. Wenige, für sich eher unspektakuläre Besonderheiten machen dabei den qualitativen Unterschied aus. So sind die Türen so weit heruntergezogen, dass kein Unterboden sichtbar ist. Umgekehrt sind alle Horizontalen Oberböden. An den Seiten addieren sich die beiden je 10 Millimeter breiten Platten zweier aneinander gestellter Schränke zu 20 Millimeter. Da dies exakt der Stärke der Oberböden entspricht, ergibt sich ein gleichmäßiges Gitter. Beide Kniffe zusammen sind dafür verantwortlich, dass das Ganze sich stets zu einem einheitlichen Block fügt, gleich wie die Schrankelemente auch kombiniert werden. Der homogene Eindruck wird durch das Fehlen jeglicher Griffe noch verstärkt. »Vor ein paar Jahren hätte man das gar nicht herstellen können«, erläutert Inhaber Gert Wessel am Beispiel der schmalen vertikalen Kanten. Eine solche entscheidende Reduktion wurde erst durch neuere Produktionsverfahren möglich. Der »reinen« Form, wie sie den Pionieren der klassischen Moderne vorschwebte, kann man sich also durch heutige Technik weiter annähern. Dabei ist die Wirkung der Minimalmöbel ähnlich gegensätzlich wie die ihrer berühmten Vorbilder: Sie halten sich vornehm zurück und wirken zugleich wie magische Monolithen.

Sessel
Design: **Konstantin Grcic**
Hersteller: ClassiCon

Kleine Abbildung: Tisch *Pallas* (2003)

2003 Mars

Mars ist ein Mittelding: ein Stuhl der Höhe nach, aber auch ein Sessel mit Bezug und Polsterung. Der Kunstharzkorpus wird mit Stoff oder Leder überzogen – eine nicht alltägliche Bauart, die ihn wie bekleidet erscheinen lässt. Durch weitgehenden Verzicht auf rechte Winkel hat er eine Oberflächenstruktur voller Schrägen. Insbesondere die vorkragende, sich leicht verjüngende Sitzfläche und der recht massive, sich nach unten verbreiternde Sockel definieren seine Figur. Hinzu kommt eine aus geometrischen Grundformen collagenartig zusammengesetzte, durch ihre Kanten definierte Oberfläche. In diesem Fall ist es ein Muster aus Rechtecken und Dreiecken. Auffällig auch der in der Mitte von oben bis unten durchlaufende Knick. All dies verleiht Mars seine unkonventionellen Proportionen und eine Silhouette, die, wie schon bei **Konstantin Grcics** Tischen *Diana* oder *Pallas*, an Werke des russischen Konstruktivismus erinnern. Kommt dann noch eine Stoffbespannung in sattem Rot oder Schwarz hinzu, drängt sich diese Assoziation umso mehr auf. *Mars* sieht nicht nur ungewöhnlich aus, seine zur Mitte vertiefte, leicht nach hinten geneigte Sitzmulde macht ihn auch komfortabel.

Regalsystem
Design: **Florian Petri**
Hersteller: Kaether & Weise

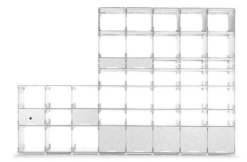

2004 Plattenbau

Im Unterschied zu vielen anderen Regalen, die ihre Bauweise verbergen, ist sie bei Plattenbau von **Kaether & Weise** deutlich erkennbar. Das Montagemöbel offenbart sein Stecksystem, durch das es sich ohne Werkzeug zusammensetzen lässt. Da alle Teile – also sowohl Boden- und Seitenplatten wie auch die Steckelemente – aus Hochpresslaminat gefertigt sind, können sie ausnahmslos mittels CNC-Technik automatisch gefräst werden. Das garantiert eine gleichbleibend hohe Exaktheit. Seine Eleganz erhält der Entwurf von Florian Petri nicht zuletzt durch die Verwendung von nur vier Millimeter dünnen Platten. Die geringe Materialstärke ist deshalb möglich, weil sich der Berliner Designer am Konstruktionsprinzip eines T-Trägers orientiert hat. Durch horizontale und vertikale Versteifungsrippen wird die Tragkraft um ein Vielfaches erhöht, wodurch auch große Höhen und der Transport in handlichen Paketen möglich sind. Eine Regaleinheit mit sechs Fächern passt in einen Aktenkoffer. Leichtigkeit, Stabilität und Tragkraft gehen so eine glückliche Liaison ein. Schließlich machen verschiedene Fachhöhen, -tiefen und -breiten sowie Hängeklappen und Rückwände das Minimalregal sehr variabel.

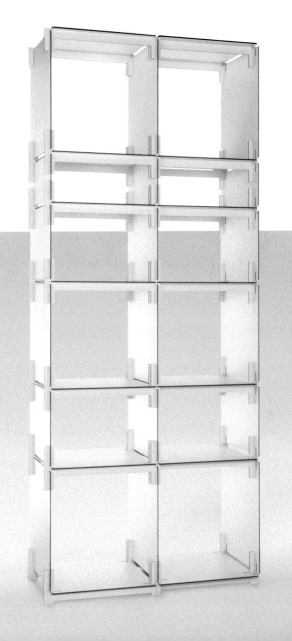

Sofasystem
Design: **Christian Werner**
Hersteller: Rolf Benz

2004 Dono

Das Jubiläumssofa, das zum vierzigsten Geburtstag der Firma **Rolf Benz** entwickelt wurde, sollte ursprünglich eine neue Version von *Addiform* werden, dem ersten Produkt, das Anfang der 60er den Zeitgeist treffend die Firma auf Erfolgskurs gebracht hatte. Doch ein Redesign lehnte **Christian Werner** ab. Stattdessen hat er das, was damals gelungen war, in die Gegenwart übertragen: ein Sofa, das der heutigen Lebensweise entspricht. Die Funktion des Sofas hat sich in mancher Hinsicht verändert. Wie das Wohnzimmer hat es seinen formellen Charakter mehr und mehr verloren und ist Teil eines persönlichen, fast intimen Raumes geworden, in dem die verschiedensten Tätigkeiten mit verschiedensten Utensilien in ebenso verschiedenen Positionen verrichtet werden. Deshalb sollte *Dono* vielseitig sein, ein Anspruch, den Werner mit erstaunlich einfachen Mitteln erreichte. Der Grundkorpus ist ein Quader mit großer, offener Liegefläche. Anstelle der sonst üblichen Rückenlehne verläuft eine Ablage, an die zwei Kissen an beliebiger Stelle geklemmt werden können. So verwandelt sich *Dono* blitzschnell in eine Liege, bildet mit zwei Modellen ein Ecksofa oder wird – mit aufgelegten Armlehnen – zu einem klassischen Zweisitzer.

Sessel
Design: **Martin Ballendat**
Hersteller: Rossin

2004 L@p

Ein Sessel, der uns in den Arm nimmt. Nachdem **Martin Ballendat** für Rossin bereits einen für das Notebook geeigneten Sessel in eher rechteckiger Form entworfen hatte, schlug er dem italienischen Hersteller bei einer Nachbesprechung gleich das Folgeprojekt vor. Der willigte aufgrund einer einzigen Skizze sofort ein. »Pflichtenhefte wie andernorts gibt es in Italien selten«, weiß Ballendat. Der Weg von der puren Idee zum räumlichen Modell war dann allerdings ungewöhnlich aufwändig. Um der komplexen Form nahe zu kommen, wurde ebenso gebogene Pappe mit verlöteten Drähten verarbeitet wie mit Blech verbundene Stäbe, auf die man Schaumgummi klebte. Das Ergebnis der dreidimensionalen Visualisierung war ein asymmetrisches, sich elegant windendes Rückenteil, dessen Oberkante einen Kreis beschreibt wie auch Sitzfläche und Ablage. Dieses integrierte »Tablett« ist für den tragbaren Computer vorgesehen, aber ein Schachspiel oder andere Ablenkungen können darauf genauso Platz finden. Auch sitztechnisch eröffnet der Blickfang verschiedene Alternativen. Man kann sich hineinlümmeln oder konzentriert sein Tipppensum erledigen. L@p nimmt nichts übel.

Stuhl
Design: **Wolfgang C. R. Mezger**
Hersteller: Brunner

Kleine Abbildung: Tisch *Milanolight*

2004 Milanolight

Von der Seite betrachtet beschreibt das Schichtholz einen dünnen, sauber geführten Strich und betont so die Besonderheit des Entwurfs. Für alle, die eine geschlossene Form schätzen, kam dieser Stuhl einer Offenbarung gleich. Abgeleitet vom Vorgängermodell *Milano*, übernahm *Milanolight* dessen ästhetische Ruhe und steigerte sie noch durch die Verbindung von Sitzfläche und Rückenlehne. Der Clou: der L-förmige Übergang, der fast wie ein Knick wirkt und dessen kleiner Radius so in Schichtholz vorher nie verwirklicht wurde. Die scharfe 90-Grad-Biegung der neun Millimeter dünnen Schale wurde in Zusammenarbeit mit dem Spezialunternehmen Becker in monatelangen Versuchen und unter Einsatz von Prototypwerkzeugen verwirklicht. Nur durch die Reduzierung der Furnierdicke war der Minimalradius schließlich erreichbar. Eine Idee von **Wolfgang C. R. Mezger**, der seinen »Architektenstuhl« noch klarer, noch logischer gestalten wollte. Dazu trägt auch das eng anliegende Gestell bei, das nicht gebogen wurde, sondern auf Gehrung zusammengeschweißt wird. Eine Hommage an den rechten Winkel.

Regalsystem
Design: **Peter Christian Hertel, Sebastian Klarhoefer**
Hersteller: elmarflötotto

2004 Freddy

Ob das Regal *Freddy* nach Frederik, dem Sohn des Firmeninhabers Elmar Flötotto, benannt ist oder nach dem gleichnamigen Plattenmillionär, wird wohl ungeklärt bleiben. Fest steht jedoch, dass die Idee des Büros Hertel Klarhoefer, Alternativen zu den traditionellen, auf Boden und Wange basierenden Regalen zu entwickeln, funktioniert. Bereits seit den 90er Jahren hält das innovative Berliner Architekten- und Designerduo darauf ein Patent (1999 erstmals für **Zeitraum** umgesetzt). Nach Systemen wie *FNP* (von **Axel Kufus**), *Endless Shelf* (von **Werner Aisslinger**) oder *Plattenbau* (von Florian Petri für **Kaether & Weise**) gibt es nun ein weiteres flexibles Regal, das sich in einem Punkt von allen anderen unterscheidet. Statt gestapelt zu werden, sind die Bestandteile hier ähnlich wie Lego-Bausteine miteinander verschränkt. Die Vorteile liegen in der systembedingten variablen und theoretisch unbegrenzten Höhe, in der Kleinteiligkeit der Bauelemente sowie in der gleichmäßigen Materialstärke, durch die eine durchgängige optische Homogenität erzielt wird. *Freddy* (für **elmarflötotto**) wird in Paketen verkauft. Will der Kunde erweitern, bestellt er einfach ein neues Paket. »Oft verstehen die Leute das Prinzip erst, nachdem sie ihr Regal aufgebaut haben«, erklärt Sebastian Klarhoefer.

Bürostuhl
Design: **Votteler & Votteler**
Hersteller: Interstuhl

2005 Sputnik

Nahezu ein halbes Jahrhundert nachdem er seinen ersten Drehstuhl entworfen hatte und gut zwei Jahrzehnte nach seinem letzten, gelang Arno **Votteler** mit seinem Sohn Matthias ein Entwurf für **Interstuhl**, der den Einstieg in eine neue Bürostuhlgeneration bedeuten könnte. Dabei bestand die Aufgabenstellung in einer Schlüsselfrage des Industriedesigns: Ist es möglich, ein Produkt zu entwerfen, das günstig zu produzieren ist und zugleich eine hohe Gestaltungsqualität wie auch einen ungewöhnlichen Komfort bietet? Sohn und Vater Votteler setzten sich mit ihrem Konzept in einem Wettbewerb gegen hochkarätige internationale Konkurrenz durch und lösten die Quadratur des Preises: *Sputnik* besteht nahezu vollständig aus automatisch hergestellten Kunststoffteilen. Dies ermöglicht eine sehr exakte Fertigung und bringt auch Vorteile für den Kunden. Der Stuhl lässt sich innerhalb weniger Minuten aus einem Stecksystem kinderleicht zusammensetzen. Ein neuartiges, konstruktives Detail sind die in die Sitzwanne integrierten Armlehnen, eine Vereinfachung, die auffällt und dem Stuhl zugleich mehr Stabilität verleiht. Ein weiterer Vorteil, der Schule machen wird, ist die am oberen Rand der Sitzschale angebrachte Höhenverstellung, die blind bedient werden kann. Die schnelle und erfolgreiche Entwicklung von Sputnik basierte wesentlich auf dem gedeihlichen Austausch zwischen der Firmenleitung, der Entwicklung und den externen Designern.

Tischsystem
Design: **Mathias Seiler**
Hersteller: Sedus Stoll

2005 Invitation

Der große Tisch soll zu produktiven Begegnungen einladen. *Invitation* wurde vom Designer Mathias Seiler für **Sedus Stoll** (bzw. die Marke Gesika) zur Förderung interdisziplinärer Gruppenarbeit entwickelt. Die Arbeitsfläche wird in der Mitte wie eine Autobahn von einem Organisationsstreifen geteilt. An dessen Profilen können Schwenkarme, Leuchten oder auch Sicht- und Schallschutzblenden montiert werden. Weitere Extras dieser großzügig dimensionierten Tischlandschaft sind verschiebbare Ablageboxen, Schubfächer sowie Sitz- und Stützkissen. Zudem ist eine Kombination mit passenden Container- und Schrankelementen möglich. Belegungs- und Bewegungsfreiheit sichert ein gut zugänglicher Kabelkanal unter dem Mittelstreifen ebenso wie das zentrale Fußgestell. So können die Mitarbeiter den Arbeitsplatz jeweils nach ihren individuellen Bedürfnissen oder Gruppenerfordernissen einrichten oder umräumen. In dieser Freiheit sieht man bei Sedus Stoll eine wichtige Voraussetzung dafür, dass kreative Kräfte sich spielerisch entfalten können.

Regal- und Containersystem
Design: **Hannes Bäuerle, Claudia Miller, Alexander Seifried**
Hersteller: Magazin

2005 Mein_Back

Mit dem Anblick der grauen Gitterkisten verbindet sich der Geruch frischer Brote und Brötchen, denn im Bäckereigewerbe (und in der Gastronomie) werden die leichten, stabilen Kunststoffkörbe zur Anlieferung der Backwaren verwendet. Um 90 Grad gedreht wird aus dem hunderttausendfach verwendeten Transportmittel das Grundelement eines preisgünstigen Regalsystems. Auf diese Weise umfunktioniert, entwickelt die Allerweltskiste verblüffende Eigenschaften, nicht zuletzt was Standfestigkeit und schnellen Aufbau betrifft.
Mein_Back kann ohne Werkzeug montiert werden. Zur Verbindung der Kisten wird einfach ein Profil aufgeklemmt, das zugleich als planer Regalboden fungiert. Seitlich sorgen U-förmige Clips für die Verbindung zu weiteren Kisten. Wer möchte, kann *Mein_Back* auf Rollen stellen oder auch zur Kurve biegen. Das Ready-made-Regal, in dem noch die Apfelsinenkistenära der renitenten 60er Jahre entfernt anklingt, erweist sich – bei seinen Ursprüngen kaum verwunderlich – als transport- und umzugsfreundlich. Es ist ebenso als Raumteiler und, weil wetterfest, als Balkonregal einsetzbar. Dabei erinnert das installierte Modulsystem kaum mehr an seine profane Herkunft, insbesondere in seiner »frostweißen«, transluzenten Version.

Lexikon

Designer und Hersteller

Werner Aisslinger

Möbel- und Produktdesigner, geb. 1964, Studio Aisslinger in Berlin, **www.aisslinger.de**

Gleich sein erstes Produkt, das Additionsregal → *Endless Shelf*, wurde zum Verkaufsschlager und zum Start einer Karriere, die den Wahl-Berliner – neben **Konstantin Grcic** – zur Leitfigur einer neuen Generation im deutschen Möbeldesign machte. Auch dass seine Entwürfe längst im Programm namhafter italienischer Möbelhersteller vertreten sind, macht dies deutlich. In der deutschen Vorzeigedisziplin der Kastenmöbel hat er später auch für **Interlübke** und **Behr** Systeme entworfen (wie vor ihm u. a. **Herbert Hirche** und **Peter Maly**). Beim System *Level 34* (2005 für → **Vitra**) hat er die Idee eines freistehenden modularen Möbels ins Büro übertragen. Ein weiteres Betätigungsfeld sind – neben Ladeneinrichtungen und Ausstellungsarchitektur – die Sitzmöbel. In diesem Metier gelang ihm ebenfalls ein spektakulärer Einstand. Das viel beachtete Modell *Juli* (1996) fiel nicht nur durch seine femininen Linien – mit deutlichen Anklängen an die 50er Jahre – auf, sondern besonders durch den dabei verwendeten Synthetikschaum. Für Aisslinger, der – wie Grcic – in Londoner Studios assistierte und eine Weile für den Mailänder Michele De Lucchi arbeitete, gehört der Umgang mit modernen Werkstoffen zu den grundlegenden Arbeitsprinzipien. Deren Eigenschaften auszuloten, ist ihm ein Anliegen. »Während Metall, Stein oder Glas Kühle ausstrahlen, kann Kunststoff warm und weich wirken«, sagt er z. B. über ein von ihm mit Vorliebe verwendetes Oberflächenmischmaterial aus natürlichen Stoffen und Acryl-Polymer. Nur wenn Design

mit den neuesten Entwicklungen Schritt hält und deren Möglichkeiten ausschöpft, lautet sein Credo, kann es wirklich innovativ sein. So war die Chaiselongue *Soft* das weltweit erste serielle Möbel, bei dem ein Gel Anwendung fand, das eigentlich für medizinische Zwecke entwickelt wurde. Den Gittersessel → *Soft Cell* hat der Neuerer auf derselben Basis entwickelt. Eine prägnante Gitterstruktur in Lehne und Sitzfläche gibt auch dem Kunststoffstuhl *Nic*, einer zeitgemäßen Version des Freischwingers, sein charakteristisches Aussehen. Dabei wurden durch die Anwendung der Airmold-Technik zugleich die Stabilität erhöht und Gewicht eingespart. Aisslingers Wohnvision reicht über das Einzelmöbel hinaus. Sein Projekt *Loftcube*, eine flexible Raumeinheit, die auf die Flachdächer der Metropolen gehievt werden soll, zielt auf den unsteten Lebensstil moderner Großstadtnomaden.

→ Meilensteine:
Regalsystem *Endless Shelf* → Seite 172
Sitzmöbelkollektion *Soft Cell* → Seite 196

Abbildungen:
o. li.: *Gel-Stuhl* für Cappellini
o. re.: Stuhl *NIC* für Magis
u.: Containersystem *Case* für Interlübke

Alno

Küchenhersteller, Pfullendorf / Baden-Württemberg, gegr. 1927, **www.alno.de**

Auf der Woge des »Wirtschaftswunders« wurde Alno – in der Marke steckt der Name des Gründers Albert Nothdurft – in den 50er Jahren zu einem der wenigen deutschen Möbelkonzerne. Seitdem stieg der Umsatz des mittlerweile zweitgrößten Küchenherstellers der Welt von umgerechnet 2,5 Mio. Euro (1960) auf rund 400 Mio. (2002). Auch die Zahl von etwa 3000 Mitarbeitern liegt weit über dem Branchendurchschnitt. Das Unternehmen, das erst seit dem Jahr 2000 von einem Manager geführt wird, der nicht aus der Gründerfamilie stammt, setzte immer auf Qualität. Im weit gefächerten Sortiment dominiert insbesondere im oberen Preissegment der »Exklusivküchen« eine schlichte Formgebung wie etwa bei den Serien *Alnostyle* und *Alnotec*. Auch originelle Detaillösungen und die Abkehr von der klassischen Küchenzeile gehören zur zeitgemäßen Designauffassung. Auf die jüngste Absatzkrise reagierte man im Württembergischen mit einem Strategieprogramm, das neben Einsparungen eine Erneuerung des Angebots umfasste. Einer »wachsenden Uniformität« wollte man mit Innovationen, und mit mehr Modebewusstsein begegnen. Wie die Armbanduhr Swatch soll auch die Küche zum Zeitgeistprodukt werden, dessen Gesicht schnell wechselt. Erstes Ergebnis dieser neuen Denkrichtung: *Picture Line*, ein patentiertes Verfahren zum direkten Bedrucken von Möbelfronten (und anderen Oberflächen). Ob Sportszene, Wolkenkratzer oder Wolkenhimmel, für die spektakuläre Fotoküche stehen über 150 großformatige Motive zur Auswahl. Hier erlangte Alno eine Alleinstellung.

Abbildungen:
li.: Küchenprogramm *Alnotop*
re.: Küchenprogramm *Alnosign*

Thomas Althaus

Möbeldesigner und Innenarchitekt, geb. 1957, Büro in Düsseldorf / Nordrhein-Westfalen

Es gibt keinen Wohnraum, über den er noch nicht nachgedacht und wohl kaum einen, für den er noch kein Möbel entworfen hätte. In den frühen 90er Jahren arbeitete Althaus in einer Bürogemeinschaft mit Volker Laprell. Dies bildete die Basis für Kontakte zu einer Vielzahl namhafter Hersteller. Unter anderem entstand damals für **Rosenthal** das Büromöbelsystem *Online*, das sich durch eine großes Einsatzspektrum auszeichnet. Das breite Publikum kennt den Allrounder aus Düsseldorf kaum, für Eingeweihte aber zählt sein Studio zu den besten Adressen der Branche. Er strebt Lösungen an, die sich nicht aufdrängen, ihren Benutzern aber durch maximale Variabilität viele Möglichkeiten bieten, eine Einstellung, wie sie ähnlich auch von **Martin Ballendat** oder **Justus Kolberg** repräsentiert wird und die man – im Sinne einer zeitgemäßen Fortentwicklung des klassischen Funktionalismus – durchaus als »deutsche Tugend« verstehen kann. Ein Beispiel dafür, dass diese offenbar ebenso im Ausland gefragt ist, liefert das Sofa *DS 450*, das er für die Schweizer Firma de Sede entwickelte und das durch lediglich zwei Handgriffe zum variablen Doppel-Relaxsessel wird. Weitere Auftraggeber kommen aus Frankreich (Treca), Italien (Tonon) und den Niederlanden (van Bennekom und Royal Auping). In Deutschland stehen namhafte Hersteller wie die Collection, **Gwinner**, **Interlübke**, **Renz**, **Rosenthal** und **WK** in seiner Kundendatei. Für die Collection entwarf er das vielseitige, modulare Schranksystem *Uptodate*, das Schrank, Regal und Sideboard vereint und dessen prägnante Winkelschiebetüren zugleich verdecken und Einblick geben.

Abbildungen:
li.: Tisch *WK 838* für WK Wohnen
re.: Sofa *DS 450* für DeSede

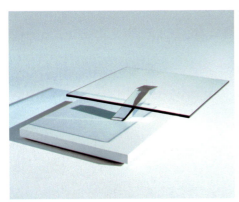

Jan Armgardt

Innenarchitekt und Möbeldesigner, geb. 1947, Büro in Schondorf am Ammersee / Bayern

Für ihn ist die Wohnung der Ort, an dem wir uns »der Hektik der Zeit erfolgreich entziehen können«. Geborgenheit und Selbstbestimmung sind Ankerbegriffe seines Gestaltungskonzepts. Kurz, ein Möbel muss »eine Seele haben«. Derjenige, der vor einer solch scheinbar altmodischen Diktion nicht zurückschreckt, ist einer der Meistbeschäftigten seiner Zunft, und das bald über vier Jahrzehnte hinweg. Jan Armgardt hat zahlreiche internationale Möbelfirmen in seiner Kundendatei, aber auch namhafte deutsche Hersteller wie **Egoform**, **Müller Möbelwerkstätten**, **Nils Holger Moormann**, **Seefelder** und **WK**. Der gelernte Tischler, der sich Ende der 60er Jahre dem Möbeldesign zuwandte, gilt zugleich als traditionell und unkonventionell. Tatsächlich gehört er zu den wenigen, die sich neben den Serienprodukten auch konstant mit frei gestalteten Einzelmöbeln beschäftigen. Recht unorthodox verlief auch seine Karriere. Nach dem Studium der Innenarchitektur und einem Volontariat in einem Einrichtungshaus entwarf er 1970 seine ersten Möbel: die Schaumstoffblöcke *Quadrat*, die er unter der Marke Beedesign vertrieb. Anfang der 70er Jahre gründete er verschiedene Möbelfirmen, bis der Wahl-Münchner sich schließlich als Designer selbständig machte. Es folgte eine Phase, in der der Kreative als Fotograf arbeitete. Armgardts Oeùvre ist so divergent wie das Möbeldesign. Entwürfen in einer eher ruhigen Formensprache wie etwa beim Sofa *Rio* (2003 für Wittmann) steht Expressives gegenüber. Beispiele sind die Sessel *Chess*

(1990 für WK) und *Gänsefüßchen* (1991 für Proseda), eine formale Verspieltheit auf Kufen. Auch die Regale *Vision Street* (1991 für WK) und *1453* (2000 für Nils Holger Moormann) weichen in ihrer unregelmäßigen Linienführung stark vom Gewohnten ab. Die Qualität vieler seiner Entwürfe erweist sich auch dadurch, dass sie teils über Jahrzehnte in Produktion bleiben. Ein solcher Dauerläufer ist z. B. der Faltsessel → *Tattomi*. Armgardt hat schon früh, nicht nur bei etlichen Sofabetten, intelligente mechanische Elemente verwendet. So können die drei Arbeitsplatten beim Schreibtisch *Cyclo* (1982 für Leolux) wie ein Skatblatt aufgefächert werden. Aufsehen erregte der Umweltbewusste schließlich mit seinen Papiermöbeln, ein Feld, das er – 40 Jahre nach **Peter Raacke** – mit einer experimentellen Möbelserie auslotete. Programmatischer Name: *Human Touch*.

→ Meilenstein: Liege/Sessel *Tattomi* → Seite 154

Abbildungen:
o. li.: Rolladenschrank *Swing* für Müller Möbelwerkstätten
o. re.: Schranksystem *Light Light* für Egoform
u.: Sofa *Rio* für Wittmann

Martin Ballendat

Produkt- und Möbeldesigner, geb. 1958, Büro in Simbach am Inn / Bayern, **www.ballendat.de**

Der Funktionssessel *Pad* hat ausklappbare Armlehnen. Beim Modell → *L@p* (beide für Rossin) umgreift eine sich verdrehende Lehne den Sitzenden und bietet so eine Ablagefläche wie auf einer ausgestreckten Hand. Die für das Leben mit tragbarem Computer konzipierten Polstermöbel – dabei ebenso für Kaffee- oder Lesepausen geeignet – stammen aus dem Hause Ballendat. Der Industriedesigner, der nach seinem Studium an der Essener Folkwang-Schule über zehn Jahre bei Büromöbelherstellern angestellt war, gehört zu den Aufsteigern der Branche. Einer der Gründe: Er bietet Rundumservice von der Ideenskizze bis zum detailgetreuen Modell. Das nur ein paar Gehminuten von der österreichischen Grenze entfernt gelegene Studio hat er zu einem kompletten Entwicklungsbüro ausgebaut (ähnlich wie z. B. **Reiner Moll** oder **ITO-Design**). Tatsächlich kommen etliche Kunden aus Österreich, aber ebenso aus den USA, Großbritannien und der Schweiz – neben so unterschiedlich ausgerichteten deutschen Herstellern wie **Brunner, Hülsta, Interstuhl** und **Dauphin.** Ballendat, der sich als »Problemlöser« sieht, beschäftigt zehn Mitarbeiter, davon allein drei im Modellbau. »Wir kämpfen jeden Entwurf bis ins Letzte durch«, erläutert der Perfektionist. Nicht zufällig gehören Bürodrehstühle zu seinen Spezialgebieten. Für diese High-Tech-Maschinen unter den Sitzmöbeln erfindet er immer neue Finessen: sei es die rückseitige Bedientrasse für die Rückenverstellung beim Modell *Highway* (für Dauphin) oder den innovativen Teleskop-rahmen aus Alu- und Kunststoffteilen bei *Xenium* (für Grahl). Dieser Premium-Stuhl hat eine Rückenlehne mit Netzbespannung, ein für Ballendat typisches benutzerfreundliches Element, das Flexibilität, Transparenz und Leichtigkeit gewährleistet. Das Leichtbauprinzip ist ein durchgängiges Thema, vom *M.O.D.*-Stapelstuhl in Hohlbauweise bis zum Büroschranksystem *Float* mit seinen dünnen, durchsichtigen Polycarbonatplatten (beide für Wiesner Hager). Neben der technischen Durchdringung ist ihm die originelle Formgebung ebenfalls wichtig, wie z. B. bei jenem auffälligen Loungesessel für **WK**: Hier bilden die zierlichen, zentral zusammenlaufende Metallbeine, der runde Sitz und die ausladende Rückenlehne aus Netzgestrick ein ungewöhnlich proportioniertes Ensemble. »Wirklich erfolgreich kann mein Design nur werden, wenn die Geschäftsleitung eng mit mir zusammenarbeitet«, bringt es der Praktiker auf den kommunikativen Punkt.

→ Meilenstein: Sessel *L@p* → Seite 228

Abbildungen:
o. li.: Sessel *Shells* für Tonon
o. re.: Bürostuhl *Highway* für Dauphin
u. li.: Bürostuhl *Xenium* für Grahl, 2005
u. re.: Loungesessel für WK Wohnen

Hans Theo **Baumann**

Künstler, Möbel- und Produktdesigner, geb. 1924, lebt in Schopfheim / Baden-Württemberg

Gleich einer seiner frühen Möbelentwürfe, ein organisch geformter Plexiglasstuhl, war eine Weltneuheit – und der erste Stuhl, den **Vitra** produzierte. Der Mitbegründer des Verbandes Deutscher Industrie Designer gehört, neben Zeitgenossen wie **Egon Eiermann**, **Hans Gugelot** und **Herbert Hirche** zu jenen markanten Persönlichkeiten, die das deutsche Nachkriegsdesign in die Moderne zurückführten. Zur Initialzündung wurde die Begegnung mit dem Architekten Eiermann. Es folgten Arbeiten für den Porzellanhersteller Rosenthal, darunter das zylindrische Service *Berlin*. Baumanns erstaunliche Produktivität fußt auf einem subjektiven, jedoch expliziten Begriff von Schönheit, der die strenge Gebrauchsorientierung ergänzt. Der gebürtige Schweizer, der Bildhauerei in Basel studiert hatte, führte ein Doppelleben als Künstler und Produktgestalter. Entsprechend divergent waren die Resultate: Weiche und eckige Formen wechseln sich ab. In seinem Produktdesign, ob organisch oder linear, ist er jedoch durchgängig einer radikalen Schlichtheit verpflichtet, wie z. B. bei den erfolgreichen Systemgeschirren. Ab Mitte der 50er Jahre entwickelte der so überaus Kreative u. a. eine Serie von Bürostühlen (für **Sedus Stoll**), praktische Klappstühle (für **Wilde + Spieth**) und kantige Sessel (für **Walter Knoll**), bei denen Quadrat und Dreieck miteinander kommunizieren. All diese Entwürfe wirken avantgardistisch, dies jedoch auf eine angenehm unangestrengte Weise.

Abbildungen:
li.: Bürostuhl *56* für Sedus Stoll
m.: Stapelstuhl *83* für Domus
re.: Plexiglasstühle *VB 101* für Fehlbaum/Vitra

250

Norbert **Beck**

Möbel und Produktdesigner, geb. 1959, Studio für Möbel- und Produktdesign in Markdorf / Baden-Württemberg

»Qualität«, »Langlebigkeit«, »raffinierte Technik« und »Präzision«. Die Anforderungen, die er an seine Produkte stellt, sind exakt jene Tugenden, die seit langem als Leitmotive für deutsches Möbeldesign gelten können. Motto: nützlich statt spektakulär. Dass es sich dabei nicht nur um wohlklingende Begriffe handelt, zeigt sich auch daran, dass einige von seinen Entwürfen bereits über zehn Jahre produziert werden – also fast so lange wie sein in Nähe zum Bodensee gelegenes Designbüro existiert. Beck, der seinen Berufsweg als Kunstlehrer begann und sich selbst als Autodidakten bezeichnet, hat auch Schränke, Betten und Sessel entworfen. Seinen Schwerpunkt sieht er aber bei Tischen und Stühlen. In der Branche ist der Einzelgänger nicht zuletzt wegen seiner durchdachten Ausziehtische bekannt. Beispiel: der Holztisch *Doppio* (**Zeitraum**, 2005) mit beidseitigem Auszugsmechanismus über eine Führungsnut. Zu den Auftraggebern gehören außerdem **Hülsta**, **Rolf Benz**, Seetal Swiss, **Tecta**, **WK** und Zumsteg. An einer Firma wie Rolf Benz, für die er allein sieben Tische entwarf, schätzt er die fundierte Entwicklungsarbeit. Daraus entstand nun ein Funktionssofa, das sich in ein vollwertiges Bett verwandeln lässt. Der Trick: die Rückenlehne, die hinten eine schlafgünstige Festigkeit hat, kippt beim Ausziehen wie bei einem Autorücksitz nach vorne. Ein bemerkenswertes Beispiel für Designleistungen »im nicht sichtbaren Bereich«.

Abbildung:
Tisch *Extend* für Seetal Swiss

Behr

Möbelhersteller, Osnabrück / Niedersachsen, gegr. 1912, **www.behr-international.de**

Kastenmöbel – ein etwas eckiger Terminus, für den der Laie das Wort Schrankwand verwendet – sind ein großes Thema des deutschen Möbeldesigns. Wichtige Kapitel stammen von Behr. Firmengründer Erwin Behr war ein Unternehmer mit Konzept. Bereits vor dem Ersten Weltkrieg von der Serienfertigung überzeugt, ließ er seine Möbelfabrik direkt an der Eisenbahnlinie Stuttgart-Tübingen errichten. Seine Grundidee war nicht nur die Verbindung von erschwinglichem Preis und Qualität, sondern auch die von Kunst und Industrie. Dass er von der damaligen Reformbewegung beeinflusst war, die u. a. zur Entstehung des Deutschen Werkbundes geführt hatte, zeigt die Gründung jenes Abnehmerverbundes mit dem programmatischen Namen »Deutsche Werkstätten für Wohnkunst« (heute **WK**), deren Hauptproduzent Behr über Jahre war. So verwundert nicht, dass man gleich in der Anfangszeit Architekten als freie Gestalter ins Haus holte und bereits 1923 den Kontakt zum Bauhaus suchte. Dies führte zu einer wegweisenden Weltneuheit, dem von Franz Schuster entworfenen *Aufbauprogramm*, ein Möbelsystem, das auf einfachen Grundformen basierte und ähnlichen Konzepten wie der »wachsenden Wohnung« von Bruno Paul (**Deutsche Werkstätten**) vorausging. Ganz auf dieser systematischen Linie entstand nach dem Krieg das legendäre zerlegbare Schranksystem *BMZ* (Behr Möbel Zerlegbar, 1955 von Johan A. Bus), neben Entwürfen wie dem → *M 125* von **Hans Gugelot** oder der *In-Wand* von **Herbert Hirche** einer der frühen

deutschen Anbau-Klassiker, der über drei Jahrzehnte hinweg produziert wurde und den Wohnschrank für immer veränderte. Ein anderer Meilenstein war Anfang der 70er Jahre das System *1600* (von Jürgen Lange) mit seinem 32-Millimeter-Raster. Mit *Headline* erschien 1983 ein weiteres von Lange entworfenes Programm, dessen »Funktionssäule« 1990 ebenfalls für Aufsehen sorgte. In dieser Zeit begann die bis heute andauernde Zusammenarbeit mit **Peter Maly**, der bald die Funktion eines Artdirectors einnahm und eine ganze Serie umfassender Schranksysteme vorlegte, darunter *Alas*, *Metrix* und schließlich → *Menos*, eine Hommage an den Kubus in einer nochmals gesteigerten formalen Stringenz. Ende der 90er Jahre, Behr ging in neue Hände über, geriet die Entwicklung neuer Produkte ins Stocken. Nachdem das Unternehmen 2004 von dem Osnabrücker Kaufmann Dieter Neumann übernommen wurde, gelang ein Neuanfang, zu dem neben Maly auch **Werner Aisslinger** mit dem Schrankprogramm *Pure* beitrug, das eine neue Balance zwischen Horizontale und Vertikale entdecken lässt.

→ Meilenstein: Kommodensystem *Menos* → Seite 182

Abbildungen:
o.: Kommodensystem *Menos* von Peter Maly
u.: Sideboard *Pure*

Peter **Behrens**

Künstler, Produkt- und Möbeldesigner, geb. 1868, gest. 1940

1890 gehörte er zur Münchner »Sezession«, der ersten deutschen Künstlergruppe, die sich vom etablierten Kunstbetrieb lossagte. Um 1900 wechselte er zur Angewandten Kunst über, wurde Mitbegründer der Vereinigten Werkstätten. Er entwarf Geschirr, Bestecke und Schmuck, aber auch Möbel, in die Elemente des Jugendstils einflossen. Schließlich wurde er für das Projekt der Darmstädter Mathildenhöhe engagiert. Zu den meist beachteten Arbeiten zählte die Innenausstattung seines Hauses (1901). Die Einbettung in das Konzept der Vereinigung von Kunst und Leben zeigt sich in Anspielungen auf Friedrich Nietzsches *Zarathustra*, der Bibel der »Lebensreformer« – z. B. im Adlermotiv auf den Heizkörpern. 1903 entwarf er ein Speisezimmer für die Ausstellung der Dresdner Werkstätten (später **Deutsche Werkstätten**). Als Direktor der Kunstgewerbeschule Düsseldorf traf er den Holländer Mathieu Lauweriks, unter dessen Einfluss sich Behrens' Stil geometrisierte. Der konservative Reformer zählte zu den ersten, die in den 1907 gegründeten Deutschen Werkbund eintraten. Schließlich bekleidete er den Posten eines »künstlerischen Beirats« beim Berliner Elektrokonzern AEG, dessen Produkte und Erscheinungsbild er von Grund auf renovierte. Später konzentrierte er sich auf Bauprojekte. In seinem Büro in Potsdam arbeiteten **Walter Gropius, Ludwig Mies van der Rohe** und Le Corbusier. Obwohl er 1913 nochmals Möbel für die Deutschen Werkstätten entwarf (Speisezimmer, Herrenzimmer und Salon), ist Behrens' eigentliche Bedeutung – ähnlich wie bei **Henry van de Velde** – die eines Mentors der Moderne.

→ Meilenstein: Stuhl *Behrens Haus* → Seite 42

Abbildung: Chaiselounge *Nr. 27/28* (mit Margarethe Junge)

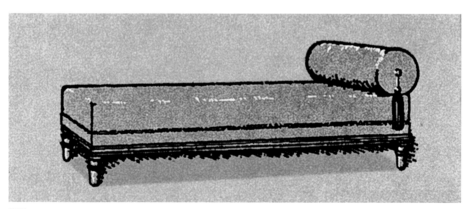

254

Markus Benesch

Möbel- und Produktdesigner, geb. 1969, Büro in München / Bayern, **www.markusbenesch.com**

Weiß man nicht, in welche Schublade ein Designer passt, kann schon dies auf ein innovatives Moment verweisen. Die Entwürfe von Markus Benesch sind irgendwo zwischen Möbeldesign und Tapetengrafik angesiedelt – mit starken Anklängen an die Ära der Pop- und Op-Art. Bei *Colorflage*, großflächigen Tapeten und Wandpaneel, mit denen Räume gegliedert oder einfach attraktiv gestaltet werden, verändern übergreifende Muster optisch die Proportionen. Mittels dieser Verfremdung – die an die Küchenserie *Picture Line* von **Alno** erinnert, aber auch Parallelen zu Gesamtkunstwerken des Jugendstils aufweist, wie sie etwa **Peter Behrens** schuf – möchte Benesch die traditionelle Trennung von Raum und Möbel aufheben. Dazu dient ihm die plakative Oberflächenbehandlung von Tischen, Kastenmöbeln, Lampen und Wänden. Bei *Foomy*, einer Serie von Sitzelementen aus Schaumstoff, handelt es sich dagegen um Einzelmöbel. Die leichten Objekte fallen nicht nur durch ihren Streifenlook auf, sondern auch durch Vielseitigkeit. Ob eine sechseckige Schraube oder ein Y-förmiger Stuhl, allesamt funktionieren auch als Sitzgelegenheit, wenn man sie auf den Kopf stellt. Der Pendler zwischen München und Mailand hat Interieurs und Messestände gestaltet und arbeitete für designorientierte Unternehmen wie die Tapetenfirma Rasch und den italienischen Beschichtungsspezialisten Abet Laminati.

Abbildungen:
li.: Schrank *L-Type* für Colorflage
re.: Stuhl *Foomy* für Colorflage

Siegfried **Bensinger**

Innenarchitekt und Möbeldesigner, geb. 1943 (in Jugoslawien), Büro in Buchholz / Niedersachsen

Prägend war die Zeit von 1977 bis 1988 als leitender Innenarchitekt in der Hamburger Redaktion von *Schöner Wohnen*, einer damals einflussreichen und trendsetzenden Zeitschrift (für die u. a. auch **Rolf Heide**, **Peter Maly** und Michael Wagenhöfer tätig waren). Viele von Bensingers Möbelentwürfen gingen aus Projekten hervor, die er für Privatwohnungen erarbeitet hatte. Von diesem Bezug zur Alltagspraxis profitieren seine Entwürfe bis heute. Bensinger ist ein Multitalent. Bereits während seiner Tischlerlehre und während des Studiums an der Werkkunstschule in Darmstadt spielte Bensinger Saxophon in professionellen Bands. Er arbeitete als Innenarchitekt in verschiedenen Einrichtungshäusern und ging schließlich als Produktmanager zu den Deutschen Werkstätten in München (damals von **WK Möbel** übernommen). Daneben war er immer als selbständiger Designer tätig. Gleich sein erster Entwurf, mit dem er sich in eine Vorzeigedisziplin des deutschen Möbeldesigns begab, erregte Aufsehen. Das Schranksystem *Container* von 1972 (für WK) war das erste Kastenmöbel mit Kunststofffronten. Der Clou war die hinter den gewölbten Flächen, ähnlich Kühlschranktüren, integrierte Innenausstattung. Neu war auch *Scaletta*, ein Regalsystem von 1984, das ohne Schrauben auskommt. Es ist ein genial einfaches Mitnahmemöbel und war u. a. in Japan – einem Land mit relativ kleinen Wohnungen – sehr erfolgreich. *Scaletta* ist damit eines jener für Bensinger typischen Konzepte mit besonderem Nutzwert und, weil unkompliziert, mit

langer ästhetischer Halbwertzeit. Dies gilt auch für das Sofa *Diwan* (1977 für Strässle) mit seinen reduzierten Formen und einem Bezug aus fingerdickem, strukturiertem Naturkernleder. Dessen dauerhafte Elastizität ist Voraussetzung für den Kippmechanismus, der das Sofa im Handumdrehen in eine Schlafstätte verwandelt. Ein Schlafsofa, das sich tagsüber als solches nicht zu erkennen gibt, gelang ihm nochmals mit dem Modell → *Lobby* (2002 für **Brühl**). Hohe Freiheitsgrade bieten das Sofa *Space* und das Bettsystem *Tatami* (beide 1987 für Strässle bzw. **Interlübke**) als bewegliche Möbel, die sich der jeweiligen Wohnsituation anpassen. *Space* kann auf einer Bodenplatte gedreht werden, je nachdem ob man aus dem Fenster oder auf den Bildschirm schauen möchte. Genau umgekehrt funktioniert der TV-Schrank *Center* von 1990 (für Interlübke). Der grazile, durch eine Säule verspannte Medienturm lässt sich um 320 Grad drehen und offeriert ein Doppelleben auf der Rückseite, entweder als Bar oder als Minibibliothek.

→ Meilenstein: Sofa *Lobby* → Seite 214

Abbildungen:
o.: Regalsystem *Scaletta* für Interprofil
u.: Liege *Orit* für Brühl

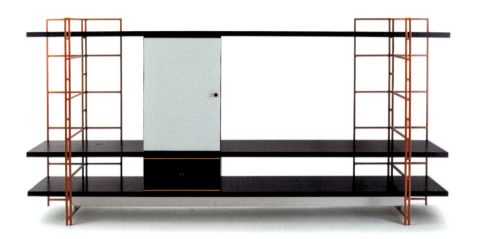

Bisterfeld + Weiss

Möbelhersteller, Eschborn / Hessen, gegr. 1986, **www.bisterfeldundweiss.de**

Gleich das erste Produkt, der Stuhl *S 90* (1987) von **Arno Votteler**, wurde ein durchschlagender Erfolg. Er war der »Gründungsstuhl«, der nicht nur die Marke, sondern zugleich die langjährige Zusammenarbeit mit Votteler bewirkte. Bisterfeld + Weiss, entstanden Mitte der 80er Jahre (aus dem Einrichtungshaus Stuhl + Tisch), trat an, Wohnlichkeit in den Objektbereich zu bringen, und widmete sich früh dem noch heute wenig populären Thema »Wohnen im Alter«. Das Ziel, Massivholz und modernes Möbeldesign zu vereinen, gelang mit den Programmen *Serie 80* und *Serie 90* von Votteler und wurde konsequent weitergeführt bis hin zu den Modellen *S 11* und *S 12* (2003 von Urs Greutmann und Carmen Greutmann-Bolzern). Ein weiterer roter Faden in der Produktgeschichte von B & W sind intelligente Mehrzwecktische wie z. B. das Modell *M* (1991) von **Reiner Moll**. Er führte mit weiteren Entwürfen wie dem Klappwunder *Adebar* eine konzeptionellere Formensprache ein. 2003 kam das patentierte Tischsystem *P 1* hinzu, eine Arbeit des Schweizers Greutmann. Mit seinem klaren Stil und gleich einer ganzen Reihe von Produkten – darunter auch der Stuhl *S 20* (2005) – prägt er nun das Gesicht der Firma, die seit Ende der 90er Jahre zur niederländischen Kembo-Gruppe gehört.

Abbildungen:
li.: Tisch *Adebar* von Molldesign
re.: Schreibtischprogramm von Arno Votteler

Christoph **Böninger**

Designmanager und Möbeldesigner, geb. 1957, lebt in München / Bayern

In seiner Diplomarbeit als Industriedesigner entwarf er den ersten Laptop, ein Modell, das man heute in der Münchner Pinakothek der Moderne besichtigen kann. Nach dem Studium ging er zu Siemens, wo er Ende der 90er Jahre gemeinsam mit Herbert Schultes die Ausgliederung der Siemens-Designabteilung organisierte. So entstand die Design & Messe GmbH, heute Designaffairs, mit über 100 Mitarbeitern eines der führenden Designbüros in Europa, dessen Geschäftsführer Böninger ist. Neben seiner Haupttätigkeit als Designmanager entwirft er Möbel unter dem Label »Auerberg Sunday Morning Design«. Ein neueres Beispiel ist der Schaukelstuhl *Buga*, ein Auftrag für die Bundesgartenschau 2005. Diese Konstruktion aus Vierkantstahlrohr und Segeltuch weckt Assoziationen an den Regiestuhl und den klassischen Freischwinger aus den 20er Jahren (vgl. z. B. **Marcel Breuer**), zwei Stuhltypen, die in unterschiedlicher Weise für Beweglichkeit stehen. Auch in anderen Entwürfen, wie etwa den Tischen → *Sax* und *Acca* (1997 und 2005, beide für **ClassiCon**), bezieht sich Böninger auf die ursprüngliche Bedeutung des Wortes Möbel, lateinisch mobilis, also beweglich. Zudem beschäftigt er sich mit materialtechnischen Innovationen. Einer seiner bekanntesten Entwürfe ist der → *Soester Hocker* (Mabeg 1999), dessen Leistungsfähigkeit auf einer speziellen Blechfertigung basiert. Obwohl nur wenig schwerer als ein Kilogramm trägt er drei Zentner.

→ Meilensteine: Tisch *Sax* → Seite 194
Soester Hocker → Seite 200

Abbildungen:
li.: Beistelltisch *ACCA III* für ClassiCon
re.: Stuhl *Buga* für die Bundesgartenschau München

Bofinger

Möbelhersteller, gegr. 1879 in Stuttgart / Baden-Württemberg

Als sein Vater starb, gab es nur einen kleinen Betrieb, aber kein Konzept. Möbel sollten kleiner, leichter und wenn möglich zerlegbar sein, war der Junior Rudolf Baresel-Bofinger überzeugt. Gemeinsam mit dem Pionier **Hans Gugelot** entwickelte er eine Idee, die Weltkarriere machte: → *M 125*, der erste moderne Anbauschrank auf dem Markt. Und der war bereits zur Selbstmontage, ein ebenfalls wegweisendes Konzept. Der Visionär Bofinger – zuerst Schöngeist, dann erst Geschäftsmann – hatte eine Passion für die indische Kultur und war auch in manch anderer Hinsicht eine Ausnahmeerscheinung. Im frühen bundesdeutschen Möbeldesign spielte der Unorthodoxe, neben Vorreitern wie Christian Holzäpfel und **Otto Zapf**, eine ähnliche Schlüsselrolle wie die Firma Braun im Industriedesign, deren Inhaber Erwin Braun er persönlich kannte. Beide Entrepreneure waren inspiriert von der Hochschule für Gestaltung in Ulm, an der Gugelot lehrte. »Was wollen wir?« heißt es in einem Prospekt aus den 60er Jahren. »Möbel, die abseits von jedem Modetrend stehen«. Ein Credo im Tonfall des klassischen Funktionalismus, den man mit modernen Mitteln weiterentwickeln wollte. Dafür kooperierte Bofinger mit freien Gestaltern wie Gugelot, dem Architekten Helmut Bätzner, dem Schweizer Künstler Andreas Christen und dem amerikanischen Unternehmerpaar Estelle und Erwine Laverne. Zum Sortiment gehörten neben einem zerlegbaren Tropensessel und der ersten stapelbaren Bettcouch aus Polyesterharz auch der erste Kunststoffstuhl aus einem Guss, der berühmte → »Bofinger-Stuhl« *BA 1171*. In der Krise der 70er Jahre wurde die Firma von **König + Neurath** übernommen.

→ Meilensteine: Elementmöbelsystem *M 125* → Seite 82
»Bofinger-Stuhl« *BA 1171* → Seite 114

Abbildungen: li.: Schrank *M 125*; re.: Hocker *BA 1171*

Andreas Brandolini

Architekt, Künstler und Möbeldesigner, geb. 1951, lebt in Saarbrücken / Saarland

Drei Jahrzehnte prägten ihn: die 50er Jahre, in denen seine Kindheit und die der Bundesrepublik zusammenfielen, die 70er Jahre, als ihm im Architekturstudium der Funktionalismus eingebläut wurde, und die 80er Jahre, als nicht nur der Berliner Design-Underground aufblühte. Aus dieser Zeit – Brandolini gründete die »Bellefast Werkstatt für experimentelles Design« und wurde zu einer Leitfigur des »Neuen deutschen Designs« – stammt sein Hang zum Experimentellen. Bekannt geworden ist der Avantgardist durch seinen Beitrag für die *documenta 8*. Brandolini zeigte dort ein »Deutsches Wohnzimmer«, eine Institution, der er mit Ironie zu Leibe rückte, etwa mit einer Couchgarnitur gruppiert um einen wurstförmigen Tisch, unter dem ein Feuer loderte. Objekte fungieren für ihn immer als »Bedeutungsträger«. Ein Tisch mit Beinen aus Metallprofil, die dort, wo sie den Boden berühren, in einer Spitze zulaufen, ein Stuhl, der im fragilsten Abschnitt seiner Beine einen Knick aufweist, eine Bücherleiter, die auch als Zeitungskorb funktioniert. Solche Entwürfe, wenn auch einfach aufgebaut, weisen doch in der Regel irritierende Aspekte auf, Verfremdungen, wie sie etwa auch **Stefan Wewerka** verwendet. Mitte der 80er Jahre gründete er Utilism Collective mit **Axel Kufus** und Jasper Morrison. Seit 1989 hat der Ex-Rebell in Saarbrücken eine Professur für Design, arbeitet darüber hinaus als Architekt und Ausstellungsmacher sowie als international gehörtes Sprachrohr des etwas anderen deutschen Designs.

Abbildungen:
li.: Hocker *Annabella*, Bänke *Diadora* und *Cecilia* für Zeus
re.: *Bücherleiter/Korb* für Cappellini

Marcel Breuer

Möbeldesigner und Architekt, geb. 1902, gest. 1981, **www.marcelbreuer.org**

»Ich habe für diese Möbel Metall gewählt«, schrieb Marcel Breuer Ende der 20er Jahre, »um die Eigenschaften moderner Raumelemente zu erreichen. Die schwere Polsterung eines bequemen Sessels ist durch die straff gespannte Stofffläche und einige leicht dimensionierte, federnde Rohrbügel ersetzt«. Breuer bezog diese Kurzfassung seines Gestaltungskonzepts auf seinen wohl berühmtesten Entwurf, den → B 3 von 1925 (auch *Clubsessel* oder *Wassily*). Der gebürtige Ungar kam über Wien 1929 ans Bauhaus, wo er u. a. neben Josef Albers, Alma Buscher und **Peter Keler** in der Tischlerei arbeitete, deren Leiter er schließlich wurde. Seine ersten radikal modernen Entwürfe waren konstruktivistisch: ein Schrank, ein Sessel (beide 1923), ein Schreibtisch (mit Regal auf der Rückseite) sowie Lattenstühle, die unschwer als Verwandte von Entwürfen Gerrit Rietvelds zu erkennen sind (beide 1924). Breuer sah in seinen Möbeln »Apparate heutigen Lebens«. Sie sollten preiswert, zerlegbar und hygienisch sein. *B 3* erfüllte diese Kriterien. Zwar hat er damit nicht wie erhofft einen alltäglichen Gebrauchsgegenstand geschaffen, aber einen neuen Möbeltypus, mit dem er die industrielle Ästhetik in die Wohnsphäre transferierte. Durch die luftige Kufenkonstruktion wurde Stahlrohr über Jahre zur Chiffre der Moderne und *B 3* zum Inbegriff des Designklassikers. Auch der Stahlrohrsessel → *B 35* von 1926 steht auf Kufen. Auf Stahlrohrgestellen basieren ebenfalls Klappstühle, Hocker, der Freischwinger → *B 32* und Tische, darunter

auch die Satztische → *B 9* und der Schreibtisch → *S 285*, dessen elegante Leichtigkeit in deutlichem Kontrast zu der Kastenlösung von 1924 steht (1927 und 1929, beide als Reeditionen bei **Thonet**). Der Experimentator Breuer war auf vielen Gebieten seiner Zeit voraus: so stammt von ihm u. a. auch ein Konzept für genormte, modulare »Anbauschränke« (Maßeinheit 33 Zentimeter), wie sie erst in den 50er Jahren von **Hans Gugelot** entwickelt wurden. Als ungarischer Jude hatte Breuer nach 1933 in Deutschland keine Zukunft. Die Emigration führte ihn über die Schweiz nach London, wo er Möbel aus Schichtholz für die Firma Isokon entwarf, die an Entwürfe von Alvar Aalto erinnern. Schließlich folgte Breuer seinem Förderer **Walter Gropius** in die USA, wo er in Harvard binnen kurzer Zeit eine ganze Generation von Designstudenten inspirierte, darunter Philip Johnson, Florence Knoll und Eliot Noyes. Nach dem Ende des Zweiten Weltkriegs machte er eine zweite Karriere als international gefragter Architekt.

→ Meilensteine: *Clubsessel B3* → Seite 50
Satztische *B 9* → Seite 52, Sessel *B 35* → Seite 56
Stuhl *B 32* → Seite 60, Schreibtisch *S 285* → Seite 70

Abbildungen:
o. li.: *Lattenstuhl*
o. re.: Sessel für Isokon
u.: Liege *F 41* (Reedition: Tecta)

Brühl

Polstermöbelhersteller, Bad Steben / Bayern, gegr. 1903, **www.bruehl.com**

Die Marke Brühl steht für Polstermöbel mit klaren Formen und Konzepten. Beides stammt in vielen Fällen vom Geschäftsführer Roland Meyer-Brühl. Die Tradition wird von Kati Meyer-Brühl, seiner Tochter, die in London und New York Industriedesign studierte, fortgesetzt. Da Anzeigenkampagnen im Hause konzipiert werden, ist der Werbeauftritt ebenso stimmig wie das Sortiment. Hier wirkt der Verzicht auf jede überspitzte Attitüde, vielleicht die ursprünglichste aller Maximen im modernen deutschen Möbeldesign. Nicht nur beim Würfelsessel *Carrée* ist diese Tradition offensichtlich. Die Produktpalette umfasst Bettsofas und Sofagruppen, die oft mit raffinierten Funktionen überraschen. Beispiele sind die Polstergruppe *Chillin* (von Kati Meyer-Brühl) mit drei Relax-Positionen und das Sofamodell *Moule* (Roland Meyer-Brühl), ein anpassungsfähiges Anbausystem mit einer großen Auswahl an Bezügen. Das Unternehmen hat sich einer umfassenden Konzeption verschrieben. Sie besteht in konsequenter Ausrichtung auf Langlebigkeit und den Einsatz hochwertiger wie schadstoffarmer Materialien. Mit seinen 170 Mitarbeitern gehört das Familienunternehmen nicht eben zu den Großen, kann aber gerade als designorientierte Manufaktur besondere Kompetenzen vorweisen. Etwa beim Leder mit einer handwerklichen Verarbeitung in Sattlerqualität und Materialstärken bis zu fünf Millimeter wie z. B. beim Modell *Visavis*. Die Ursprünge der Firma liegen im Sächsischen, wo um die vorletzte Jahrhundertwende eine Matratzenfabrik entstanden

war. Ende der 40er Jahre erfolgte der Umzug aus der sowjetischen Besatzungszone nach Franken – damals ein Standort direkt an der innerdeutschen Grenze, heute mitten in Europa. Die entscheidende gestalterische Neuausrichtung vollzog sich bereits in den 70er Jahren. Daraufhin stieg der Bekanntheitsgrad kontinuierlich. In Deutschland kennt heute jeder Achte die Marke, ein beachtlicher Wert für einen mittleren Möbelhersteller mit Designanspruch. Im Programm sind auch Entwürfe externer Designer, darunter der Deutschen **Siegfried Bensinger** (mit dem wandlungsfähigen Polstersystem → *Lobby*), Volker Laprell, der Dänen Johannes Foersom und Peter Hiort-Lorenzen sowie der Wahl-Londoner Shin und Tomoko Azumi. Letztere bestätigen mit *Big Arm* ihren Avantgardismus, repräsentieren jedoch zugleich genau jene unaufgeregte Modernität, die man bei Brühl erwartet und die es so leicht macht, die Möbel zu integrieren.

→ Meilenstein: Sofa *Lobby* → Seite 214

Abbildungen:
o.: Polstermöbelkollektion *Roro* von Roland Meyer-Brühl
u. li.: Sessel *Carrée* von Gitta und Roland Meyer-Brühl
u. re.: Sessel aus der Polstermöbelkollektion *Chillin'* von Kati Meyer-Brühl

Brunner

Möbelhersteller, Rheinau / Baden-Württemberg, gegr. 1977, **www.brunner-stuehle.de**

»Das Produktprogramm umfasst Wartemöbel für Foyerbereiche in Verwaltungsgebäuden, Stühle und Tische für Seminar- und Konferenzräume, Bürodrehstühle, Möbel für Cafeteria und Kantine, Großraumbestuhlungen sowie Möbel für Seniorenheime und Krankenhäuser.« Die hier definierten Tätigkeitsfelder klingen geschäftsmäßig präzis, aber wecken, wenn auch recht weit gefächert, kaum Erwartungen an spannende Gestaltungslösungen. Bei Insidern ist inzwischen längst bekannt, dass es der Firma aus dem Badischen mit Sitz an der französischen Grenze in den letzten Jahren immer wieder gelang, auf Messen Highlights zu setzen. Brunner, ein mittelständischer Betrieb, der von seinen Gründern Helena und Rolf Brunner geführt wird und mit rund 300 Mitarbeitern in etwa dem nationalen Branchendurchschnitt entspricht, hat sich von der Grauzone der Durchschnittsware mehr und mehr entfernt. Das passt ins Umfeld des Schwarzwaldes, Deutschlands Paradies der Tüftler und Techniker sowie Heimat so unterschiedlich profilierter Möbeldesigner wie **Draenert** und **Rolf Benz**. Um seine Unternehmensziele noch besser zu vermitteln, entstand jüngst ein neues, architektonisch ambitioniertes Kommunikationszentrum. Angestrebt werden Innovationen, »die das Leben der Menschen angenehmer gestalten«. Ein plausibles, fast banales Credo, das anspruchsvoller ist, als es klingt. Es könnte auch von **Wolfgang C. R. Mezger** stammen, dem Designer, der an Brunners neuem Kurs entscheidenden Anteil hat und der im aktuellen Sortiment stark vertreten ist, vom Freischwinger *Spira.sit* bis zum modularen und sehr anpassungsfähigen Warteraum-Sitzprogramm *Take*. Trotz internem Entwicklungsteam, das Produkte zum Sortiment beisteuert, wie die Schichtholz-Stuhlserien *Birdie*, *Eagle* und *Fox*, ist die enge Zusammenarbeit mit externen Designern inzwischen Geschäftsprinzip. Weitere Ideenlieferanten von Rang, die für Brunner arbeiten, sind Matteo Thun mit dem Bürosystem *MT.02* und **Martin Ballendat** mit verschiedenen Stühlen, wie z. B. *Clear*, einem für Macher und Marke eigentlich eher untypischen Minimalismus in Naturholz. Unter den zahlreichen Neuerungen der jüngsten Zeit waren Überraschungen wie der grazile Stuhl → *Milanolight* von Mezger sowie der »fingerfertige« Klapptisch *Sleight* von **Lepper Schmidt Sommerlade**, einem Team, das bei Brunner ebenfalls bereits eine Geschichte hat.

→ Meilenstein: Stuhl *Milanolight* → Seite 230

Abbildungen:
o. li.: Tisch *Sleight* von Lepper Schmidt Sommerlade
o. re.: Sessel *Taceo* von Martin Ballendat
u. li.: Stuhl *Carry* von Lepper Schmidt Sommerlade
u. re.: Stühle *Milanolight* von Wolfgang C. R. Mezger

Bulthaup

Küchenhersteller, Aich / Bayern, gegr. 1949, **www.bulthaup.de**

War die Küche früher ein Ort der Wärme, der Düfte und der Geselligkeit, hatte sie sich im 20. Jahrhundert nicht zuletzt unter dem Einfluss der Bauhaus-Prinzipien zu einer möglichst raumsparenden Produktionsstätte entwickelt. In der Küche war die Rationalisierung, seit sie in der »Frankfurter Küche« (von Grete Schütte Lihozky) Ende der 20er Jahre erstmals umgesetzt wurde, zum allgemeinen Standard geworden. Auch die Firma Bulthaup produzierte die dafür typischen »Anbau«-Küchenzeilen – bis sie Anfang der 80er Jahre »das Ende einer Architekturdoktrin« verkündete. Der Grafiker und Querdenker Otl Aicher hatte sich damals im Auftrag der Firma Gedanken über die Schattenseiten der »Anbauküche« gemacht und die Essenszubereitung als existentielle Aktivität wiederentdeckt. Der Ausgangspunkt seiner Überlegungen war dabei aber keineswegs die Gemütlichkeit von Omas uriger Kochstube, sondern die Ergonomie und Flexibilität, wie sie Aicher am Arbeitsplatz moderner Profiköche beobachtet hatte. Mit dem System *b* wurde das neue Konzept 1982 erstmals umgesetzt – ein Paradigmenwechsel, der Bulthaup eine Alleinstellung verschaffte, bis die Idee sich schließlich durchsetzen sollte. Im Mittelpunkt stand nun ein Zubereitungstisch, um den herum alle Aktivitäten kreisen. Statt vor eine Wand zu schauen, kann der Blick frei im Raum umherschweifen. Kommunikation während der Arbeit am Herd wird möglich. Später wurde diese zentrale Arbeitsfläche in Form einer »Küchenwerkbank« (1988) aus

Edelstahl variiert, ein weiterer Meilenstein der Kücheneinrichtung. Die andere Art der Küchennutzung erforderte auch andersartige Möbel, z. B. das von der Decke hängende Regal, eine Abstellfläche für Zutaten, an der aber auch Kellen und Töpfe griffbereit baumeln. Bulthaup hatte mit der neuen Möbelkonzeption auch ein Sortiment hochwertiger Töpfe und Küchenwerkzeuge vorgestellt. Später kamen mit den Serien *Duktus* und *Korpus* auch Tische und Stühle hinzu. Als Standard gelten mittlerweile die von Herbert H. Schultes entworfenen Systeme *25* und → *20* (1992 und 1997), die der Designer mit rückenschonenden Arbeitshöhen, Rollläden und rollenden Küchencontainern ausgestattet hat. Bulthaup, ein High-End-Hersteller, der viele Hobbyköche unter seiner wohlhabenden Kundschaft hat, will veränderte Lebensstile mit neuesten technischen Möglichkeiten verbinden. Schließlich entwickelte Schultes das System *b 3* (2004), das nicht mehr auf den Grundriss fixiert ist, sondern bei dem sich mittels eines hochstabilen Stahlskeletts die Wand gestalten lässt.

→ Meilenstein: Küchensystem *S 20* → Seite 188

Abbildungen:
o.: Küchensystem *b3* von Herbert H. Schultes
u.: Küchenwerkbank *Pur* (Werksdesign)

ClassiCon

Möbel- und Leuchtenhersteller, München / Bayern, gegr. 1990, **www.classicon.com**

»Classic« und »Contempora«. Die Produktpalette bewegt sich zwischen dem gestalterischen Erbe des frühen 20. Jahrhunderts und aktueller Avantgarde. Hervorgegangen aus den Vereinigten Werkstätten in München ist es in den 90er Jahren gelungen, ein ausgeprägtes Doppelprofil zu entwickeln. Dadurch wurde ClassiCon zu einer der bedeutendsten designorientierten Marken in Deutschland. Eine zentrale Rolle im Bereich der Reeditionen spielt eine der wenigen Frauen im Designolymp, die Irin Eileen Gray. Zahlreiche bekannte Entwürfe der Wahlpariserin wie ihr Beistelltisch E 1027, aber auch weniger bekannte Stücke wie das Sofa Lota aus den 20er Jahren, die oft zur Möblierung ihrer eigenen Häuser und Wohnungen entstanden, werden nun in Deutschland produziert und von dem neuen eindrucksvollen, im Münchner Norden gelegenen Firmengebäude aus weltweit vertrieben. Dieser Schwerpunkt wird ergänzt durch einige weitere historische Entwürfe, z. B. von Otto Blümel, dem ehemaligen Leiter der Zeichenschule der Vereinigten Werkstätten. Hinzu kommen Objekte, die Eckart Muthesius für den Palast des Maharadschas in Indore entwarf. Für dieses exotische Projekt entstanden einige der reizvollsten Objekte der 30er Jahre, geprägt vom aristokratischen Geschmack des Bauherren, der zugleich klare Konturen schätzte. Aktuelle Arbeiten stammen u. a. von **Christoph Böninger**, dessen höhenverstellbarer Tisch → Sax ein konstruktives Meisterwerk ist, Alfredo Häberli, dessen Sideboard Nemea sich viel-

fach verwandeln kann, und **Gioia Meller Marcovicz**, deren Serie → Dia so gar nicht dem Klischee des rustikalen Gartenmöbels entspricht und die übliche Trennung zwischen Drinnen und Draußen aufhebt. Insbesondere die Zusammenarbeit mit **Konstantin Grcic**, einem der profiliertesten zeitgenössischen deutschen Möbeldesigner, gibt dem Programm von ClassiCon seine Relevanz in der Gegenwart. So zeigen dessen geometrisch verkantete Polstermöbelserie → Mars oder sein Sofa Odin, eine moderne Interpretation des klassischen Salonmöbels, den Mut ihres Schöpfers, aber auch den des Herstellers, ebenso wie → Diana, eine Serie von Beistelltischen in plakativen Farben aus gefaltetem Stahlblech. Jenseits des Gefälligen zeigen solche außergewöhnlichen Produkte, die durchgängig von Zweckmäßigkeit und eher nüchternen Formen geprägt sind, eine ambitionierte und somit keineswegs alltägliche unternehmerische Haltung.

→ Meilensteine: Sessel Dia → Seite 190
Tisch Sax → Seite 194
Beistelltischkollektion Diana → Seite 216
Sessel Mars → Seite 222

Abbildungen:
o. li.: Stummer Diener Mandu von Ekkart Muthesius
o. re.: Sofa Odin von Konstantin Grcic
u. li.: Hocker Banu von Ekkart Muthesius
u. re.: Tisch Ulysses von Helmut Jahn und Yorgo Lykouria

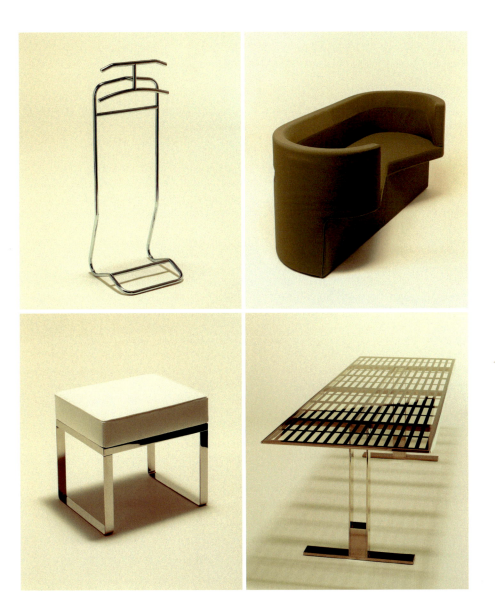

Luigi Colani

Produkt- und Möbeldesigner, geb. 1928, Büro in Karlsruhe / Baden-Württemberg, **www.colani.de**

Colani und Design waren in Deutschland zeitweise Synonyme. Vom Automobil bis zur Fotokamera, vom Füllhalter bis zur Teekanne: Es gibt kaum etwas, was er nicht gestaltet hätte, einschließlich seiner eigenen Person. Nach einem kurzen Kunststudium in Berlin wechselte Colani an die Pariser Sorbonne, wo er sich mit Aerodynamik beschäftigte. In den 60er Jahren bekam er zahlreiche Aufträge insbesondere aus der Möbelindustrie, so dass Deutschlands erster Stardesigner sein Studio Anfang der 70er Jahre standesgemäß in ein Schloss verlegen konnte: eine der ersten Designagenturen hierzulande. Schloss Harkotten lag in Westfalen, wo er wichtige Kunden hatte. Für **Poggenpohl** entwarf der Linienuntreue 1968 jene kugelförmige Küche – ein Stück praktische Science-Fiction, das zwar nie produziert wurde, ihn aber schlagartig bekannt machte. Sein bevorzugter Werkstoff war Plastik. Was er aus diesem frei formbaren Material schuf, war den Entwürfen skandinavischer und italienischer Designer wie etwa Eero Aarnio oder Joe Colombo, die damals vergleichbare Ansätze verfolgten, durchaus ebenbürtig. Colani trieb das, was 1966 mit dem »Bofinger-Stuhl« → *BA 1171* begonnen hatte, konzeptionell auf die Spitze. Bei dem von **Kusch** produzierten Schaumstoffsessel lösen sich konstruktive Elemente wie Sitz, Lehne und Beine in einer schwungvollen Gesamtform auf, die an einen Düsenjet, aber auch an eine Plastik von Henry Moore erinnert. Dass Colanis weicher, organischer Stil ergonomische Vorteile hat, insbesondere wenn es ums Sitzen geht, ist offenkundig. Für **COR** und **Interlübke** entwickelte der Inspirierte um 1970 Produkte wie den schnittigen, einbeinigen Schalensessel *Polycor* und die Polsterserie → *Orbis*. Sein wohl bekanntestes Sitzmöbel ist → *Zocker*, ein beinloser Kunststoffstuhl, den es in einer blockhaften Kinder- und (unter dem Namen *Sitzgerät Colani*) in einer schlankeren Version für Erwachsene gab. Die Rückenlehne dieses »Sitzgerätes« eignet sich als Ablagefläche: eine Kombination aus Stuhl und Pult, die zu unkonventionellen Sitzhaltungen einlädt. Dass der Mann der Widersprüche zwischenzeitlich Deutschland den Rücken kehrte, wo sein Neo-Jugendstil einfach nicht in das vorherrschende rationalistische Raster passen wollte, verwundert kaum. Nun sind die biomorphen Formen, deren Vorreiter er war, längst wieder en vogue und es scheint nur eine Frage der Zeit, wann Colanis Stuhl gewordene Visionen neu aufgelegt werden.

→ Meilensteine: Sessel *Orbis* → Seite 122
Sitzgerät *Zocker* → Seite 130

Abbildungen:
o. li.: Gartensessel für Essmann
o. re.: Kunststoffstuhl
u.: Liege *TV Relax* für Kusch + Co.

COR

Möbelhersteller, Rheda-Wiedenbrück / Nordrhein-Westfalen, gegr. 1954, **www.cor.de**

Die drei Buchstaben sind ein Synonym für intelligente Polstermöbel. Gehört die Firma aus dem Westfälischen neben **Brühl**, **Interlübke**, **Rolf Benz** und wenigen anderen doch zu jenen deutschen Herstellern, die auch den großen italienischen Marken Paroli bieten. Dies liegt nicht zuletzt daran, dass man die guten Beziehungen zu »seinen« Designern über Jahrzehnte und diverse Krisen hinweg gepflegt hat. Auch Leo Lübke jun., der die Geschäfte 1994 von Helmut Lübke übernahm, hat diese gute Gepflogenheit konsequent fortgeführt. Bereits Ende der 50er Jahre begann COR mit freien Gestaltern zu arbeiten und gehörte damit zu den Pionieren der Branche. Initialzündungen waren die Polstersysteme → *Quinta* (1959 von Michael Bayer) und → *Conseta* (1964 von Friedrich Wilhelm Möller), zwei Archetypen, mit denen das Sachliche und Nützliche und damit, wenn man so will, der Geist der Ulmer Hochschule für Gestaltung in der Sitzmöbelkultur Einzug hielt. In den aufregenden 60er Jahren entwarf **Luigi Colani** futuristische Modelle wie den Einbeinschalenstuhl *Polycor*, aber auch den praktischen, auf Rollen gesetzten Schalensessel → *Orbis*. Untrennbar mit COR verbunden ist der Name **Peter Maly**, dem mit → *Zyklus* ein Klassiker der 80er Jahre gelang, dessen geometrische Stringenz er beim Modell *Circo* 1998 nochmals erreichte. Typisch für COR sind Sitzmöbel aus verschiedenen Funktionselementen, die sich frei kombinieren lassen. **Wulf Schneider** griff diese Idee bei seinem Würfel *Clou* auf, eine

zeitgemäße Weiterentwicklung des *Conseta*-Prinzips. Unter den Designern finden sich auch weniger bekannte Namen, deren durchweg deutsche Herkunft auch etwas über ihre Denkrichtung aussagt. Ob Modell *Corian* von Peter Ulbrich und Oliver Zaiser (Studio Designfriends), *Ala* von Gabriele Assmann und Alfred Kleene oder *Trinus* von Jonas Kressel und Ivo Schelle, immer bietet der jeweilige Entwurf überraschende, nützliche Mehrfachfunktionen. Auch das Verwandlungsmöbel → *Scroll* vom **Studio Vertijet**, das zwischen Liege und Sofa changiert, reiht sich in diese Tradition ein. Zum fünfzigsten Firmenjubiläum beschenkte man sich und seine Kunden mit der Wiederauflage des Schwingsessels → *Sinus* von Reinhold Adolf und Hans-Jürgen Schröpfer, einer eleganten Wulstkette auf Stahlkufen, deren Form durch einen angedockten Fußhocker vollendet wird und deren unübersehbare Anklänge an die klassische Moderne als Symbol für die klare Linie des gesamten Programms gesehen werden kann.

→ Meilensteine: Polstermöbelkollektion Quinta → Seite 102
Sofasystem *Conseta* → Seite 112, Sessel *Orbis* → Seite 122
Sessel und Fußbank *Sinus* → Seite 136
Sessel *Zyklus* → Seite 150, Sofasystem *Scroll* → Seite 208

Abbildungen:
o.: Sofa *Arthe* von Wulf Schneider
u. li.: Liege *Onda* von Jonas Kressel
u. re.: Sofa *Ponte* von Peter Maly

Delphin Design

Produkt und Möbeldesign, Büro in Berlin, gegr. 1994, **www.delphin-design.de**

Zwei Industriedesigner, ein Leipziger, Dirk Loff, der über die Holzindustrie und die Kunsthochschule zur Produktgestaltung kam, und ein Berliner, der gelernte Werkzeugmacher Thomas G. Wagner, betreiben seit Mitte der 90er Jahre in der Bundeshauptstadt ein erfolgreiches Studio. Neben maßgeschneiderten Interieurs haben sie eine ganze Reihe von Serienprodukten entworfen, darunter Türklinken, Haushaltsgegenstände wie die preisgekrönte, kugelförmige Teekanne Globo (für Schott), Leuchten und Sanitärobjekte. Intelligente und schlanke Lösungen – der Name ihrer Firma scheint Programm – prägt das auf Effizienz gerichtete gestalterische Credo. Hinzu kommen reiche Erfahrungen im Umgang mit verschiedenen Materialien wie Holz, Metall und Kunststoff. Da macht eine Kooperation mit **Thonet**, einem Hersteller, der als erster Möbel industriell fertigte, natürlich Sinn. Sie begann 2001 mit dem grazilen Großraumstuhl S 360, dessen patentiertes, raum- und zeitsparendes Verbindungsprinzip ihm viel Applaus und erfreuliche Verkaufszahlen einbrachte. Es folgten das minimalistische Tischsystem S 1190 mit seiner klassischen Stahlrohrästhetik und, ganz anders geartet, der große Holztisch S 1120. Hier erhielt die stabilisierende, üblicherweise am Rande umlaufende Zarge eine Y-Form und konnte so »unsichtbar« unter die Tischmitte verlegt werden. Ergebnis: eine elegante Silhouette durch eine schmaler erscheinende Platte.

Abbildungen:
li.: Tisch S 1190 für Thonet
re.: Stuhl S 360 F für Thonet

Deutsche Werkstätten Hellerau

Möbelhersteller, Dresden / Sachsen, gegr. 1889, **www.dwh.de**

Karl Schmidt, ein von der »Lebensreform« beeinflusster Unternehmer und Mitbegründer des Deutschen Werkbundes, wollte seine Vorstellung von »ehrlicher« Wohnkultur mit einem Team von Handwerkern, Künstlern und Architekten verwirklichen. In seinem Musterbetrieb, zu dem die Gartenstadt Hellerau und ein Festspielhaus gehörten, wurde bereits vor dem Ersten Weltkrieg die Achteinhalb-Stunden-Woche eingeführt. Gestalter waren am Gewinn beteiligt. Als herausragender Möbelentwerfer neben Bruno Paul u. v. a. erwies sich **Richard Riemerschmid**, dessen auf serielle Produktion ausgerichtete *Maschinenmöbel* äußerst populär waren. Inzwischen hatten Dresdner und Münchner Werkstätten fusioniert und beschäftigten rund 250 Mitarbeiter. Am »Typenmöbel«-Programm *Deutsches Hausgerät* arbeiteten 1913 nicht weniger als 20 Künstler, darunter auch **Peter Behrens**. Ende der 20er Jahre entwickelte Paul das Anbau-Programm »wachsende Wohnung«, eine der Vorformen der Systemmöbel (vgl. **WK**). Hellerau blieb ein innovatives Unternehmen, das sich etwa bei der Entwicklung von Sperrholz-, Tischler- und Spanplatten hervortat. Nach der deutschen Wiedervereinigung wurde das in der DDR verstaatlichte Unternehmen reprivatisiert und hat sich seitdem mit hochwertiger Innenausstattung profiliert.

Abbildungen:
li.: Clubsessel für Villa Gerl von Hans Kollhoff
re.: *Furnierstuhl* von Erich Menzel

Stefan Diez

Möbel- und Produktdesigner, geb. 1971, Büro in München / Bayern, **www.stefan-diez.com**

Öffentlich hervorgetreten ist er durch Installationen wie z. B. »Qualitätskontrolle«, bei der ein Roboter wertvolle Bustelli-Figurinen »prüft« (2004 für die Nymphenburger Porzellanmanufaktur). Der Newcomer Diez ist jedoch kein abgehobener Designerkünstler. Vor seinem Studium machte er eine Tischlerlehre und ging für ein Jahr nach Indien, wo er für Firmen in Bombay und Poona Möbel baute. Nach dem Examen in Industriedesign arbeitete er ein paar Jahre in den Büros von **Richard Sapper** und **Konstantin Grcic**, bis er 2002 in München ein Studio eröffnete. Ausgangspunkt seiner Arbeit sind stets Modelle und Materialien. Der Newcomer beansprucht die Kontrolle über den gesamten Entstehungsprozess. An seinen Entwürfen lässt sich schwerlich etwas Überflüssiges finden. Trotzdem haben sie nichts Angestrengtes oder gar Langweiliges an sich. Viel mehr gehen darin Respekt und Respektlosigkeit eine subtile Verbindung ein. So ist der Stuhl *Friday* (2003 für Prosedia) eine originelle Interpretation des Bugholzstuhls a la **Thonet**. Auch bei der Sitzgruppe *Couch* (2004 für **elmarflötotto**) geht es um Zitate: formal ein klassischer Sesselkubus (vgl. *Kubus* von **Peter Keler**) bedient sich Diez hier der vom Sitzsack bekannten Kugelfüllung. Außergewöhnlich ist dabei die ausgetüftelte Struktur von Innen- und Außensack, die es u. a. ermöglicht, dass dieses clevere Leichtmöbel sehr einfach hergestellt werden kann – z. B. in einer T-Shirt-Fabrik.

Abbildungen:
li.: Stuhl *Friday* für Promosedia
re.: Sofa *Couch* für elmarflötotto

Karl Dittert

Möbel- und Produktdesigner, geb. 1915, lebt Schwäbisch-Gmünd / Baden-Württemberg

Er ist eine der zentralen Persönlichkeiten des bundesdeutschen Nachkriegsdesigns. Anfangs arbeitete Dittert fast ausschließlich mit dem Werkstoff Metall und wandte sich erst um 1970 dem Möbelbau zu. Gleich die Premiere, ein Bürostuhl mit weichem, voluminösem Polster in einer Schale aus Schichtholz, wurde zum Verkaufserfolg. Ein von ihm erdachtes futuristisches »Manager-Cockpit« aus Kunststoff ging zwar nie in Produktion, fiel aber der Firma Voko auf. Es folgten Jahrzehnte fruchtbarer Zusammenarbeit. Sie begann mit dem ersten, vollständig aus Kunststoff bestehendem Bürostuhl, der zum Vorbild wurde. Der junge Dittert, der eigentlich ans Bauhaus wollte, studierte stattdessen in Berlin Kunst und ging nach dem Krieg an die Fachschule für Gold- und Silberschmiede in Schwäbisch-Gmünd (heute Fachhochschule für Gestaltung). Dort wurde er Dozent, später Direktor, und schuf den Ausbildungsgang Produktdesign. Schon seine Metallgefäße legte der Systematiker modular an. Er gehört, neben **Peter Raacke** und **Otto Zapf**, zu den Pionieren moderner Bürosysteme und setzte sich den »totalen Baukasten« und die damit einhergehende Auflösung des Einzelmöbels zum Ziel. Dies gelang u. a. mit den bahnbrechenden Entwürfen *MEP* (Modulares Elementprogramm) und dem für Manager konzipierten Arbeitsplatzsystem *Univers V 10*, bei denen nicht mehr Räume möbliert, sondern geschaffen werden. Als Lehrer beeinflusste er mit seinem analytischen Ansatz ganze Generationen von Studenten, darunter bekannte Namen wie Hartmut Esslinger, **Wolfgang C. R. Mezger** und **Reiner Moll**.

Abbildungen:
li.: Büromöbelsystem *A.C.M.* für Voko
re.: Sessel für Kollektion *Direktionsmobiliar* für Voko

Drabert

Büromöbelhersteller, Minden / Niedersachsen, gegr. 1889, **www.drabert.de**

Die Traditionsfirma, die als Schlosserei und Kunstschmiede begann, entwickelt in der Hauptsache Bürostühle – eine der Paradedisziplinen der deutschen Möbelindustrie, in der man in Südniedersachsen über eine jahrzehntelange Erfahrung verfügt. Bereits in den 20er Jahren, lange bevor das Thema geschweige denn das Wort Ergonomie ins öffentliche Bewusstsein rückte, baute Drabert einen Stahlrohrdrehstuhl, bei dem die Anatomie des menschlichen Körpers und die Anforderungen der Arbeitssituation in die Form eingingen. Der Reichspoststuhl von 1928, kurz *RP 28*, einer der ersten durchgestalteten Bürostühle, ist ein Prototyp seiner Gattung, der in über drei Millionen Exemplaren in deutschen Postämtern stand. Bei der Wahl der wegweisenden Materialien – Stahlrohr und gebogenes Sperrholz – spielte sicherlich einerseits der Einfluss der aufstrebenden Bauhaus-Bewegung eine Rolle, andererseits produzierte man selbst bereits seit der Jahrhundertwende Möbel aus Stahlrohr. Die 50er Jahre brachten weitere Neuerungen. Der Bürostuhl *4 K* (1954 von **Egon Eiermann**) hatte erstmals eine stufenlose Höhenverstellung, das Modell *Manager* (1958) war der erste Stuhl mit beweglicher Rückenlehne. Schließlich bedeutete die Pendellehne in Verbindung mit einer besonderen Sitzmechanik beim Stuhl *Senior* (1960) einen weiteren innovativen Schritt. Die Idee eines »rückengerechten« Stuhls durch aktives Sitzen nahm hier Gestalt an. Aufsehen erregte Drabert schließlich durch den Kunststoffstuhl → *SM 400*

(1968 von Gerd Lange), dessen körperangepasste Ausformung bis heute als beispielhaft gilt. Später wurden kippsichere Rollen (1970), Synchronkippmechanismen und Einhebelbedienung (1975) eingeführt. Seit den 90er Jahren ist das Unternehmen eine Tochter der niederländischen Samas-Groep, des größten europäischen Büromöbelherstellers, und widmet sich neben dem ergonomisch gestalteten Büroarbeitsplatz mittlerweile auch dem Themenkomplex Kommunikation mit Einrichtungen für Schulungs- und Konferenzräume sowie für Warte- und Aufenthaltsbereiche. Auch neuere Bürostühle wie *Entrada*, *Salto* und *Cambio* (alle von Daniel Figueroa) unterstreichen den designorientierten Ansatz. In den preisgekrönten Seminar- und Konferenzstuhl *Tosila* (Büro Staubach, 2004) flossen Ergebnisse der gerade abgeschlossenen medizinischen Studie »Mikromotiv« ein, die im Verbund mit europäischen Forschungseinrichtungen entstand und mit der man erneut seine Kompetenz auf dem Feld ergonomischen Sitzens untermauerte.

→ Meilenstein: Stuhl *SM 400* → Seite 120

Abbildungen:
o. li.: Stuhl *Congress* von Drabert Entwicklungsteam
o. re.: Stuhl *Tosila* von Büro Staubach
und Drabert Entwicklungsteam
u. li.: Stuhl *Salto* von Daniel Figueroa
u. re.: Stuhl *Parlando* von Drabert Entwicklungsteam

Draenert

Möbelhersteller, Immenstaad / Baden-Württemberg, gegr. 1968, **www.draenert.de**

Ein Unternehmen, das hauptsächlich Tische sowie Stühle und einige Einzelmöbel herstellt, klingt übersichtlich und wenig aufregend. Doch das in Sichtweite zum Bodensee gelegene Familienunternehmen Draenert entwickelte innerhalb weniger Jahrzehnte ein eigenständiges und unverwechselbares Profil. Die Formgebung der Produkte, insbesondere der Tische, orientiert sich dabei in erster Linie an der klassischen Moderne, unterstrichen durch die vorherrschenden Materialien Metall und Glas. Ein frühes Beispiel dafür ist die Satztischserie → *Nurglas* (1972), die nun wieder ins Programm genommen wurde (verbunden mit einer technischen Innovation: in RAL- oder NCS-Farben lackiertem Glas). Auch die Prinzipien der Transformation und Erweiterbarkeit fußen auf funktionalistischen Konzepten. Vielleicht finden sich darin die schwäbischen Eigenarten, Sorgfalt, Präzision, Erfindergeist und Experimentierfreude. Typische Draenert-Tische sind *Euklid*, *Casanova* (beide 1998) und *Titan III* (2002), ein Glastisch, dessen zwei integrierte Erweiterungsplatten mittels zweier sichtbarer Schwenkarme aus einem Vier-Personen- im Nu einen ovalen Acht-Personen-Tisch machen. Ein weiteres erfolgreiches Modell ist der patentierte → *1224 Adler* (1995), bei dem sogar die Ausziehflächen aus dem harten Material bestehen. Solche kleinen Wunderwerke lassen das Auge manches Mal an den physikalischen Gesetzmäßigkeiten zweifeln. Ihre Leichtgängigkeit und Perfektion lösen nicht zufällig Assoziationen mit Luxuslimousinen aus. Zahlreiche Entwürfe

stammen von **Peter Draenert** selber, einem Kunst- und Literaturkenner, der über Hölderlin promovierte. Der Firmengründer, der inzwischen das Tagesgeschäft an seinen Sohn Patric Draenert übergeben hat, schuf jenes doppelte Firmenprofil, in dem sich internationaler Stil und regionales Bewusstsein verbinden. Mit dem ersten Produkt, dem Kufentisch *Schiefer* (1968), führte er das in unmittelbarer Umgebung gewonnene Material ins Möbeldesign ein. Er ist ebenfalls Initiator des »Steinhofes«, einer Sammlung von über 200 ungewöhnlichen Steinen aus aller Welt. Der Entrepreneur betont seine süddeutsche Identität und gilt der Branche als impulsgebender Außenseiter. Das Unternehmen pflegt, ähnlich wie **Vitra**, ein intellektuelles Verhältnis zu seinem Produkt. So gibt es seit vielen Jahren die Kunst-Kollektion, eine Serie frei gestalteter Möbel in limitierter Auflage, für die Architekten, Designer und Künstler engagiert werden und die in bedeutenden Sammlungen Aufnahme fanden. Mit der »Orangerie« verfügt man zudem über einen eigenen Ausstellungsort.

→ Meilensteine: Satztische *1600 Nurglas* → Seite 132
Ausziehtisch *1224 Adler* → Seite 174

Abbildungen:
o. li.: Tisch *Quadra-Tisch* (*Electronic Art Collection*) von Walter Giers
o. re.: Tisch *1400 Casanova* (Draufsicht)
u. li.: Stuhl *Leonardo* von Oswald Mathias Ungers
u. re.: Couchtisch *Schiefer*

e15

Möbelhersteller, Oberursel / Hessen, gegr. 1995, **www.e15.com**

Benannt wurde die Firma nach der Postleitzahl des Londoner Stadtteils Hackney, in dem die Firmengründer – der Architekt Philipp Mainzer und der Designer Florian Asche – ihre erste Werkstatt betrieben. Bald verlegten sie ihren Firmensitz in die Nähe von Frankfurt. Bereits unter den ersten Produkten waren viel beachtete Entwürfe von Asche und Mainzer wie der Tisch Bigfoot und der Hocker → *Backenzahn*. Heute arbeitet man mit einer Reihe externer Designer, darunter der Brite Mark Holmes, die Amerikaner Mark Borthwick, Pilar Proffitt und Robert Bristow und die Belgier Philippe Allaeys und Hans de Pelsmacker. Bewusst wird die Zusammenarbeit mit Künstlern gesucht. Ob Sideboard, Bett, Schreibtisch oder Sitzbank, es ist die durchgängige Linearität, die ein Sortiment von lakonischer Schlichtheit entstehen lässt. Kombiniert mit traditioneller Verarbeitung ergibt sich ein für die Marke typisches Spannungsverhältnis. Ein wesentliches Merkmal sind dabei die im wahrsten Sinne des Wortes handverlesenen Werkstoffe, zumeist massive europäische Hölzer wie Eiche und Nussbaum, dazu Edelstahl, Aluminium und Leder. Beschaffenheit und Struktur dieser Materialien sind Teil des Entwurfs und verleihen den Erzeugnissen Singularität. Inzwischen hat sich e15 als Gestalter öffentlicher Räume und privater Wohninterieurs etabliert, hat Gartenmöbel im Programm und ist mittlerweile auch im Badezimmer vertreten, wo man mit den Spezialisten Alape und Dornbracht eine Allianz einging.

→ Meilenstein: Hocker *Backenzahn* → Seite 186

Abbildungen:
li.: Tischbank *HP01* Tafel von Hans de Pelsmacker
re.: Kommode *SB04* Fatima von Philipp Mainzer

Egoform

Möbelhersteller, Westerstede / Niedersachsen, gegr. 1976, **www.egoform.de**

Die Geschäftsidee war ein Angebot, dessen Zielgruppe im sogenannten »Lifestyle-Bereich« zu finden ist, also Käufer mit Anspruch an gute Gestaltung und Qualität, aber mit begrenzten finanziellen Mitteln. Die Firma mit dem abstrakten, leicht philosophischen Namen sollte sich hier als Alternative zu bekannten Marken anbieten. Diesem Ziel diente auch die Zusammenarbeit mit einigen aus der ersten Garde des deutschen Möbeldesigns, darunter **Jan Armgardt**, **Stefan Heiliger** und Volker Laprell. Handwerkliche Fertigung auf der Basis modernen Designs war die Strategie, die spätestens seit der Werkstättenbewegung (vgl. z. B. **Deutsche Werkstätten**) Tradition hat. Entwürfe in Massivholz für den Wohn- und Essbereich, wie etwa der Tisch *Chess*, der in 29 Standardmaßen plus Wunschmaßen zu haben ist, bestimmten deshalb die Sortimentspolitik. Hinzu kamen Geflechtmöbel, Systemmöbel, Kommoden und Sofas.

Die mehrfach verstellbare Kippcouch *Mio* (2004 neu aufgelegt) und der fahr- und schwenkbare Arbeits- und Essplatz *Roll-it* (beide von Jan Armgardt) gehören zu den frühen multifunktionalen Modellen. Trotz des Verkaufs der Markenrechte an die im westniedersächsischen Ammerland ansässige Firmengruppe Steinhoff im Jahr 2001 blieb das Profil erhalten. Von Anfang an ging es um Geradlinigkeit, was in Entwürfen wie dem mobilen Couchtisch *Kayra* aktuellen Ausdruck findet.

Abbildungen:
li.: Tisch *Chess* von Andreas Reichert
re.: Sofa *Mio* von Jan Armgardt

285

Egon Eiermann

Architekt und Möbeldesigner, geb. 1904, gest. 1970

Der Architekt Eiermann, der u. a. den Neubau der Gedächtniskirche in Berlin und das Bonner Abgeordnetenhochhaus, aber auch die deutsche Verwaltung von Olivetti zur bundesdeutschen Nachkriegsmoderne beisteuerte, bevorzugte umfassende Lösungen. Die meisten Möbelentwürfe des Perfektionisten sind im Kontext von Bauwerken entstanden. Nicht nur hierin war er seinem Kollegen und Zeitgenossen, dem Dänen Arne Jacobsen, ähnlich. Allerdings entdeckte Eiermann das Sperrholz, jenes industrielle Material, das bereits vor dem Zweiten Weltkrieg von Alvar Aalto aufgegriffen wurde und das nun eine Revolution im Stuhldesign auslösen sollte, ein wenig früher als Jacobsen. In der von Aufbruchsgeist beseelten Nachkriegszeit der späten 40er und frühen 50er Jahre entstand ein Großteil seiner Sperrholzsitze, die später im Wirtschaftswunderdeutschland zu einem Bestandteil des öffentlichen Raumes wurden, darunter die Modelle SE 41, → SE 42, → SE 68 und → SE 18, sämtlich gefertigt bei **Wilde + Spieth**. Das moderne Inventar stellte einen nicht zu unterschätzenden Beitrag zur Identitätsfindung der jungen Bundesrepublik dar. Internationale Beachtung fand Eiermann durch die Berliner Bauausstellung 1957 und die Weltausstellung im Jahr darauf, für die er den deutschen Pavillon entwarf und ausstattete. Transparenz, Materialgerechtigkeit und Qualität der Gestaltung bis ins Detail waren Ansprüche, die Eiermann sowohl an seine Bauten wie an seine Möbel stellte und die er auch an Mitarbeiter wie **Herbert Hirche** weitergab. Einer der bekanntesten Entwürfe ist der enorm erfolgreiche Klappstuhl SE 18 aus Buche und Sperrholz, der in seinen harmonischen Proportionen, der vorsichtig geschwungenen Linienführung und den sich kontinuierlich zur Mitte hin verdickenden Beinen an dänische Entwürfe von Finn Juhl oder Hans J. Wegener erinnert. Eiermann erscheint hier als Bindeglied zwischen den Idiomen der deutschen und der aufstrebenden skandinavischen Moderne, worauf auch seine frühen Korbsessel wie etwa das Modell → E 10 (Reedition bei **Richard Lampert**) hindeuten. Der Avantgardist wusste zugleich, was in Amerika passierte. Sowohl sein Modell SE 42 als auch sein stapelbarer Allzweckstuhl SE 68, der leichtes Stahlrohr und sitzfreundlich geformte Sperrholzschalen vereint, hatten Vorbilder in Entwürfen von Charles und Ray Eames. Eiermanns Stühle und sein findiges → Tischgestell mit Verstrebung (Reedition bei **Richard Lampert**) gelten, nachdem sie fast in Vergessenheit geraten waren, heute wieder als Klassiker.

→ Meilensteine: Korbsessel E 10 → Seite 76
Stuhl SE 42 → Seite 78, Stuhl SE 68 → Seite 80
Klappstuhl SE 18 → Seite 84
Tisch mit Kreuzverstrebung → Seite 88

Abbildungen:
o. li.: Bürostuhl S 197 AR für Wilde + Spieth, 1950
o. re.: Regal Eiermann (Reedition: Richard Lampert), 1932
u. li.: Hocker S 38 für Wilde + Spieth, 1950
u. re.: Stuhl SE 121 für Wilde + Spieth, 1960

elmarflötotto

Möbelhersteller, Paderborn / Nordrhein-Westfalen, gegr. 1978, **www.elmarfloetotto.de**

Die Firma mit dem geläufigen Familiennamen – jeder dritte Deutsche kennt **Flötotto** – versteht sich als Ideenproduzent. Im Programm finden sich originelle Möbel, Leuchten und Objekte, die nicht immer sofort einzuordnen sind. Beispiel: der *Fluffi-Zoo* von **Studio Vertijet**, bunte Schaumstoffteile in Tiergestalt, die Kindern als Sitzgelegenheit und Kommunikationsmittel dienen können. Ende der 70er Jahre setzten Anna und Elmar Flötotto die Familiendynastie in dritter Generation fort. Unter dem Etikett elmarflötotto gründeten sie eine Agentur für Möbelimport, die ab und an auch eigene Produkte realisierte und schließlich Anfang der 90er Jahre die erste Kollektion vorstellte. Ein gutes Jahrzehnt später, nachdem die Ostwestfalen mit dem leuchtenden *Lumibär* einen Welterfolg gelandet und die Marke Authentics übernommen hatten, stand ein umfängliches Programm, zu dem ein illustrer Kreis an Designern beigetragen hat. Zu den bemerkenswerten Möbeln gehören der flexible, einfache und sehr bequeme Kunststoffstuhl *Wait* (von Matthew Hilton), das Containerregal *Big Bin* und die Sitzgruppe *Couch*, die einfach aussieht und es doch in sich hat (beide von **Stefan Diez**). Zum Renner wurde → *Freddy* (von Hertel Klarhöfer), ein Regal in der Tradition von → *FNP* (von **Axel Kufus**) oder → *Endless Shelf* (von **Werner Aisslinger**), das auf einer neuartigen Netzstruktur basiert. Mit nur zwei Plattenformaten lassen sich so in kurzer Zeit unendlich viele Varianten realisieren.

→ Meilenstein: Regalsystem *Freddy* → Seite 232

Abbildungen:
li.: Stuhl *Mosquito* von Neunzig° Design
re.: Leuchthocker *Otto* von Georg Draser

Udo Feldotto

Möbel- und Produktdesigner, geb. 1958, Büro in Verl / Nordrhein-Westfalen

Feldotto gehört zu jenen Quereinsteigern, die früher im Design keine Seltenheit waren, aber seit dessen Akademisierung zunehmend dazu wurden. Er studierte Bildhauerei, arbeitete in Holz, Stein und Metall, ehe er seit Mitte der 80er Jahre auch Möbel und Produkte entwarf. Eine Partnerschaft mit Simon Desanta, aus der einige international erfolgreiche Produkte hervorgingen, endete Mitte der 90er Jahre. Heute sind technisch orientierte Designlösungen einer seiner Schwerpunkte. Dabei hat er sich neben Wohn-, Schlaf- und Büromöbeln auf einem Gebiet zum Spezialisten entwickelt, das nun wahrlich nicht im Vordergrund des Möbeldesigns steht, aber – nicht zuletzt aufgrund der bekannten demografischen Entwicklungen – zunehmend an Bedeutung gewinnt: neuartige Mehrzweckmöbel für alte Menschen, Kranke und Behinderte, in die moderne Techniken und Materialien integriert sind. So entwickelte er den mobilen Behandlungs- und Pflegesessel *Care 7290* (für **Kusch + Co**), der mit Schiebebügel, Kippfunktion, ergonomisch schwenkbaren Armlehnen und beweglicher Kopfstütze ausgestattet ist. Der Patient kann sich so während der Behandlung anderweitig beschäftigen und ablenken. Bei der Toilettenstuhl-Serie (für Rebotec) gibt es auch eine bunte Version für Kinder.

Abbildung:
Pflegesessel *Care 7290* für Kusch + Co.

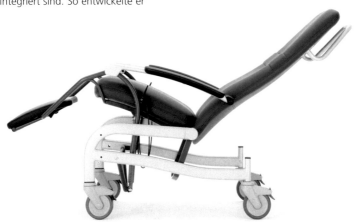

Fischer

Gartenmöbelhersteller, Schlierbach / Baden-Württemberg, gegr. 1984, **www.fischer-moebel.de**

Gartenmöbel waren lange eine von Designern weitgehend vernachlässigte Gattung. Exotische Ausnahmen wie das → *Garten-Ei* von **Peter Ghyzcy** bestätigen dies. Schließlich wurde auch sie entdeckt. Zu den Pionieren in diesem Saisongeschäft gehört die Marke Fischer, die es mit Programmen wie *La Piazza* (von Karl-Leo Heitlinger) oder *Tennis* (1992 von Kurt Ranger) schaffte, das Freizeitmöbel aus seiner Anonymität zu reißen und das Niveau einer Kollektion zu erreichen. Der Klappsessel *Tennis* fällt durch die interessante Kombination von Teakholzrahmen, Polyestergewebebespannung und Edelstahl auf (für den Klappmechanismus und den hinteren Steg zwischen den Armlehnen). Er genießt mittlerweile beinahe den Status eines Klassikers. Zum Programm gehören außerdem ein etwas kleinerer Verstellsessel, ein sehr leichter Stapelstuhl, eine Liege, zwei runde Esstische (mit Edelstahleinsätzen), ein Servierwagen und ein Sideboard. Auch der variable und preisgekrönte Tisch *Domido* (2003 von Kurt Ranger) verbessert die Logistik des Außenaufenthalts. Ganz neue Wege ging man schließlich mit dem Stuhl *Air* (2004 von **Wolfgang C. R. Mezger**), dessen dynamisch geknickte Sitz- und Rückenschale vollständig von Stoff umhüllt ist. Das weiße oder silberne Gewebe wird wie ein Strumpf darüber gezogen, was nicht nur sehr homogen erscheint, sondern auch bequem ist.

Abbildungen:
li.: Tisch und Stühle *Tennis*
re.: Stuhl *Air*

Uwe **Fischer**

Produkt- und Möbeldesigner, geb. 1958, Büro in Frankfurt / Hessen

Als er sich nach Abschluss seines Designstudiums zwischen gewinnorientiertem Massenmarkt und der Beliebigkeit von Einzelstücken zu entscheiden hatte, wählte Uwe Fischer einen Mittelweg. Zusammen mit seinem Studienkollegen Achim Heine gründete er die Gruppe Ginbande und lieferte in der Folgezeit, ähnlich wie **Andreas Brandolini**, einen eigenständigen und hintersinnigen Beitrag zum rebellischen »Neuen Deutschen Design« der 80er Jahre. Die Objekte von Ginbande fallen durch eine visuelle Prägnanz auf, die mit überraschenden Funktionsweisen verbunden sind. Beispiele sind *Klappmöbel*, die im Boden verschwinden, und ein kreisrundes Kindersofa, bei dem die Lehnen außen stehen und die Beine nach innen baumeln. Der wohl bekannteste Entwurf ist die extrem flexible Tischkonstruktion → *Tabula Rasa*: Die von einem halben bis auf fünf Meter ausziehbare Tisch-Bank-Kombination (**Vitra**, 1987) hat für zwei bis zwanzig Personen immer die richtige Größe und fasziniert durch eine ungewöhnliche Kombination von High-Tech- und Bierzeltästhetik. Ebenfalls für Vitra entstand damals das Tischsystem *Nexus* sowie ein platzsparender Falthocker. Nachdem Ginbande Anfang der 90er Jahre auseinander ging, hat Fischer weiterhin Möbel und Leuchten entworfen wie z. B. den drehbaren Schalensessel *Sina* (1999 für B&B Italia). Der experimentelle Funktionalismus, der zum Nachdenken über die Gebrauchsgegenstände anregen soll, ist geblieben. Auch als Professor in Stuttgart hat er sich mit der Wahrnehmung der Dinge beschäftigt.

→ Meilenstein: Tischbank *Tabula Rasa*
(mit Klaus Achim Heine / Ginbande) → Seite 158

Abbildungen:
li.: Sessel *Sina* für B&B Italia
re.: Sofa *Lotus* für B&B Italia

Flötotto

Möbelhersteller, Gütersloh / Nordrein-Westfalen, gegr. 1906, **www.floetotto.de**

Als das Unternehmen nahe Gütersloh gegründet wurde, war es noch auf Schlafzimmer spezialisiert. Der Qualitätsanspruch allerdings lag in einer durch die Werkstättenbewegung und den Deutschen Werkbund angeregten Zeit schon deutlich über dem Durchschnitt. In den 60er Jahren wandelte sich die in der westfälischen Möbelregion gelegene Firma zu einem modernen Industriebetrieb sowie zu einem der Flaggschiffe der bundesdeutschen Nachkriegsmoderne, in der das Modulare und Systematische, nicht zuletzt durch den Impuls der HfG Ulm, als Schlüsselideen wirkten. Einige Flötotto-Programme gibt es seit Jahrzehnten nahezu unverändert. Zu diesen Meilensteinen gehören das → *Profilsystem* (1975 eingeführt) und *Personal Colour* (1984). Neuere Produkte des Systemspezialisten sind *Lite* (1999) und *Unic* (2001). Als man 1970 einen Schülerschreibtisch ab Werk verkaufte, war die Idee des Direktvertriebs geboren (seit 2000 auch über das Internet). Ende der 80er Jahre eröffneten die ersten eigenen Geschäfte in Großstadtlagen. Schließlich kam es zur Ausgründung der Firma **elmarflötotto**. Anfang des 21. Jahrhunderts ist Flötotto eine der führenden deutschen Möbelmarken, die in ihrem Heimatmarkt jeder Dritte kennt und die in der Käuferschicht der Besserverdienenden ganz oben auf der Prioritätenliste steht. Im Bürosegment zählt das Unternehmen (neben **Vitra** und **Wilkhahn**) zum Triumvirat der deutschen Nobelhersteller, die sich sämtlich über Design definieren, das bei Flötotto allerdings anonym bleibt.

→ Meilenstein: Möbelkollektion *Profilsystem* → Seite 134

Abbildungen:
li.: Schreibtisch Kollektion *System Lite*
re.: Schränke Kollektion *Profilsystem*

Freiraum

Möbelhersteller, Starnberg / Bayern, gegr. 1993, **www.freiraumdesign.com**

Junge Designer haben häufig das Problem, einen Hersteller zu finden. Anfang der 90er Jahre machten vier Münchner daraus ein Geschäft: Sie verstehen sich als Agentur für die guten Ideen Anderer und veranstalteten Nachwuchswettbewerbe, um die Besten der dabei eingegangenen Entwürfe in Eigenregie zu vertreiben. Motto und Firmenname waren angesichts teurer, beengter Stadtwohnungen schnell gefunden: »witzige Möbel zum Selbermachen«, die auf 20 Quadratmetern »Freiraum« schaffen. Sie wählten die Entwürfe aus und ließen sie von Zulieferern in der Umgebung herstellen. Entstanden sind unkonventionelle Lebenshilfen für Großstadtnomaden, Für-alle-Fälle-Möbel wie die schräge Zeitschriftenablage *Zet 4* (von Markus Honka), der Garderobenspiegel *Checkpoint* (von Factor Produkt München) und die *First Aid Box*, eine mobile Erste Hilfe: bei Bedarf wird der hilfreiche Kasten aus der Halterung geschoben, um zum Unfallort getragen zu werden. Die → *Wunderkisten* (von Anette Ponholzer) bestehen aus einfachen stapelbaren Holzkästen, die mit einer Stange fixiert werden. Für den Notfall hängt das gleichnamige *Faltregal* an der Wand. Sollte Bedarf für zusätzliche Ablagefläche bestehen, wird es aufgeklappt. Inzwischen ist man auch international verlinkt. Möbel der schwedischen Marke David Design werden ebenso angeboten wie Keramik aus Portugal (Proto Design) und die High-Tech-Etageren der New Yorker Textildesignerin Sandy Chilewich.

→ Meilenstein: Regal *Wunderkisten* → Seite 176

Abbildungen:
li.: Erste-Hilfe-Schrank *First Aid Box*
re.: Rollhocker *La Vaca*

Frey + Boge

Produkt und Möbeldesign, Büro in Hannover / Niedersachsen, gegr. 2004, **www.frey-boge.de**

Zwei Newcomer aus Niedersachsen wollen einfache Lösungen finden und daraus einfach zu handhabende Produkte entwickeln. Ein Konzept, das nicht neu ist, aus dem aber, konsequent angewendet, Neues entstehen kann. Gleich mit ihren Diplomarbeiten, dem Bürotisch → *Kant* und dem Regalsystem *Marketing* (beide 2002), demonstrieren sie diesen doppelten Ansatz auf verblüffend schlüssige Weise. Bei *Kant* schafft ein Knick zusätzlichen Stauraum und Stabilität. Ein Beispiel für »das Naheliegende«, das schwer zu finden ist. Das höhenverstellbare *Marketing*, dessen Grundidee auf dem Prinzip von Marktständen beruht (und das ohne Werkzeug aufgebaut werden kann), ist ebenfalls frappierend einfach und dabei recht variabel. Es kann unbegrenzt verlängert und durch Zusatzelemente wie Schubladen oder Computerfächer ergänzt werden. Zudem wird hier der Beweis erbracht, dass zeitgemäße Variationen zum deutschen Dauerthema Systemmöbel möglich sind, und dies auf eine visuell durchaus eindrucksvolle Weise. Dass die beiden originellen Möbelstücke bei **Nils Holger Moormann** im Programm sind, verwundert nicht. Inzwischen sind auch andere Hersteller auf das innovative Duo aufmerksam geworden. So wird von **Magazin** die Minimalschublade *Wandsinn* gefertigt, von **Richard Lampert** ein Servier- und Rollwagen, und bei Skia gingen die schrägen und nach oben geknickten Sonnenschirme *Camerarius* in Serie.

→ Meilensteine: Schreibtisch *Kant* → Seite 212

Abbildungen:
li.: Büromöbelsystem *Marketing*
re.: Wandschublade *Wandsinn*

Peter **Ghyczy**

Möbeldesigner, geb. 1940 (in Ungarn), Büro in Swalmen (Niederlande), **www.ghyczy.com**

Peter Ghyczy ist einer jener Designer, die stets mit einem einzigen ihrer Entwürfe identifiziert werden. Ghyczy entwarf Ende der 60er Jahre einen aufklappbaren Gartensessel aus Kunststoff, eine Idee, die verbunden mit den plakativen Farben und der prägnanten Ei-Form bis heute fasziniert. Ghyczy, der 1956 nach dem Ungarn-Aufstand nach Deutschland auswanderte, arbeitete nach seinem Architekturstudium für einen Kunststoffhersteller, der Möbel produzieren wollte und den jungen Absolventen als Designer einstellte. Bereits Anfang der 70er Jahre, nachdem ihm der große Wurf gelungen war, machte er sich selbständig und ging schließlich nach Holland, wo er bis heute eine Möbelfirma leitet, die seine eigenen Entwürfe vertreibt. Unter der Marke Ghyczy Novo wird das → »*Garten-Ei*« (1968) nun in einer technisch verbesserten Version wieder hergestellt, ebenso wie zwei andere seiner frühen Arbeiten, darunter der Kunststoffstuhl GN 02 (1970), der mit seinen Wölbungen und fehlenden Kanten an die Formenwelt von **Luigi Colani** erinnert. »Viele meiner Entwürfe« sagt Ghyczy, der keiner Stilrichtung zugeordnet werden will, »beruhen auf einer architektonischen Idee«. Dies gilt wohl auch für die Serie, die mit dem originellen Modell *T 04* begann: ein Tisch mit vier großen Schraubenschlüsseln als Beinen, in die eine Glasplatte eingeklemmt wird. Durch dieses Prinzip, das ein Gestell verzichtbar macht, werden die Tischbeine zu singulären Säulen.

→ Meilensteine: Gartensessel »*Garten-Ei*« → Seite 116

Abbildungen:
re.: Glastisch *T 04* (Detail) für Ghyczy Selection
li.: Sessel *GN 02* (Reedition: Ghyczy Novo)

Konstantin **Grcic**

Produkt- und Möbeldesigner, geb. 1965, Studio in München / Bayern, **www.konstantin-grcic.com**

Das »Ideal House«, das er im Jahr 2002 auf der Kölner Möbelmesse konzipierte, war ein mächtiger, aus gestapelten Regalen zusammengesetzter Schacht: ein massives Symbol für Rationalität und Systematik, aber auch für die Verschiedenartigkeit der Gestaltungslösungen. Manchem Insider gilt Grcic als einziger aktueller deutscher Designer von Weltrang. Doch Staralüren sind dem Hochgelobten fremd. Tische, Stühle, Regale, Ablagen und Sekretäre wirken angenehm zurückhaltend und bergen doch immer Überraschendes. Seien es ihre ungewöhnlichen Proportionen oder Materialen wie Pressholz, Wellblech oder Stahl, Grcic gestaltet nichts ohne eine schlüssige Idee. Dass manche seiner Entwürfe, wie etwa der Sekretär *Orcus* (für **ClassiCon**), Anklänge an die englische Möbeltradition erkennen lassen, kommt nicht von ungefähr. Der gebürtige Münchner lernte Schreiner an der renommierten John Makepeace School for Craftsmen in Dorset, studierte dann am Londoner Royal College of Art, um danach noch eine Zeit lang Jasper Morrison in London zu assistieren: alles in allem eine kräftige Dosis englischer Realismus, die er mit deutscher Nachdenklichkeit und einer Vorliebe für designgeschichtliche Bezüge verbindet. Damit steht er durchaus auch für jene multikulturellen Bezüge, die von **Henry van de Velde** bis **Hans Gugelot** immer wieder wichtige Impulse ins deutsche Möbeldesign einbrachten. Einer seiner frühen Entwürfe ist der Klappstuhl *Start* (für Cappellini), eine Stahlrohrkonstruktion, bei der er sich an Arbeiten

Jean Prouvés orientiert hat. Der Barschrank *Pandora* (für ClassiCon) ist dagegen ein formaler Dialog mit Eileen Gray. Trotz seiner Liebeserklärung an »alltägliche und anonyme Dinge« beweist Deutschlands Vorzeigedesigner Sinn fürs Experimentelle, z. B. mit dem faltbaren Garderobenständer → *Hut ab* für **Nils Holger Moormann**. Für denselben Hersteller entwarf er noch weitere geniale Minimalismen, so die Bibliotheksleiter *Step* und das windschiefe, auf originelle Weise fixierte Regal *Es*. Längst stellt er sich gereift auch den Herausforderungen der industriellen Prozesse, wie etwa bei seinem *Chair_One* (für Magis), der auf einem kegelförmigen Sockel ruht und bei dem erstmals Druckgussaluminium für den Bau ganzer Stühle eingesetzt wurde. Konstantin Grcic entwickelte für diese Innovation eine völlig neuartige skelettartige Form, die weithin Irritationen auslöste.

→ Meilensteine: Garderobe *Hut ab* → Seite 192
Beistelltischkollektion *Diana* → Seite 216
Sessel *Mars* → Seite 222

Abbildungen:
o. li.: Stuhl *Chair_One* für Magis
o. re.: Sitzobjekt *Osorom* für Moroso
u. li.: Barschrank *Pandora* für ClassiCon
u. re.: Sessel *Chaos* für ClassiCon

Walter Gropius

Architekt, Möbel- und Produktdesigner, geb. 1883, gest. 1969, Architekturbüro in Cambridge

Er erfand den Namen »Bauhaus« für die wohl berühmteste Kunst-, Architektur- und Designschule, dessen erster Direktor er war. In seinem Programm hatte er Mitte der 20er Jahre die Beschränkung auf »typische Grundformen« gefordert, ein Konzept – angelegt bereits bei den »Typenmöbeln« der **Deutschen Werkstätten** –, dessen Radikalisierung ihn zum Geburtshelfer des Funktionalismus werden ließ. Modellhafte Interieurs wie sein Direktorenzimmer von 1923 und sein »Meisterhaus« von 1926 waren auch Demonstrationen modernen Möbeldesigns. Ersteres war mit eigenen Entwürfen bestückt, darunter der architektonische Sessel → *F 51*, ein Schreibtisch mit gläserner Ablage und ein mäanderförmiges Zeitschriftenregal. Ohne Gropius, von 1921 bis 1925 »Formmeister« der Möbeltischlerei und damit Lehrer u. a. von Josef Albers, **Marcel Breuer**, Alma Buscher und **Peter Keler**, wäre die Geschichte des Designs anders verlaufen, obwohl sich die Zahl seiner eigenen Entwürfe in überschaubaren Grenzen hält. Nachdem er zwei Jahre im Büro von **Peter Behrens** gearbeitet hatte, lieferte er bereits 1911 mit der Fagus-Fabrik nicht nur eine der frühen Inkunabeln der neuen Architektur, sondern auch eine bemerkenswerte Einrichtung, darunter zierlich-asketische Sessel und Sitzbänke (Reedition: **Tecta**). Mit dem Bauhaus-Gebäude in Dessau sowie den Bauten im amerikanischen Exil machte er sich schließlich, neben **Breuer** und **Ludwig Mies van der Rohe,** zum Majordomus unter den Architekten des vergangenen Jahrhunderts.

→ Meilenstein: Sessel *F 51* → Seite 46

Abbildung:
Bank und Sessel für das Fagus-Werk, 1911
(Reedition: **Tecta**)

Hans Gugelot

Produkt- und Möbeldesigner, geb. 1920, gest. 1965

Berühmt wurde er durch seine Beziehung zur Firma Braun, deren Sortiment der pragmatische Vordenker Mitte der 50er Jahre revolutionierte. Damals war der in der Schweiz aufgewachsene Holländer Gugelot bereits Dozent an der so einflussreichen Hochschule für Gestaltung in Ulm. Ebenso wegweisend, jedoch weniger bekannt sind seine Möbel. Das Denken im Systemverbund, mit dem er an die »Typenmöbel« der klassischen Moderne anknüpfte (siehe z. B. **Marcel Breuer** und **Deutsche Werkstätten**) und das so nahtlos zur Ulmer Schule passte, hatte er bereits in der Schweiz, insbesondere bei dem nach striktem Raster konstruierten Schranksystem → *M 125*, verwirklicht – dem Archetypus aller variablen Schrankwände, einer Paradedisziplin des deutschen Möbeldesigns. 1957 auf der Interbau-Ausstellung in Berlin fand das auf Tische, Schreibtische und Betten ausgeweitete System internationale Beachtung.

M 125 wurde von der Firma **Bofinger** realisiert, die später auch eine Faltschrankwand und einen zerlegbaren Sessel (heute bei **Habit**) von Gugelot produzierte. Neben zahlreichen innovativen Produkten wie z. B. dem Plastikbierkasten entsprang auch der programmatische → *Ulmer Hocker* seinem Genius. Außerdem entwarf er Betten und Kindermöbel. Im Denken des Noch-nicht-Gedachten sah der schöpferische Geist die entscheidende, dabei nicht lehrbare Phase der Gestaltung. Obwohl kein begnadeter Lehrer, lebten seine Ideen in seinen Schülern weiter, darunter wichtige Designer der nächsten Generation wie Rido Busse, **Hans »Nick« Roericht** und Reinhold Weiss.

→ Meilensteine: Elementmöbelsystem *M 125* → Seite 82
Ulmer Hocker → Seite 90, Bett *GB 1085* → Seite 96

Abbildungen:
li.: Sessel *GS 1076* für Bofinger (Reedition: Habit)
re.: Musikschrank *PKG-1* für Braun

Gwinner

Kastenmöbelhersteller, Pfalzgrafenweiler / Baden-Württemberg, gegr. 1930, **www.gwinner.de**

Ende der 70er Jahre führte die Rundbogen-Wohnwand *Team Bahia* (von Heiner Stetler, Adolf Suter und Kurt Erni) einen neuen Typus ein, ebenso wie Mitte der 90er Jahre das Stapelcontainer-Programm *Window* (von **Thomas Althaus**). Mit Entwürfen wie den Einrichtungssystemen *Goa* und *Switch* (2001 und 2003 von Axel Enthofen) und der Wohnwand *Partout* (2005 von Sandra Simrack) möchte man an diese Erfolge anknüpfen. Entstanden aus einer Schreinerei im Schwarzwald, jener traditionellen Möbelregion (vgl. **Rolf Benz**, eine Firma, die wie Gwinner zur »Gütegemeinschaft Möbel« gehört) –, entwickelte sich das Unternehmen verstärkt seit den 60er Jahren zu einem der führenden deutschen Hersteller für echtholzfurnierte Wohnwandsysteme mit über 200 Mitarbeitern. Bereits Mitte der 70er Jahre wurde der Bau der neuen Verwaltung mit einer großflächigen Werksausstellung verbunden. Als Anfang dieses Jahrhunderts die Gründerfamilie die Firmenleitung verließ, erfolgte eine Neufirmierung, die auch eine Umstrukturierung des Sortiments mit sich brachte. Neben Gwinner Wohndesign soll nun Gwinner International die anspruchsvolle Vermarktung der Bereiche »Office« und »Living« repräsentieren. Dahinter steht die Idee, den immer noch guten Klang des »Made in Germany« mit einer innovativen, exportorientierten Strategie zu verbinden. Mit dem preisgekrönten System *Inova* (von Peter Wolf), mit dem das Brückenprinzip zwar nicht neu erfunden, aber doch konsequent interpretiert wurde, setzte man im Bürobereich Akzente.

Abbildungen:
li.: Schreibtisch *Neos* von Voss Design
re.: Schranksystem *Partout* von Dietmat Hentschker

Habit Wohnformen

Möbelhersteller, Kürten-Engeldorf / Nordrhein-Westfalen, gegr. 1971, **www.habit.de**

Firmengründer Ulrich Lodholz ist ein ehemaliger Mitarbeiter der Firma **Bofinger**, die der bundesdeutschen Nachkriegsmoderne entscheidenden Schub gab. So verwundert nicht, dass neben selbst entwickelten Produkten, wie der ersten begehbaren Wohnlandschaft (von Tata Ronkholz-Tölle), nahezu sämtliche Klassiker des avantgardistischen, in der Krise der 70er Jahre untergegangenen Herstellers, irgendwann Eingang in das Habit-Sortiment fanden. Meistenteils handelt es sich um Entwürfe des genialen **Hans Gugelot**, darunter die archetypische Systemschrankwand → *M 125*, das schlichte Bett → *GB 1085* und der zerlegbare Sessel *GS 1076* mit schwingender Rückenlehne, ein Musterbeispiel für den weitergedachten Konstruktivismus. Der Versuch, auch den → *»Bofinger-Stuhl«* von Helmut Bätzner wieder neu aufzulegen, verlief zwar ähnlich spannend wie bei der Premiere, musste jedoch wegen technischer Probleme letztlich abgebrochen werden. Zwischenzeitlich waren auch Möbel der amerikanischen Shaker-Sekte im Programm, für viele die Keimzelle des modernen Wohnminimalismus. Eine Reihe der aktuellen Produkte sind aus Metall, wie die aus industriellen Stahlrosten montierten, absolut witterungsbeständigen Gartenmöbel *Skwer* (von Alfons Bippus und Otto Sudrow), ein Bürocontainer-Programm und ein *Alu-Tisch* (von Arnold Bauer), dessen extrem reduzierte Form ihn zum Allrounder macht.

→ Meilenstein: Bett *GB 1085* → Seite 96

Abbildungen:
li.: *Alu-Tisch* von Arnold Bauer
re.: Container-Programm

Rolf Heide

Innenarchitekt, Möbel- und Ausstellungsdesigner, geb. 1934, lebt in Ahrensburg / Schleswig-Holstein

Jeder kennt seine Bilder. Die effekt- und manchmal auch stimmungsvollen Interieurs, die er für Kataloge und Anzeigen der Firmen **Bofinger**, **Thonet** oder Duravit arrangierte, sind Teil der kollektiven Erinnerung. So ist Philippe Starcks Badewannen-Solitär von 1994 vielleicht erst durch Heides lichtbildnerische Präsentation in einem ländlichen Ambiente zur Ikone geworden. Obwohl manchmal die Ansicht vertreten wird, dass seine Möbel nicht den Stellenwert seiner Rauminszenierungen hätten, ist sein Werk als Möbel- und Leuchtendesigner, das er für namhafte Hersteller wie **COR**, DePadova, Wohnbedarf, **WK**, Vorwerk und in neuerer Zeit für **Interlübke** realisierte, doch recht beeindruckend. Heide, ausgebildeter Tischler und Innenarchitekt, sammelte wichtige Berufserfahrung als Mitarbeiter von Zeitschriften, so beim Frauenmagazin *Brigitte*, für das er regelmäßig das »Brigitte-Zimmer« inszenierte und fotografierte, sowie bei *Schöner Wohnen*, Deutschlands größter und damals noch richtunggebender Einrichtungszeitschrift (wo auch **Peter Maly** und **Siegfried Bensinger** ähnliche Funktionen inne hatten). »Konnte man sich in den 60er Jahren keinen Eames leisten, so gönnte man sich als Kenner von Qualität eben ein Möbel von Rolf Heide«, beschrieb ein Designkritiker ein wenig ironisch Heides Rolle. Zweifelsohne zählt er zu den herausragenden Figuren der deutschen Designszene. Dennoch wurde der Vielseitige in der einschlägigen Literatur häufig übergangen – vielleicht weil er nicht recht in ein Schema passt. Er entwarf einen Rolltisch als Alternative zum traditionellen Teewagen, ein Kinderhaus, Klappstühle (für Wohnbedarf) und eine Holzküche (für **Habit**). Und für **Bulthaup** hat er ein Buch über *Die Küche als Lebensraum* geschrieben und gestaltet. »Es wird viel zu viel Überflüssiges entworfen«, meint der Norddeutsche mit dem Faible fürs Formfasten. Einigen seiner Entwürfe wird mittlerweile Klassikerqualität nachgesagt, darunter die → *Stapelliege* aus den 60er Jahren (heute bei **Müller Möbelwerkstätten**), das montierbare Sitzmöbel *Sofabank* und das modulare Schrankprogramm → *Container*. Heide, der unter Kollegen als »Ästhetik-Pedant« gilt, verfolgt konsequent seine Vorstellung vom mobilen, unkonventionellen und unkomplizierten Wohnen, wie z. B. bei einer Anfang der 90er Jahre vorgestellten *Containerküche*, die nach dem Prinzip rollbarer Bücherregale in großen Bibliotheken funktioniert.

→ Meilensteine: *Stapelliege 223/224* → Seite 118
Schrankprogramm *Container* → Seite 126

Abbildungen:
o.: Schrank- und Kommodensystem *Travo* für Interlübke
u.: Möbelsystem *Modular* für Müller Möbelwerkstätten

Stefan Heiliger

Möbeldesigner, geb. 1941, Büro in Frankfurt / Hessen, **www-heiliger-design.de**

Jeder Designer, der etwas auf sich hält, entwirft irgendwann ein Sitzmöbel. Aber nur wenige haben – wie Heiliger – das Sitzen zum Dreh- und Angelpunkt ihrer gestalterischen Arbeit gemacht. Dass seine Entwürfe sich dabei zwischen den Polen eines maximierten Komforts und den pragmatischen Vorgaben der Kostenanalyse bewegen, versteht sich auch aus seiner Vita heraus. Heiliger, Sohn eines berühmten Bildhauers, der seit den späten 70er Jahren in Frankfurt sein Studio führt, hatte davor einige Jahre in der Automobilindustrie gearbeitet. Nicht selten war er seiner Zeit voraus. Anfang der 80er Jahre baute er Sessel mit seriellen Federstahlstäben, verwendete erstmals Netzbespannungen und entwickelte ein faltbares Sofa (1986 für Strässle). In diese Zeit fallen die ersten Erfolge mit der Schaukelliege *Aigner Collection* (für Hain + Thome) und dem Funktionssessel → *Spot* (für **WK**). Obwohl er als Möbeldesigner, der bereits über vier Dekaden aktiv ist, einen enormen Erfahrungsschatz vorweisen kann, folgt er keinen starren Prinzipien. Er bevorzugt »Versuch und Irrtum«. Heiliger ist Konstrukteur, Empiriker, Experimentator, dem Versuchsreihen dazu dienen, den Bedingungen und den Elementen des optimierten Sitzens auf den Grund zu gehen. Ausgangspunkt dieser Untersuchungen ist das Modell, zunächst im kleinen Maßstab, aber auch sehr schnell in Realgröße. Die Ergebnisse solcher Möbelforschung fanden ihren Weg ins Programm namhafter europäischer Möbelmarken, darunter Leolux, Pro Seda, **Rolf Benz**, Strässle und

Wittmann. Weitere wichtige Entwürfe waren das überraschend einfache Funktionssofa *1600* (1997 für Rolf Benz) und das Schlafsofa *Sidney* (1999 für Interprofil), bei dem Sitz und Rücken durch Drehung zu Schlafflächen werden. Pünktlich zum neuen Millennium brachte der Ideenproduzent seine eigene Kollektion heraus, zu der u. a. der runde Cocktailsessel *Basic* und die Schaukelliege *Canguro* gehörten (beide später bei Leolux). Linien und Proportionen sind bei Heiliger zumeist komplex und nicht selten dynamisch, nie aber langweilig. Seine freien Formen produziert er nicht für Galerien oder Museen, sondern für den Markt. Und manchmal entstehen dabei Sitzmaschinen wie der *Sessel 3100* (für Rolf Benz), bei dem das Verstellen der Rückenlehne, das Neigen der Sitzfläche sowie das Ausfahren der Fußablage von einem einzigen Drehpunkt aus koordiniert werden. Der Schwung der Armlehne beschreibt den Bewegungsradius.

→ Meilenstein: Sessel *WK 698 Spot* → Seite 160

Abbildungen:
o. li.: Sessel *Akka* für Leolux
o. re.: Sessel *Basic* für Heiliger Collection
u.: Sofa *Tao* für Interprofil

Herbert **Hirche**

Architekt, Möbel- und Produktdesigner, geb. 1910, gest. 2002

Der Bauhaus-Schüler Hirche ist, neben **Egon Eiermann** und **Hans Gugelot**, eine jener Schlüsselfiguren im deutschen Nachkriegsdesign, denen es gelang, Konzepte der klassischen Moderne den gewandelten Lebensverhältnissen anzupassen. Das Primat der Architektur führte fast automatisch zum Kubus, der bereits in frühen Entwürfen dominant ist: so beim → *Tiefen Sessel* (heute **Richard Lampert**) und dem → *Barwagen* (für Christian Holzäpfel). Dieselbe reduktionistische Linearität kehrt auch bei seinen Sideboards und Radio- und Fernsehgeräten für Braun wieder. Entwürfe mit fließenden Formen, wie etwa ein Sessel mit gepolsterter Kunststoffschale aus den 50er Jahren, zeigen eine zeittypische, auf skandinavische Einflüsse zurückgehende Dualität. Seit den 50er Jahren entwarf Hirche eine ganze Serie modularer Anbauschränke und -regale und steht damit auch in der Tradition des Systematischen, einer Konstante im deutschen Möbeldesign. Zu den ersten Entwürfen dieser Art gehören *DHS 10* (für Christian Holzäpfel), die Kommodenserie *LIF* sowie der berühmt gewordene Raumteiler *Inwand*. Hinzu kamen die Büromöbel von *DHS 30* bis *DHS 300* (alle für Christian Holzäpfel). Schließlich folgten die Raummöbel *6000* (für **Behr**) und eine viel beachtete mehrfach nutzbare Funktionswand (für **Interlübke**). Solche flexiblen und zugleich ordnenden Systeme führten de facto zur Überwindung des traditionellen Einzelmöbels. Ihr primärer Zweck sollte ein anderer sein: Der Pragmatiker Hirche wollte den Menschen Freiräume schaffen.

→ Meilensteine: *Tiefer Sessel mit Hocker* → Seite 86
Barwagen → Seite 98, Stuhl *Santa Lucia* → Seite 124

Abbildungen:
li.: Glastisch für Akademie-Werkstätten Stuttgart
re.: Regalsystem *DHS 10* für Christian Holzäpfel

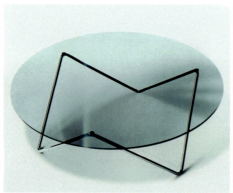

Hülsta

Möbelhersteller, Stadtlohn / Nordrhein-Westfalen, gegr. 1940, **www.huelsta.de**

Zwei von drei Deutschen kennen den Namen, der auf den Gründer Alois Hüls zurückgeht. Es ist damit die mit Abstand bekannteste Herstellermöbelmarke. Das Unternehmen zählt heute mit seinen über 1.400 Mitarbeitern zu den wenigen deutschen Möbelkonzernen, zu dessen Repertoire TV-Werbung ebenso wie gute Gestaltung gehört. Hülsta unterhält die wohl größte Designabteilung der Branche, die sich darauf versteht, Technik und Trends in Produkte umzuwandeln, die auf dem Markt funktionieren. Die Zahlen sprechen für sich. Selbst als die deutsche Möbelindustrie eine Talsohle sich wiederholender Jahresabsatzrückgänge durchschritt, meldete die Zentrale in Stadtlohn ein kräftiges Plus (2004 z. B. 9,1 %). Anbau, Raster, System – die Schlüsselworte bundesdeutschen Wohndesigns bestimmten auch die Entwicklung des Branchenprimus. *Hülstamat*, dem ersten Schlafzimmer-Hochschrank in Anbauweise aus den 60er Jahren, folgte bald darauf *Allwand*, ein Wohnmöbelprogramm in Endlosbauweise und aufgerasterter Front, bei dem sich die ästhetischen Möglichkeiten individuell gestalteter Wohnwände mit den Möglichkeiten einer rationelleren Produktionsweise ergänzten. *Now! by hülsta* von 1994 war das erste Markenmöbelprogramm zum Mitnehmen bei sehr kurzen Lieferzeiten und fast werkzeugloser Montage. Zu den aktuellen Sortimentsbausteinen gehören die Wohnprogramme *Casa* und *Encado*, das »avantgardistische« Schlafraumprogramm *Tamis*, die Kindermöbel *Funbox* sowie die Tisch- und Stuhlserie *Dining*.

Abbildungen:
li.: Schranksystem *Paso* (Hülsta Designteam)
re.: Esstisch *ET 600* mit Stuhl *D 5* (Hülsta Designteam)

Interlübke

Möbelhersteller, Rheda-Wiedenbrück / Nordrhein-Westfalen, gegr. 1937, **www.interluebke.de**

Dass ein bodenständiger Möbelfabrikant eine der wenigen großen deutschen Möbelmarken hervorbrachte, die hierzulande fast jeder Zweite kennt, ist die eine Sache. Dass man sich den Erfolg mit ambitionierter Formgebung sicherte, die andere. An beidem hatte der Zufall einen gewissen Anteil. Das Unternehmen der Gebrüder Lübke aus dem westfälischen Wiedenbrück, das sich auf polierte Schlafzimmer spezialisiert hatte, war Anfang der 60er Jahre in seine erste Krise geraten, aus der eine einzige Idee wieder herausführte: der Endlosschrank → *Interlübke*, heute *SL*. Der Züricher Möbelmacher Walter Müller mit seinem Büro Team Form hatte eine denkbar einfache Schrankwand entwickelt, die aus sehr wenigen Teilen gebaut werden konnte. Das frappierend einfache Prinzip wurde zum Grundstein für den Höhenflug der 1966 in Interlübke umgetauften Firma, die sich als Spezialist für Kastenmöbel profilierte. Ein weiterer Meilenstein in der Interlübke-Geschichte und ein sehr typisches Produkt ist die *Funktionswand* von **Herbert Hirche**, die in den späten 70er Jahren Furore machte. Hier sind einige der wichtigsten Funktionen der Wohnung hinter Schiebetüren verstaut. Einige Beachtung fand 1983 auch das visuell prägnante Schranksystem *Duo* von **Peter Maly** und 2002 das Kommodensystem *Travo* von **Rolf Heide**, das man nach Belieben hängen, stellen und stapeln kann. Die Einsätze aus Aluminium und Leder lassen sich leicht verschieben oder herausnehmen. Der markante U-förmige Griff ist auffällig und lässt sich mit

einem einzigen Finger bedienen. Heide ist auch für die moderne, überarbeitete Version der *SL*-Schrankwand verantwortlich. Der Kontinuität im Sortiment entspricht die Kontinuität in der Zusammenarbeit mit den Designern. So entwarfen Karl Odermatt und Franz Hero von der neuen Team Form AG sowohl die begehbaren Schränke *Aparo* wie das Regalraster *Studimo*. **Siegfried Bensinger** mit seinem TV-Möbel *Center* und **Werner Aisslinger** mit dem Containerwagen *Case* und dem Kommodensystem *Cube* trugen zur Verjüngung des Sortiments bei. Die Antwort auf Krisenzeichen, die sich in einem unscharfen Profil und schlechten Bilanzen niederschlugen, war Ende der 90er Jahre das neuartige, von innen beleuchtete Schranksystem → *EO*. Dieser von **Wulf Schneider** und dessen Partner Stephan Veit entwickelte Lichtkubus, bei dem man die Farben kontinuierlich verändern und programmieren kann, war das erste Möbel, das nicht nur auf den Gemütszustand wirkt, sondern auch darauf reagieren kann.

→ Meilensteine: Schrankwand *Interlübke* → Seite 108
Schranksystem *EO* → Seite 204

Abbildungen:
o. li.: Detail Wandschranksystem *Aparo* von Team Form AG
o. re.: TV-Möbel *Center* von Siegfried Bensinger
(Front- und Rückansicht)
u.: Möbelsystem *Cube* von Werner Aisslinger

Interstuhl

Büromöbelhersteller, Meßstetten-Tieringen / Baden-Württemberg, gegr. 1930, **www.interstuhl.de**

Als im Jahr 2004 der zwanzigmillionste Stuhl gefeiert wurde, war das lediglich eine Zwischenstation. Bei einer aktuellen Jahresproduktion von 800.000 Stühlen ist die nächste Rekordmarke bereits absehbar. Das Familienunternehmen von der Schwäbischen Alb, das Ende der 50er Jahre mit Arbeitsstühlen für die Näherinnen der Textilindustrie groß wurde, imponierte lange durch hohe Produktionszahlen. Auch dass man unter der Marke Bimos Marktführer bei Industrie-Arbeitsstühlen ist, Produkten also, die keine Öffentlichkeit haben, passt in dieses Bild. Obwohl man mit Ausstattungsmerkmalen wie Beckenstütze oder Synchronmechanik bei Bürostühlen längst ergonomisch mithalten konnte, wurde die Marke Interstuhl, im Gegensatz zu Firmen wie **Drabert** oder **Wilkhahn**, lange nicht mit innovativer Gestaltung in Verbindung gebracht. Das Unternehmensprofil, zu dem auch ein ökologisches Bewusstsein gehört, war in den Produkten noch nicht prägnant sichtbar. Erst bei Modellen wie *Xantos* (von **Reiner Moll**) verband sich technisch-konstruktive Klasse mit dezidiertem gestalterischen Ausdruck. Der Klappstuhl *X & Y* (von Emilio Ambasz) und der Universalstuhl *Converso* (von Claudio Bellini) liegen auf ähnlichem Niveau. Einen noch höheren Aufmerksamkeitswert erzielte die Ruhezelle *Silencio* (von Antti E), ein C-förmiger Kabinensessel mit Dach (und optionalen Seitenfenstern). Schließlich gelang mit *Silver* (2004 von Hadi Teherani, Hans-Ulrich Bitsch und Ulrich Nether) in Aluschalenbauweise ein weiterer Designstreich.

→ Meilenstein: Bürostuhl *Sputnik* → Seite 234

Abbildungen:
li.: Stuhlkollektion *X & Y* von Emilio Ambasz
re.: Bürostuhl *Silver*

Jehs + Laub

Produkt- und Möbeldesign, Büro in Stuttgart / Baden-Württemberg, gegr. 1994, **www.jehs-laub.com**

»Das Wetter, die Bars, die schönen Möbel. Wir wollten sofort nach Mailand ziehen.« Markus Jehs und Jürgen Laub geraten heute noch ins Schwärmen, wenn sie an ihren ersten Besuch des Salone del Mobile denken. Dann haben die beiden aber doch in Schwäbisch Gmünd Industriedesign zu Ende studiert, Anfang der 90er Jahre eine gemeinsame Diplomarbeit verfasst und bald darauf ein Studio gegründet – in Stuttgart. Unter den Auftraggebern für ihre Leuchten und Stühle, die bald auf den internationalen Möbelmessen präsentiert wurden, sind dann doch namhafte italienische Firmen, z. B. Cassina, Nemo und Ycami. »Die Arbeitsweise der Italiener kommt uns sehr entgegen«, erklärt Jehs. »Hat man sich für einen Entwurf entschieden, ist kein Aufwand zu groß, um die Idee auf den Weg zu bringen.« Herausgekommen ist dabei z. B. die Sofagruppe *Blox* (für Cassina), eine Polsterarchitektur, die das klassische Thema Kubus, wie es spätestens seit **Peter Keler** aktuell ist, auf souveräne Art umsetzt. Der Stuhl *S 555* (für **Thonet**) bezieht seinen Reiz dagegen aus dem Gegensatz seiner rechteckigen Flächen zu den dreidimensionalen Einbuchtungen auf Beckenhöhe. Jehs + Laub zeigen erstaunliche Sicherheit im Umgang mit räumlichen Grundformen, eine durchaus »deutsche Tugend«, die sie jedoch völlig eigenständig umsetzen wie etwa bei der Serie *Size* (für **Renz**), Bürotische von monumentaler Schlichtheit.

Abbildungen:
li.: Sessel und Hocker *Blox* für Cassina
re.: Sessel und Fußbank *S 555* für Thonet

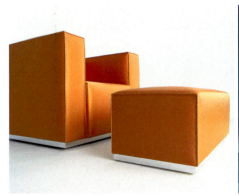

Jonas & Jonas

Möbelhersteller, Vilsbiburg / Bayern, gegr. 1997, **www.jonasundjonas.de**

»Die Einfälle kommen, wenn man mit offenen Augen durch die Welt geht«, erklärt Hubertus Jonas. Der Betriebswirtschaftler mit langer Erfahrung in der Einrichtungsbranche gründete mit seiner Frau Ellen im Niederbayerischen ein designorientiertes Unternehmen, in das die Summe ihrer Erfahrungen und Kontakte eingehen sollte. Am Anfang steht immer ein ausführliches Briefing, danach geschieht nichts mehr ohne Designer. Die gesamte Entwicklung und Weiterentwicklung der Produkte wird eng mit ihren Machern abgestimmt, die in aller Regel aus Deutschland stammen. Möbel, die durch leichten Auf- und Umbau – am besten ohne Werkzeug – schnell auf die Bedürfnisse des Benutzers abgestimmt werden können, sind dabei ein Leitmotiv. So entstand innerhalb weniger Jahre ein eigenständiges Möbelsortiment, das sich durch Ideenreichtum, formale Strenge und moderne Materialien auszeichnet – ein unaufdringlicher Avantgardismus, wie man ihn etwa auch bei **Kaether & Weise** oder **Nils Holger Moormann** findet. Hervorzuheben sind Entwürfe wie → *Nudo* (von Bernd Benninghoff und Karsten Weigel), ein Stehpult der neuen Art, und *Wallflower* (von Markus Honka), ein Miniregal aus gebogenem Kunststoff, das sich mittels Metallfuß an die Wand lehnen lässt und zwar erstaunlich standsicher. Auch der Falttisch *Lizz* (von Martin Dettinger und Christian Hoisl) ist denkbar einfach zu verändern. Mit *Grupo* (von Meier Thelen) entstand ein ganzes System von Kleinmöbeln. Erneut geht es um Flexibilität und leichte Bedienung, Dauerthemen bei Jonas & Jonas.

→ Meilenstein: Stehpult *Nudo* → Seite 198

Abbildungen:
li.: Wandregal (Kollektion *Wallflower*) von Markus Honka
re.: Schreibtisch *Walloffice* (Kollektion *Wallflower*) von Markus Honka

Kaether & Weise

Möbelbau, Lamspringe / Niedersachsen, gegr. 1998, **www.kaetherundweise.de**

Als die beiden Schreinermeister Andreas Kaether und Stephan Weise – spezialisiert auf Ladenbau und ohnehin auf der Suche nach einem weiteren wirtschaftlichen Standbein – Ende der 90er Jahre den Designer Thorsten Franck in Materialfragen berieten, entstand daraus das Projekt Möbeldesign. Gleich das erste Programm, die von Franck erdachte Möbelserie *Build-in-a-minute*, fand einige Beachtung und sogar den Weg ins Designmuseum. In Entwürfen wie dem aus Holzstäben und beschichteten Sperrholzplatten zusammengesetzten Regal *Build-and-file* oder dem aus einer Platte gefertigten, dreibeinigen Tischbock *Side-Step* (mit bis zu sieben Zentner belastbar), sind zwei Gegensätze vereint: Stabilität und Leichtigkeit, denn sie lassen sich leicht transportieren. Solche Möbel, die in unsere unsteten Zeiten passen, stehen für eine neue unprätentiöse Moderne. Dass die darin zu Tage tretende pragmatisch-asketische Haltung auch bei anderen Firmen zu finden ist, wie etwa **Nils Holger Moormann** oder **Jonas & Jonas** (die ebenfalls zur Sperrholzrenaissance beitragen), weisen die beiden Südniedersachsen keineswegs von sich. Die konstruktive Qualität ihrer Produkte ergibt sich aus dem engen Kontakt zu den Designern. → *Plattenbau* (von Florian Petri), ein standfestes Steckregal aus nur vier Millimeter dünnen Vollkernplatten, ist auch ein Beleg dafür, dass nach **Axel Kufus**' → *FNP* (1989) und **Werner Aisslingers** → *Endless Shelf* (1994) die Geschichte des Systemregals noch lange nicht zu Ende ist.

→ Meilenstein: Regalsystem *Plattenbau* → Seite 224

Abbildungen:
li.: Tischbock *Sidestep* (Kollektion *Build-in-a-minute*)
re.: Schrank *Lockaway* (Kollektion *Build-in-a-minute*)

Peter Keler

Architekt, Künstler und Möbeldesigner, geb. 1898, gest. 1982

Sein Blocksessel von 1925 (Reedition als *Bauhaus-Kubus* bei **Tecta**) ist ein räumliches Manifest. Die Reduktion auf einen Würfel weist das Modell als minimalistischen Typus aus. Anfang der 20er Jahre war der gebürtige Kieler Mitglied des Künstlerkreises Worpswede. Dort hatte Heinrich Vogeler, orientiert an der englischen Arts-and-Crafts-Bewegung, sein Haus zu einem Gesamtkunstwerk umgestaltet und damit die Avantgardekolonie zum Projekt der »Lebensreform« umdefiniert. Die Vision der Umgestaltung aller Lebensaspekte, die durchaus politisch gemeint war, drückt sich in Kelers vielseitigem Schaffen aus. Er arbeitete als Maler, Grafiker, Architekt, Fotograf und Möbelgestalter. Bald ging er wie sein Worpsweder Künstlerkollege Wilhelm Wagenfeld nach Weimar ans Bauhaus, das damals große Faszination ausübte. Dort studierte er in den Werkstätten für Tischlerei und Wandmalerei. Seine aus elementaren Grundformen bestehende und in Primärfarben gestrichene Wiege ist ein theoretisches, aber auch ein funktionierendes Möbel. Keler, der danach eine Kinderschaukel, einen Kinderstuhl und weitere Möbel entwarf, war 1923 an der wegweisenden, flächig-plakativen Wandgestaltung einer Durchfahrt im Weimarer Bauhaus beteiligt. Später arbeitete er als Freiberufler, bis er von den Nationalsozialisten als »entarteter« Künstler verfemt wurde. Nach 1945 kehrte der Vielseitige zurück nach Weimar, das jetzt in der »realsozialistischen« DDR lag. Hier wurde er Professor für Optische Pädagogik.

Abbildungen:
li.: Sessel *Bauhaus-Kubus D1* (Reedition: Tecta)
re.: *Bauhauswiege* (Reedition: Tecta)

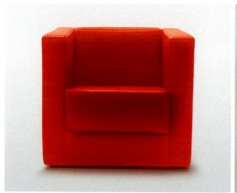
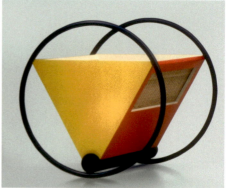

Justus Kolberg

Möbeldesigner, geb. 1962, Büro in Hamburg, **www.kolbergdesign.com**

Schon als er 1991 aufgrund seiner Diplomarbeit zum »Design Champion« gekürt wurde, kündigte sich eine ungewöhnliche Karriere an, die mit einem Zwischenaufenthalt in Italien begann. Als er bei der Firma Castelli erstmals einen wohlgestalteten Stuhl in große Serie gehen sah, packte ihn die Leidenschaft für die Königsdisziplin der Designer. Nach einigen Jahren beim Möbelhersteller Tecno und beim Designbüro **Wiege** machte sich Kolberg Ende der 90er Jahre selbständig. Inzwischen kreiert er gemeinsam mit dem Dänen Erik Simonsen Wegweisendes fürs Büro und wird in Fachkreisen für seine schnörkellosen und stimmigen Entwürfe geschätzt. Einem größeren Publikum ist der Aufsteiger dagegen noch kaum bekannt, obwohl er bereits Besuch von einigen Journalisten hatte. Kolberg gehört zur Garde der Problemlöser. An konstruktiven Details, Verbindungen und Statik wird so lange gefeilt, bis das Optimum erreicht ist.

Das sieht man dem fertigen Stuhl zumeist gar nicht mehr an. Sein erster großer Wurf war der schlanke Klappstuhl *P 08* (1992 für Tecno). Es folgten die eleganten Konferenzmöbel *Confair* (1994 für **Wilkhahn**), das Tischprogramm *Verso* (2000 für **Renz**) und der Drehstuhl *Phoenix* (2002 für **Kusch**), aber auch Holz- und Gartenstühle. Diese Arbeiten für international renommierte Hersteller aus der Objektmöbelindustrie wurden fast ausnahmslos mit Designlorbeer bedacht. »Mit sensibler Intelligenz zu eleganter Einfachheit«, verrät er sein Rezept, das sich so simpel anhört, aber trotzdem keinen Kopierschutz braucht.

→ Meilenstein: Stuhl- und Tischprogramm *Profession 9100* → Seite 202

Abbildungen:
li.: Schranksystem *Inline* für Renz
re.: Stuhl *Confair* für Wilkhahn

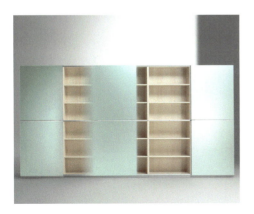 

König + Neurath

Büromöbelhersteller, Karben / Hessen, gegr. 1925, **www.koenig-neurath.de**

Das bis heute familiengeführte Unternehmen begann bereits in den 60er Jahren, seine Marke zu etablieren. Der Übernahme der Firma Christian Holzäpfel (eine der innovativsten im deutschen Möbeldesign) in den 70er Jahren folgte eine stürmische Internationalisierung in den 80er Jahren, die auch mit der Einführung neuartiger Produkte einherging. Seit *King Alpha* (1980 von Frogdesign), dem ersten multifunktionalen Bürosystem, spielte auch Design eine Rolle. Die Marke profilierte sich als Rundumanbieter auf hohem Niveau und zudem mit informativen Internetportalen. Das aktuelle Sortiment reicht vom tragbaren Stehsitz *Quick* (der sich nach dem Metallroller-Prinzip einklappen lässt) über Containerprogramme und variable Tisch- und Pultsysteme bis zu kompletten Bürolösungen. Die Konzepte stammen sowohl von der eigenen Design- und Entwicklungsabteilung wie von externen Designern wie Hans-Ulrich Bitsch und Hadi Teherani (2000 *Standby Office*) oder **Burkhard Vogtherr** (2002 Sessel *Re.Lounge* mit Jonathan Prestich), die man jedoch nicht in den Vordergrund stellt. *Tensa* aus dem Jahr 2000 war mit seinem »dynamischen Torsionssystem« ein Ausrufungszeichen auf dem umkämpften Gebiet der Bürodrehstühle. In der Paradedisziplin der Branche folgte kurz darauf *Skye*, der Klassenprimus in punkto Öffnungswinkel, der eine fast liegende Position ermöglicht. Mit mittlerweile über 1.300 Mitarbeitern an vier Standorten ist König + Neurath der umsatzstärkste Büromöbelhersteller in Deutschland.

Abbildungen:
li.: Paraventsystem aus dem Programm *UNO.S* (Werksdesign)
re.: Regalsystem *Set-Up* (Werksdesign)

 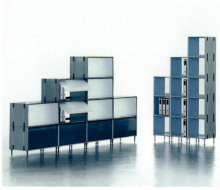

Ferdinand **Kramer**

Architekt und Möbeldesigner, geb. 1898, gest. 1985

Mit 18 Jahren lag der Soldat Kramer im Schützengraben vor Verdun und wurde später wegen Befehlsverweigerung in eine Irrenanstalt gesperrt. Nach geglückter Flucht führte ihn sein Architekturstudium in Münchener Intellektuellenzirkel. Wegen seiner linken Ansichten nannte man ihn den »Roten Ferdinand«, was ihn nicht hinderte, Möbel für einen Baron zu entwerfen. Das Bauhaus, an dem er kurz studierte, fand er enttäuschend, schloss dort aber Freundschaften z. B. mit Gerhard Marcks. Seit Mitte der 20er Jahre arbeitete Kramer für das »Neue Frankfurt«, realisierte Bauten aus Beton, Eisen und Glas, darunter Wohnungen »für das Existenzminimum«. Seine Hauptaufgabe bestand darin, passende Möbel und Hausrat für die kommunalen Neubauten zu entwerfen. Kramer entwickelte auch einen kleinen leistungsfähigen Kohleofen, Lampen, Türklinken, raumsparende Sitzbadewannen sowie Einrichtungen für städtische Kindergärten.

Berühmt geworden ist der *Kramerstuhl*, ein moderner Entwurf in Bugholztechnik. Nebenbei dozierte der Aktivist zu Fragen »funktioneller Architektur« an der Kunsthochschule Frankfurt. Kramer wollte die Welt vereinfachen. Dies zeigen Konstruktionen wie die zusammenklappbare Tellerablage, der kombinierte Kleider- und Wäscheschrank, aber auch Möbel zur Selbstmontage und Wegwerfschirme aus beschichtetem Papier, die er im amerikanischen Exil entwickelte. Nach Frankfurt zurück-gekehrt, beteiligte er sich am Wiederaufbau der Goethe-Universität.

Abbildungen:
li.: *Kramerstuhl* für Thonet
re.: Stuhl für die Hausrat GmbH

Axel Kufus

Möbeldesigner, geb. 1958, Büro in Berlin, **www.kufus.de**

»Seite hält Schiene, Schiene hält Boden, Boden hält Schiene, Schiene hält Seite.« Was sich anhört wie ein Stück moderne Poesie, ist in Wirklichkeit die Kurzbeschreibung des Regals *Flächennutzungsplan*, besser bekannt unter seinem Kürzel → *FNP* (1989 für **Nils Holger Moormann**) – ein Schlüsselprodukt von **Axel Kufus**. Es ist zugleich Sinnbild für die in der obigen Beschreibung durchschimmernde Magie des Einfachen, für die lebendige Tradition der Systemmöbel deutscher Herkunft und für die Denkrichtung seines Schöpfers. Bekannt geworden ist der gebürtige Essener durch gänzlich anders geartete Entwürfe, wie dem einem Mopp ähnelnden *Blauen Sessel* oder dem *Kellerfensterschrank* (die in Zusammenarbeit mit der Bildhauerin Ulrike Holthöfer entstanden). Sie sind der Grund, weshalb Axel Kufus lange mit den Exzentrikern des »Neuen Deutschen Designs« in einem Atemzug genannt wurde. Bei letzterem steht der mit Kellerfenstern aus Metallgittern versehene Betonkasten auf unbearbeiteten Ästen. Mit solch sperrigen Objektcollagen boten junge Designer Mitte der 80er Jahre dem herrschenden Funktionalismus die Stirn. Kufus, heute Professor für Produktdesign, begann gerade sein Designstudium an der Hochschule für Bildende Künste in Berlin, damals ein Zentrum der Designrevolte. Der Weg, den er letztlich einschlug, war jedoch entscheidend durch seine vorausgegangene Ausbildung bestimmt. Der Schreiner mit Meisterbrief gilt heute als deutscher Jasper Morrison. Seine Entwürfe verraten eine profunde Kenntnis der Werkstoffe und ihrer Eigenschaften, gepaart mit Sinn für ökologisch vernünftige Materialeinsparung und Beschränkung auf schlichte, stille Formen: ein Funktionalismus auf höherer Ebene, den man durchaus Utilism International nennen könnte, so der Name einer Firma, die Kufus gemeinsam mit Morrison und **Andreas Brandolini** ins Leben rief. Seine Produkte tragen meist lakonische Namen, wie das Regal *Egal* (1989 für **Nils Holger Moormann**) oder der Tisch *Kufus*. Oft überzeugt die Kombination einer überraschenden Idee mit gestalterischer Prägnanz, wie etwa beim zerlegbaren Sperrholzstuhl *Stoeck* (1993 für Atoll). Solch sezierende Methode kam auch bei einem wesentlich komplexeren Projekt zur Anwendung, der *Office Kitchen*. Diese mehrfach ausgezeichnete Büroküche von morgen (2000 für Casawell bzw. **Alno**) ist durch ihren modularen Aufbau äußerst anpassungsfähig und dabei sehr bescheiden im Bedarf.

→ Meilenstein: Regalsystem *FNP* → Seite 162

Abbildungen:
o. li.: Regal *Egal* für Nils Holger Moormann
o. re.: Kommode *Lader* für Nils Holger Moormann
u.: Modulare Küche *Office Kitchen*
für Casawell Service Gruppe

Kusch + Co.

Möbelhersteller, Hallenberg / Nordrhein-Westfalen, gegr. 1939, **www.kusch.de**

Als 1972 das gewaltige Congress Center in Hamburg eröffnete, stand Kusch-Gestühl in der großen Konferenzhalle. 1997, als die Commerzbank in Frankfurt den damals höchsten Büroturm Europas bauen ließ, orderten die Banker für Vorstandsebene und Konferenzräume Mobiliar des Hersteller aus Hallenberg. Kusch, Spezialist für Büro und öffentliche Objekte, gehört mit 500 Mitarbeitern, zwei Werken und einer jährlichen Stückzahl von 350.000 Sitzmöbeln und Tischen zu den etwas Größeren der Branche, ist aber Familienunternehmen geblieben. Im ersten Kriegsjahr gründete der noch junge Selfmademan Ernst Kusch ein Sägewerk. Bald schon wurden erfolgreiche Stühle produziert, wie das unverwüstliche Schlichtmodell *100*. Anfang der 50er Jahre bediente man sich bereits einer Flotte eigener Auslieferungsfahrzeuge. In den aufgewühlten 60er Jahren entwickelte **Luigi Colani** für Kusch einige Sitzskulpturen (u. a. die Liege *TV-Relax*), die nicht nur durch starke Wölbungen, sondern auch durch plakative Farben auffielen. Hohe Umsätze erreichten andere Modelle wie etwa der Stuhl *1000*, der erste deutsche Kunststoffstuhl, sowie der rechteckige »Millionenstuhl« *2000* (1963 von Edlef Bandixen), der drei Jahrzehnte lang produziert wurde. In dieser Zeit – gute Gestaltung war bereits Teil des Firmenkonzepts – übergab der Gründer die Geschäftsführung seinem Sohn Dieter, der das Unternehmen endgültig auf internationale Märkte führte (und den Stab im Jahr 2000 schließlich an die nächste Generation weiterreichte). Mit dem zierlichen Rundstuhl *Soley* (von Valdimar Hardarson), der 1984 »Möbel des Jahres« wurde, traf man abermals einen Nerv der Zeit, ebenso wie mit der Bank *7100* (von Jorgen Kastholm), einem frühen Programm für den Wartebereich in Flughäfen. In den 90er Jahren begann die fruchtbare Zusammenarbeit mit dem Argentinier Jorge Pensi, dessen Sitzbanksystem *¡Hola!* zwölffach ausgezeichnet wurde. Im deutschen Möbeldesign gehört Kusch zu den Profiliertesten. Das unterstrich noch einmal das neue Erscheinungsbild mit positivem »+«, das man sich Ende der 90er Jahre zulegte. Darauf, dass das Unternehmen im »Design-Ranking« der 100 Besten hierzulande zweimal die Nase vorne hatte, ist man im Sauerland natürlich stolz. Robert de le Roi, der Leiter der Produktentwicklung, der selbst für eine Reihe von Entwürfen verantwortlich zeichnet, pflegt die Beziehung zu namhaften Designern, darunter Gestandene wie **Dieter Rams**, aber auch hochtalentierte Nachrücker wie **Udo Feldotto** und **Justus Kolberg**. Noch eine Besonderheit: Auch zwei Entwürfe von Seniorchef **Dieter Kusch** sind im aktuellen Sortiment.

→ Meilenstein: Stuhl- und Tischprogramm
Profession 9100 → Seite 202

Abbildungen:
o. li.: Stuhl *Trio* von Robert de le Roi
o. re.: Stapelstuhl *¡Hola!* von Jorge Pensi
u. li.: Bürostuhl *Phoenix* von Justus Kolberg
u. re.: Klappstuhl *Profession 9100* von Justus Kolberg

Laauser/Credo

Polstermöbelhersteller, Großbottwar / Baden-Württemberg, gegr. 1894, **www.laauser.de** / **www.credo-gmbh.de**

Zwischen Heilbronn und Stuttgart, also mitten in der schwäbischen Möbellandschaft, hat die heute zu einem Konsortium gehörende Firma Laauser ihren Sitz. Dort fertigen 180 Mitarbeiter bis zu 300 Sitzeinheiten pro Tag. Groß geworden in den 50er Jahren, als man mit guter Edelholzverarbeitung von der »skandinavischen Welle« profitieren konnte, wurde später das Programm »Laauser Design International« lanciert. 1998 entstand die Credo GmbH als eigenständige Qualitätsmarke. Als Hausdesignerin konnte **Anita Schmidt** gewonnen werden. Der Polsterspezialistin, die u. a. auch für Rolf Benz arbeitet, wurde weitgehend freie Hand gelassen. Sie schuf innerhalb weniger Jahre eine komplette Kollektion und ist der Garant, dass alle Kriterien, die für ein gut gestaltetes Polstermöbel Gewicht haben, Berücksichtigung finden. So ist das flache Erfolgsmodell *Divani* durchaus ein Gegenentwurf zu kubischen, eher maskulinen Formen. Und auch *Flow* spricht mit seinen Schrägen und Wulsten eine expressivere Sprache. Bei klassischen Modellen wie *Lobby* und dem voluminösen *Merlin* sieht das schon wieder etwas anders aus. Was die Verarbeitung betrifft, gelten die Standards einer auf Handfertigung basierenden Manufaktur. »Modelle wie *Divani* oder *Flow*«, versichert die Designerin Schmidt, »können gar nicht von Angelernten, sondern nur von erfahrenen Holz- und Polsterkräften gefertigt werden«.

Abbildung:
Sofa *Flow* von Anita Schmidt

Lepper, Schmidt, Sommerlade

Möbeldesign, Büro in Kassel / Hessen, gegr. 1992, **www.lss-designer.de**

Design ist Wahrnehmung, Austausch, Umwelt, Kultur, aber »keine Kunst«. Christian Lepper, Roland Schmidt und Uwe Sommerlade, drei Designer, die in Kassel studiert haben und auf Möbel, Inneneinrichtungen und Ausstellungen spezialisiert sind, sehen sich selbst als Mittler. Der wechselseitige Kommunikationsfluss mit dem Klienten ist für sie eine der Grundbedingungen der Gestaltung. Mit dieser Einstellung haben sie es zu einem beeindruckenden Kundenstamm gebracht, zu dem namhafte deutsche Hersteller wie **Brunner**, **Kusch**, **Rosenthal** und **Thonet**, aber auch italienische wie Rossin und Tonon gehören. Für die in unmittelbarer Nachbarschaft gelegene Firma Thonet haben die Hessen *A 1700* designt, ein raffiniertes Tischsystem ohne Zargengestelle, bei dem die einzelnen, geschickt angeordneten Beine ein- und ausgeklinkt werden. Mit *Faldo* (für Kusch) und *Sleight* (für Brunner) waren ihnen zuvor schon zwei andere Tischmodelle gelungen, die Beachtung fanden. Dem Trio geht es nicht nur um formal schlüssige Ideen, für sie reicht Design bis tief in die Entwicklungsarbeit. Für solche technischen Tauchgänge halten sie einige Patente. Da verwundert es nicht, dass sie auch bei Sitzmaschinen erfolgreich sind: den Bürodrehstühlen *S-con* (für art collection) und *Drive* (für Brunner) haftet jedoch nichts Geräthaftes an. Durch ihr elegantes Auftreten sollen sie den Arbeitsplatz aufwerten.

Abbildungen:
li.: Stuhl *Get.up* für Brunner
re.: Bürostuhl *Drive* für Brunner

Glen Oliver Löw

Möbel- und Produktdesigner, geb. 1959, Büro in Hamburg

Sofort nachdem der gebürtige Leverkusener sein Studium an der Universität Wuppertal beendet und sein Diplom in Industriedesign in der Tasche hatte, zog es den Rheinländer nach Mailand. Im Mekka des Designs im Allgemeinen und des Möbeldesigns im Speziellen machte er noch einen zweiten Abschluss an der Domus-Akademie, bevor er Assistent von Antonio Citterio wurde. Das war Mitte der 80er Jahre, und nur Eingeweihten war klar, dass Citterio – dessen Partner Löw bald wurde – in den nächsten Jahren einer der meistbeschäftigten Designer sein würde. Bei Citterio & Partners gaben sich große Namen der Branche die Klinke in die Hand, darunter Bieffe, Flos, littala, Kartell und **Vitra**. Auch Löws Bilderbuchkarriere setzte sich fort. Im Jahr 2000 wurde er Professor für Industriedesign an der Hochschule für bildende Künste in Hamburg und gründete dort ein Studio, das für Unternehmen wie Steelcase oder **Thonet** arbeitet. Zu seinen bekanntesten Entwürfen gehören der Klapptisch → *Battista*, der Bürostuhl *T-Chair* (1990 für Vitra) und der Containerwagen *Mobil* (1992 für Kartell), der u. a. den weltweiten Trend zum transluzenten Kunststoff forcierte. Löw steht für dieselbe urbane, leicht unterkühlte neomoderne Richtung wie sein langjähriger Partner. Bezüge zu klassischen Vorläufern werden durchaus gepflegt wie etwa beim Freischwinger *S 60* (2001 für Thonet).

→ Meilenstein: Klapptisch *Battista* → Seite 168

Abbildungen:
li.: Stuhl *S 60* für Thonet
re.: Rollwagen *Oxo* für Kartell

324

Magazin

Einrichtungshaus und Möbelhersteller, Stuttgart / Baden-Würtemberg, gegr. 1971, **www.magazin.com**

Anfang der 70er Jahre wurden an der Kunstakademie Stuttgart experimentelle Lernformen ausprobiert und die Rolle des Designers in Frage gestellt. Reformerische Dozenten gründeten das »Institut für angewandte Sozialökologie«, das u. a. die »Analyse und Weiterentwicklung der Gebrauchsfunktionen von Konsumgütern« anstrebte. Um Erfahrungen im realen Kapitalismus zu sammeln und finanziell unabhängig zu werden, wurde ein Hinterhofladen eröffnet: das Magazin. Über die Akademie standen dessen Gründer, darunter der Designer und langjährige Geschäftsführer Otto Sudrow, in der Tradition der klassischen Moderne. Das bis heute einmalige, aus politischer Ökonomie und »Kritik der Warenästhetik« abgeleitete Konzept: Das Programm sollte aus Investitionsgütern bestehen, weil sie »höchste Qualität bei niedrigstem Preis« gewährleisten. Fündig wurde man auf den Messen für Produktionsgüter: Das Angebot bestand aus Arbeitsplatzleuchten, Laborporzellan, Gastronomiegläsern, Metzgermessern, Filternesselstoffen, Fabrikregalen, Briefträgertaschen und Blecheimern. Auch eigene Produkte wurden hergestellt. Als 1980 der erste Katalog auf grauem Recyclingpapier erschien, expandierte man rasant zu einem Einrichtungshaus mit deutlich erweitertem Angebot und bundesweiten Dependancen, von denen heute das Tandem Stuttgart-Bonn geblieben ist. Im Jahr 2001 eröffnete das Zusammengehen mit der Versandfirma Manufactum neue Perspektiven. Die Zahl der eigenen Neuheiten stieg, darunter eine Tischserie von **Axel Kufus** und das aus Bäckerei-Stapelkisten konstruierte Regalsystem → *Mein_Back* (2005).

→ Meilensteine: »*Frankfurter Stuhl*« 2200 → Seite 72
Regalsystem *Mein_Back* → Seite 238

Abbildungen: li: Tisch *Kufus* von Axel Kufus
re: *Bankbett* von Gerhard Wollnitz

Peter Maly

Möbel- und Produktdesigner, geb. 1936 (in Böhmen, heute Tschechien), **www.peter-maly.de**

Als er in den 80er Jahren erste Aufträge vom Möbelhersteller Ligne Roset bekam, waren die Franzosen ausdrücklich an seiner Rationalität und seinem Technikverständnis interessiert, Eigenschaften, die sie als deutsch empfanden. Sein dänischer Kollege Verner Panton sah in ihm den »Perfektionisten«, wobei auch hier die deutsche Dimension mitschwingt. Der in Böhmen gebürtige Peter Maly würde kaum widersprechen, führt er doch keinen Geringeren als Johann Sebastian Bach als Vorbild an. Nach seiner Ausbildung als Tischler und Innenarchitekt arbeitete er für die Hamburger Zeitschrift *Schöner Wohnen* (wie u. a. auch **Siegfried Bensinger** und **Rolf Heide**), Deutschlands größtes und in jener Zeit noch trendsetzendes Einrichtungsmagazin. Parallel zur Redaktionsarbeit entstanden erste Entwürfe, z. B. für **Tecta**, und ebenso bereits für **COR**, eine Firma, für die er später auch Messestände und Ausstellungsräume entwarf – der Start einer dritten Karriere. Hier zeigt sich erneut jener Perfektionismus, der über die eigentliche Entwurfsarbeit weit hinausgeht. Maly begleitet ein Produkt von Anfang bis Ende, einschließlich der Präsentation und der Werbekampagne. Am liebsten möchte er es »dem Kunden im Geschäft erklären«. Denn: »Design braucht Kommunikation«. Waren es anfangs die dänische Möbelschule und die PopArt, die ihn inspirierten, so entdeckte er später das Bauhaus. Seitdem sind abgezirkelte Formen fester Bestandteil der Entwürfe, wie beim Sessel → *Zyklus* (COR, 1984), einem Kultmöbel der 80er

Jahre, das formale Strenge, Ausdrucksstärke und Leichtigkeit verbindet – eine Meisterschaft, an die er ein gutes Jahrzehnt später mit *Circo* wieder anknüpfte. Im selben Jahr, in dem *Zyklus* entstand, begann die Zusammenarbeit mit **Interlübke**. Daraus wurde *Duo*, eine neue Art von Schranksystem, ein Metier wie zugeschnitten auf jemanden, der der Rationalität huldigt. Für **Behr**, einen Hersteller, dessen gestalterische Linie er über Jahre prägte, schuf er eine Reihe von Systemwänden, die in ihrer Totalität und minimalistischen Eleganz ihresgleichen suchen, darunter *Alas* und → *Menos*. Selbst wenn Maly sich von Grundformen leiten lässt, so geht es ihm doch immer um Zweckmäßigkeit. »Der Stuhl ist für den Hintern gemacht, nicht für den Kopf«, hat er es einmal auf den Punkt gebracht. Auch Langlebigkeit ist ein wichtiges Kriterium. Der Stuhl *737* (1994 für **Thonet**), für dessen gegürtete Sitzflächen er kämpfen musste, vereint all dies. »Möbel«, so der Prediger ökologischer Verantwortung, »sollten wieder vererbt werden«.

→ Meilensteine: Sessel *Zyklus* → Seite 150
Kommodensystem *Menos* → Seite 182

Abbildungen:
o. li.: Sessel *Circo* für COR
o. re.: Stuhl *737* für Thonet
u.: Sideboard *Medio* für Interlübke

Martin Stoll

Sitzmöbelhersteller, Waldshut-Tiengen / Baden-Württemberg, gegr. 1870, **www.martinstoll.com**

Groß geworden ist der schwäbische Hersteller, der seit 1999 zur holländischen Samas-Gruppe gehört, mit den Arbeitstieren unter den Stühlen, den Bürodrehstühlen. 1920 wurde der erste in Deutschland gebaut. Erst als Junior Martin Stoll Ende der 70er Jahre sein eigenes Unternehmen gründete und kurz darauf das *Modell S*, den ersten Stuhl mit patentierter aktiver Beckenstütze, präsentierte, begann im Südschwarzwald das Designkapitel. Hilfe hatte sich der Jungunternehmer bei **Arno Votteler** geholt, der bis in die 90er Jahre hinein Modelle für die Firma entwickelte. Das gemeinsame Erstlingswerk, das u. a. von Aldi als Kassenstuhl eingesetzt wird, erwies sich als ebenso dauerhaft. Weitere Designer lieferten wichtige Entwürfe, darunter der Schweizer Matteo Thun (1992 *Collection L*) und **Reiner Moll** (1998 *Collection K*). Die jüngste Stuhlreihe, die *Collection E* (2005 von Uta und Andreas Krob), bedeutet wiederum Neuland.

Statt der üblichen additiven Konstruktion verwirklichten die Designer ein integrales Konzept. Dieses erlaubt Einblicke, wo sonst technische Details verdeckt bleiben. Einen Avantgardismus anderer Art demonstriert die *Collection W* (2003 von Helmut Staubach). Die rechteckigen Flächen dieser elegant-schlichten Wartemöbel sind eine Reminiszenz an die Bauhaus-Moderne.

Abbildungen:
li.: Stuhl *STB 11* (Kollektion *Staff*), Werksdesign
m.: Drehstuhl *SRW 10/1/SO/FPG* (Kollektion *Start/Wood*) von Arno Votteler und Martin Stoll
re.: Stuhl *Lenio* von Dominique Perrault und Gaelle Lauriot-Prévost für die Nationalbibliothek Paris

Gioia Meller Marcovicz

Möbeldesignerin, geb. 1955 (in Ungarn), Büro in Venedig, **www.gioiadesign.com**

Die Tochter einer Fotografin und eines Artdirectors mit deutsch-ungarischen Wurzeln begann ihre Karriere als Modedesignerin in München, bevor sie sich mit einer eigenen Modefirma in London durchsetzte. Nach Jahren erfolgreicher Tätigkeit kehrte sie diesem unruhigen Metier den Rücken und studierte Möbeldesign. Dass ihr der Modemacher Issey Miyake bei der Präsentation ihrer Abschlussarbeiten am Londoner Royal College of Art spontan ein Sofa abkaufte, brachte unerwartete Publicity. Seit Anfang der 90er Jahre arbeitete sie als freie Designerin für namhafte Möbelhersteller. Vielleicht auch angesichts ihrer beruflichen Ursprünge überrascht manchen, welches Augenmerk sie auf die ausgefeilte Technik ihrer Möbel legt. Sie sind keineswegs nur dekorative Einrichtungsgegenstände, sondern überzeugen insbesondere durch ihre Vielseitigkeit. Dies gilt sowohl für die Komplettgartenkollektion → *Dia* (für **ClassiCon**) als auch für das Sofabett *Plug in* (für Wittmann) mit seinem Stahlrohrrahmen und der integrierten Stehleuchte. Immer wieder gelingt es ihr, zeitlose Eleganz mit raffinierten Details zu kombinieren. Schließlich gründete sie die Firma Gioia. Unter dieser Marke vertreibt die mittlerweile in Venedig lebende Europäerin Leuchten und Möbel wie den Glastisch *Tio* und das mit Flügeln versehene Sofa *Sigmund*, das sich im Nu in eine Liegefläche oder eine Chaiselongue verwandeln lässt.

→ Meilenstein: Sessel *Dia* → Seite 190

Abbildungen:
li.: Multifunktionssofa *Sigmund* für Gioia
re.: Liege *Dia Lounger* für ClassiCon

Wolfgang C. R. Mezger

Möbeldesigner, geb. 1951, Designbüro in Eislingen / Baden-Württemberg

»Materialien, die richtig eingesetzt werden, sind schön«, lautet die Liebeserklärung an das physische Substrat seiner Arbeit. Aber Favoriten gibt es schon, darunter Glas, Granit, Holz und Leder. Wolfgang C. R. Mezger hat Sinn für das Grundlegende, aber auch für das Edle. Drei Viertel seiner Kunden kommen aus der Büromöbelbranche, eine anspruchsvolle Klientel, die das Beste will, aber mit gespitztem Bleistift rechnet. Mezger gilt da als der Mann für das Optimum, einer, der sich in technischen Grenzbereichen wohl fühlt und ästhetisch auf Langlebigkeit setzt. Für **Brunner** hat er den »Architektenstuhl« *Milano* entworfen, der einen klaren Aufbau mit ungewöhnlicher Stabilität verbindet. Das noch erfolgreichere Folgemodell → *Milanolight* hat eine Schichtholzbiegung mit rekordverdächtigem Radius. Es gibt kaum einen Entwurf ohne ein raffiniertes, wenn auch meist unauffälliges Detail. Die extrem robuste, nach dem Baukastenprinzip konzipierte Bank *Take* (für Brunner) hat als Kernstück eine Traverse, deren Herstellung zwar ungewöhnlich aufwändig war, aber das System extrem flexibel machte. Für den amerikanischen Hersteller Davis entstand der Schalenstuhl → *Lipse* (in Lizenz bei **Walter Knoll**), dessen signifikante seitliche Trennstriche ins Auge fallen. Der Weg zu origineller Form und Konstruktion erfordert Anschaulichkeit. Typischerweise führt Mezgers Arbeit deshalb über ein kleines, maßstäbliches Modell, um dann bald zur Originalgröße überzugehen. Der Sohn eines Modellbau-Geschäftsinhabers lernte Schriftsetzer und studierte Industriedesign an der Hochschule für Gestaltung in Schwäbisch Gmünd – eine Zeit, die ihn prägte. Danach folgten Jahre als freier Mitarbeiter bei **Hans »Nick« Roericht**, verschiedene Lehraufträge und in den frühen 80er Jahren der anfangs harte Weg in die Selbständigkeit, die er der akademischen Karriere vorzog. Längst ist er in der obersten Etage angekommen, gilt auch als Spezialist für die Möblierung des Chefzimmers. Sein Programm *Focus* (1988 für **Renz**) überraschte durch konsequent modularen Aufbau. *Icon* (2000 für Walter Knoll) ist ein Bürosystem der Extraklasse mit minimalistischer Attitüde und maximaler Beinfreiheit. Ein wichtiges Detail stellt die tragende Schiene dar, die auch die Stromkabel aufnimmt, aber »unsichtbar« bleibt, somit also nicht mehr stört, wenn Kabel längst der Vergangenheit angehören. Ein Designer muss das Morgen mitdenken, weiß Mezger, denn »die Technik altert heute schneller als die Möbel«.

→ Meilensteine: Sitzmöbelprogramm *Lipse* → Seite 210
Stuhl *Milanolight* → Seite 230

Abbildungen:
o. li.: Stuhl *Act* für Brunner
o. re.: Banksystem *Lipse* für Davis
u. li.: Sitzbanksystem *Take* für Brunner
u. re.: Bürosystem *Icon* für Walter Knoll

Ludwig Mies van der Rohe

Architekt und Möbeldesigner, geb. 1886, gest. 1969

Der Beruf war dem Sohn eines Aachener Steinmetzen bereits in die Wiege gelegt. Um 1900 besuchte er die Dombauschule, arbeitete später in Berlin als Möbelzeichner in der Werkstatt von Bruno Paul, bevor er, erst 22 Jahre alt, in das Architekturbüro von Peter Behrens eintrat. In diese Zeit fallen erste Entwürfe für Wolkenkratzer aus Stahl und Glas. Seine späteren Stahlgitterbauten mit großflächiger Verglasung wie etwa das Seagram Building in New York zählen zu den Höhepunkten moderner Architektur. Ebenfalls ohne jegliche »triviale Verzierung« ging Mies van der Rohe auch seine Möbel an. Sie entstanden ausnahmslos als Nebenprodukt seiner Bauaufträge. Designgeschichtlich relevant sind v. a. seine Arbeiten für das von ihm geleitete Projekt der Stuttgarter Weißenhofsiedlung, der von ihm konzipierte deutsche Pavillon für die Weltausstellung in Barcelona sowie die Villa im mährischen Brünn (Brno). Die Weltkarriere begann mit dem hinterbeinlosen »Freischwinger«, ein Konzept, das er von Mart Stam übernahm. Die Idee, Stahlrohr zu verwenden, stammte von **Marcel Breuer**. Beides verband er zu einer eleganten Synthese. Den repräsentativen Sessel → *MR 90* (1929) für den deutschen Pavillon auf der Weltausstellung in Barcelona bezeichnete er als »monumentales Objekt«. Bemerkenswert war die Verwendung von Bandstahl, der zwar schwer war, aber die formal überzeugende Scherenform erst ermöglichte. Obwohl nur eine relativ geringe Zahl der Möbel tatsächlich in Produktion ging, waren diese stilbildend,

wie etwa der Glastisch aus der *Barcelona*-Serie mit sichtbarem Kreuzgestell und seine Chaiselongue *MR* (1927), deren Wulste Parallelen bilden – zwei emblematische Entwürfe. Seine Bedeutung zeigt nicht nur die ungeheure Zahl der Plagiate und die letztlich erfolgreiche Vermarktung durch Firmen wie Thonet und Knoll, sondern auch die Weiterführung seiner Ideen durch bedeutende Designer, darunter Franco Albini, Poul Kjaerholm oder auch die Anti-Designer von Archizoom. Obwohl Mies van der Rohe üblicherweise in Verbindung mit dem Bauhaus gesehen wird, hatte er bereits einen eigenständigen Stil entwickelt, bevor er dort 1930 Direktor wurde. Versuche, sich mit der Diktatur zu arrangieren, scheiterten. Ende der 30er Jahre emigrierte er in die USA, wo er die Architekturabteilung des Illinois Institute of Technology leitete und neu plante. Bis zu seinem Tod war er als gefragter Architekt in aller Welt tätig und galt, neben Marcel Breuer und Walter Gropius, als Großmeister des »International Style«.

→ Meilensteine: Stuhl *MR 10* → Seite 54
Sessel *MR 90* / *Barcelona* → Seite 58
Stuhl *MR 50* »*Brno*« → Seite 62

Abbildungen:
o. li.: Liege aus der Kollektion *MR*
o. re.: Polstermöbelkollektion für das Haus Ester in Krefeld
u.: Couchtisch aus der Kollektion *Barcelona*
(alle in Reedition bei Knoll International)

Reiner Moll

Möbel- und Produktdesigner, geb. 1947, Büro in Schwäbisch Gmünd / Baden-Württemberg, **www.molldesign.de**

Das Studio, bereits 1991 »Designteam des Jahres«, kennt die Branche wegen seines Dauererfolgs. Doch Reiner Moll ist kein medienpräsenter Stardesigner, sondern steht für gänzlich andere Qualitäten. Von seinem Lehrer **Karl Dittert** hat der Schwabe den analytischen Ansatz übernommen, dessen Wurzeln letztlich bis zum Bauhaus zurückreichen. Seine Berufsauffassung bringt er auf die lapidare Kurzformel: »Design ist nie Selbstzweck.« Den »Zweck« gilt es jedes Mal neu zu definieren. Deshalb ist Kommunikation so dringlich, innerhalb der zwölfköpfigen Studiobesatzung ebenso wie mit dem Hersteller. Ein gewachsenes Netzwerk von Informanten unterstützt diesen Prozess. Nur so können Produkte wie der Dreibeintisch *Stand up* (2004 für Hiller) zustande kommen, der sich umgeklappt extrem schmal macht und dessen Mechanik man selbst entwickelte. So universal wie der Ansatz ist das Wirkungsfeld: Von der Deckenleuchte bis zum Heizkessel reicht der Produktbogen. Möbel waren für Moll schon früh ein Hauptthema. Zur Initialzündung geriet der Kontakt zu **Wilkhahn**, aus dem Entwürfe wie der »Jahrhundertstuhl« *Binar* hervorgingen – der erste, dessen Gestell angeklemmt wird. Es schlossen sich u. a. Arbeiten für **Bisterfeld + Weiss**, **König + Neurath**, **Planmöbel** und **Renz** an. Eine der Erfolgsgeschichten ist der Bürostuhl *Xantos* (für **Interstuhl**), in der Oberklasse einer der umsatzstärksten. Zu den langjährigen Stammkunden gehört Villeroy & Boch, ein Hersteller, für den man nicht nur Wannen und Becken, sondern auch die Badeinrichtungen entworfen hat, darunter die äußerst vielseitige Serie *Bellevue* (2005). Gelegentlich wird Moll mit Studien beauftragt, wie jener für den Spanplattenhersteller Pfleiderer, aus der 1990 die erste viergliedrige Küche hervorging. Nun entstand für den Holzschalenhersteller Becker der Prototyp *Bowl*, ein Wohnsessel aus Holz, in dessen Architektur sich aktuelle Ästhetik und klassische Moderne begegnen. Als unverhohlene Hommage an die Bauhaus-Ära war bereits der Stahlrohrsessel → *Xenar* zu verstehen (1995 für Interprofil). Eine technisch orientierte Denkrichtung verkörpert dagegen die Liege *Dreipunkt* (2005 für Dreipunkt), ein viermotoriger Alleskönner, der zwischen komplett planer Oberfläche und vollwertigem Sessel changiert. Die Sitzmaschine wirkt wie der Archetyp einer Liege. Moll setzt auf Langlebigkeit – aus ästhetischen, ökologischen und wirtschaftlichen Gründen.

→ Meilenstein: Sessel *Xenar* → Seite 170

Abbildungen:
o. li.: Stuhl *Motif* für Bisterfeld + Weiss
o. re.: Sessel *EL* für Erpo International
u. li.: Bürostuhl *Xantos* für Interstuhl
u. re.: Stuhl *Binar* für Wilkhahn

Müller Möbelwerkstätten

Möbelhersteller, Bockhorn / Niedersachsen, gegr. 1869, **www.muellermoebel.de**, **www.emform.de**

Der Tischlereibetrieb, der seit den 30er Jahren Möbel fabrizierte, ging in den 60er Jahren zur Serienfertigung über. Heute vertreibt das in der Nähe von Bremen gelegene Unternehmen, das auch als Zulieferer für die Möbelindustrie fungiert und in der Verbindung von Innenausbau und Serie seine Stärken hat, etwa 600 Produkte. Schon in den 70er Jahren arbeitete man mit externen Designern. Zu den frühen Entwürfen gehören die Sofa-Bett-Kombination *Penelope* und ein raffinierter Tischbock (beide von **Jan Armgardt**). Seit Mitte der 80er Jahre die Möbelkollektion der neu gegründeten Schwesterfirma Emform übertragen wurde, reihte man sich im Friesischen endgültig in die übersichtliche Zahl der Designbewussten ein – ausdrücklich von einem »deutschen Verständnis für Gestaltung und Qualität« ausgehend. Zu den Möbeldesignern, mit denen man kontinuierlich Kontakt hält, gehören Armgard, **Siegfried Bensinger** und **Rolf Heide**, wobei zum eigenen Designverständnis insbesondere klare Formen und die Ablehnung modischer Kurzlebigkeit gehören. Dabei hat der Einsatz moderner, unaufdringlicher Materialien, wie etwa Aluminium und Schichtholz, durchaus internationalen Charakter, ebenso wie das Konzept vom mobilen Wohnen, für das eine zerlegbare und damit leicht transportable Kinderwiege (von Hannes Weber und Nikolaus Hartl) durchaus von Nutzen sein kann. Die Basis für das Gestaltungskonzept ist freilich der Umgang mit fähigen Designern, die in der Regel deutscher Herkunft sind. Ein Beispiel für gehobene Systematik ist das Regal *Skala* (von Siegfried Bensinger), ein Kombinationsmöbel in regelmäßigem Raster mit neuartigen Schüben und Türfronten – eine saubere, ja elementare Regallösung mit durchgängig gleichen Materialstärken. An der sorgfältigen Abstimmung von Breite, Höhe und Tiefe und deren proportionalem Verhältnis zur Materialstärke der Regalstruktur dürften auch spitzfindige Formalisten ihre Freude haben. Solche Stringenz erfordert eine überdurchschnittliche Genauigkeit. Um die zunehmend erforderliche Flexibilität in unserem Alltag geht es wiederum bei der Rollschrank-Schreibtisch-Kombination *Swing* (von Jan Armgardt). Dass selbst das Unkonventionelle von Dauer sein kann, zeigt das *Modular*-Programm (von Rolf Heide), zu dem die berühmte → *Stapelliege* gehört.

→ Meilensteine: *Stapelliege* → Seite 118
Schrankprogramm *Container* → Seite 126

Abbildungen:
o.: Regal *Skala* von Siegfried Bensinger
u.: Schreibtisch *Swing* von Jan Armgardt

Nils Holger Moormann

Möbelhersteller, Aschau / Bayern, gegr. 1992, **www.moormann.de**

Als Produzent puristischer Möbel und Gegner
von Kleidungskonventionen ist er in der deutschen und europäischen Designszene längst
eine feste Größe – und eine Ausnahmeerscheinung. Dabei kam der Sperrige aus dem Alpen-
vorland als Quereinsteiger in die Branche.
Anfang der 80er Jahre brach Nils Holger Moormann sein Jurastudium ab und sattelte kurz
entschlossen um. Nach mehrjähriger Durst-
strecke kam der Durchbruch mit zwei Produkten. Wolfgang Laubenheimers → *Verspanntes
Regal* aus Stahlblech begeisterte die Fachwelt
und gilt seither als neudeutscher Möbelklassiker. Eine Schuhkippe überzeugte an der Kasse.
Der neuartige, nur 16 Zentimetern flache
Schuhschrank, der seinen Inhalt mit einem
Griff offenbart, war ein enormer Verkaufserfolg und ist in seiner Einfachheit ebenso exemplarisch für die Moormann'sche Produktkon-
zeption, wie das Regal *Zoll D*, ein Modulsystem
aus Aluminiumblech. Die »Grundidee«, schrieb
die Bundespreis-Design-Jury, »ist die denkbar
größte Reduktion beim Material, bei der Verarbeitung und bei der Verbindung der Teile«.
Moormann ist bekannt dafür, dass er auch
junge, noch namenlose Designer ernst nimmt.
Deshalb kommen viele Vorschläge unangefragt
ins Haus. In die Entwicklung neuer Produkte
wird nicht nur Geld, sondern, so der Oberbayer,
darüber hinaus »viel Herzblut« investiert.
Dabei ist auch schon der eine oder andere
Bestseller herausgekommen. Dazu gehört das
Regal → *FNP* von **Axel Kufus**, eine minimalistische und dennoch flexible Konstruktion aus

Hartfaserplatten, der man die Denkarbeit
ansieht, die in ihr steckt. Das gilt ebenso für
den superleichten Sperrholztisch → *Spanato*,
die Garderobe → *Hut ab* und das Regal *Es*, das
Konstantin Grcic erdacht hat, um das Leben
von Bibliothekaren und Privatgelehrten zu
erleichtern. Mit dem von **Frey & Boge** entworfenen Tisch → *Kant*, dessen Platte hinten
einknickt, wodurch Lesbares gut einsichtig,
schnell greifbar und umfallsicher abgelegt
wird, machte er sich bei Schreibtischtätern
beliebt. Zu den neueren Produkten gehören
das modulare Wandablagesystem *Erika* von
Storno und das Taschenbuchregal *Buchstabler*
von Tom Fischer. All diese Möbel aus Blech,
Sperrholz oder Spanplatten haben eine sehr
trockene Ästhetik, vergleichbar mit einem
guten Wein. Einen Namen machte er sich
außerdem durch ein besonderes Kabinett-
stückchen: er focht einen Plagiatsprozess
gegen Ikea durch die Instanzen – und gewann!

→ Meilensteine: *Verspanntes Regal* → Seite 152
Regalsystem *FNP* → Seite 162, Tisch *Spanato* → Seite 180
Garderobe *Hut ab* → Seite 192, Schreibtisch *Kant* →
Seite 212

Abbildungen:
o. li.: Regal *Egal* von Axel Kufus
o. re.: Bibliotheksleiter *Step* von Konstantin Grcic
u. li.: Schuhcontainer *Schuhkippe* von Hanspeter Weidmann
u. re.: Regal *Zoll D* von Lukas Buol und Marco Zünd

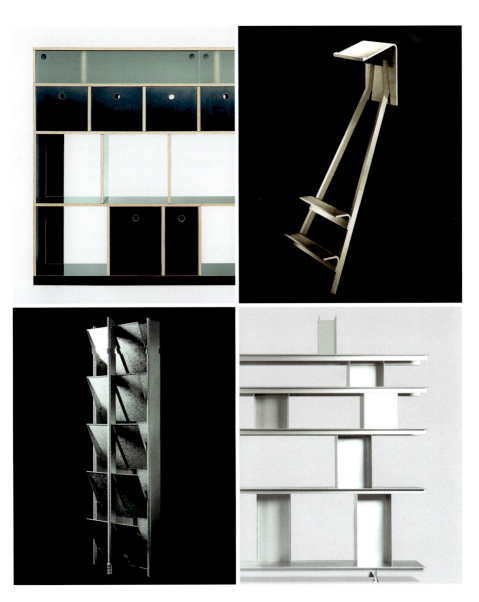

Planmöbel

Büromöbelhersteller, Espelkamp / Nordrhein-Westfalen, gegr. 1946, **www.planmoebel.com**

Das Wissen, dass wir etwa ein Viertel unserer Zeit am Arbeitsplatz zubringen, ergab eine Strategie: Möbel, die »Lust aufs Büro« machen. Dabei sind hohe Fertigungsqualität und die Berücksichtigung neuer Umwelttechnologien (wie Energiegewinnung aus Holzresten) und neuer Kommunikationstechniken selbstverständlich. Ein inhabergeführtes Unternehmen wie Planmöbel kann an dieser Stelle flexibler reagieren. Dabei gehört man, was Erfahrungen mit externen Designern angeht, in Deutschland und weltweit zu den Pionieren. Seit Anfang der 60er Jahre war Bürospezialist **Arno Votteler** Hausdesigner, der sachliche Büromöbel wie die Serie *Studio 60* (1962) und verschiedene Cheflinien entwickelte. Seit Mitte der 80er Jahre folgte **Reiner Moll** u. a. mit dem minimalistischen, nach dem Brückenprinzip konzipierten Chefschreibtisch *Impuls* (1995). 1996 war es das Team Klaus Franck und Werner Sauer (früher **Wilkhahn**), das das High-Tech-Programm → *X-act* beisteuerte, dessen markantes Merkmal seine schwarzen Multifunktionssäulen sind. Zwei Jahre darauf folgte das variable Einrichtungssystem *Fact 4*, bestehend aus Tisch, Container, Stellwand und freistehenden Computerpulten, das in Zusammenarbeit mit dem Studio Artefakt entstand – das ebenso verantwortlich zeichnete für *Part-3* (2000): Tisch-Container-Elemente, die alle neuen Medien integrieren und deren geschliffene Ästhetik an das Design moderner Limousinen erinnert.

→ Meilenstein: Tischsystem *x-act* → Seite 184

Abbildungen:
li.: Schreibtisch *Impuls* von Molldesign
re.: Schränke und Kommoden *Impuls* von Molldesign

Poggenpohl

Küchenhersteller, Herford / Nordrhein-Westfalen, gegr. 1892, **www.poggenpohl.de**

Anfangs fertigte man bei Poggenpohl noble »Töchterzimmer« im aufgeräumten Werkstättenstil. 1905, der Jugendstil war bereits wieder passé, entwarf man einen Küchenschrank mit getrenntem Oberschrank, wodurch auf dem Unterschrank eine Arbeitsfläche entstand. Dies war die Grundform der späteren Zeilenküche, die das »Büfett« ablösen sollte. Dieser Typus wurde in den 20er Jahren, als sich Gasherd und Elektrogeräte verbreiteten und Wohnraum knapp war, zur »Reformküche« weiterentwickelt. Die Küche als Arbeitsraum war ein ideales Anwendungsgebiet für den neuen Funktionalismus. Programm statt Einzelmöbel: Das Prinzip der Zusammenstellung verschiedener Schrankelemente zur »Anbauküche« wurde bei Poggenpohl ähnlich konsequent entwickelt wie bei den Avantgardisten der »Neuen Sachlichkeit«. In dieser Zeit wurde der »Zehnerschleiflack« zum Qualitätssiegel. Unter Walter Ludewig, der das Unternehmen von 1940 bis 1987 leitete, wandelte es sich zu einem der international führenden Küchenhersteller und zu einer der bekanntesten Marken der Branche. In den 50er und 60er Jahren wurden die Anbauprogramme erweitert und perfektioniert, z. B. durch die Einführung der Griffleiste. Das Experiment der Kugelküche (1970) von **Luigi Colani** blieb eine Episode. Ende der 80er Jahre ging Poggenpohl in schwedischen Besitz über. Mit knapp 500 Mitarbeitern wird weiterhin in Deutschland produziert. Neue Küchentypen wie *Alu 2000* und *Segmento* gruppieren sich um einen zentralen Arbeitstisch und erlauben die Rückkehr zum Hochschrank.

Abbildung:
Küche *Segmento LA 356*

Performa

Möbelhersteller, Pleidelsheim / Baden-Württemberg, gegr. 1987, **www.performa.de**

Es ist »kein Stil, sondern eine Denkweise, die hinter unseren Entwürfen steht«, erklärt Martin Kleinhans. Der gelernte Tischler, ursprünglich aus dem Maschinenbau kommend, also ein Quereinsteiger wie **Nils Holger Moormann**, entdeckte irgendwann seine Vorliebe für das Möbeldesign. Ende der 80er Jahre begann er, sie praktisch umzusetzen, damals noch unter beengten Verhältnissen. Ein Jahrzehnt später, nun mit dem Produktionsleiter Matthias Eckert als Partner, fiel die Entscheidung für eine eigene Kollektion. Sie umfasst bislang etwa 20 Produkte. Eines, das schon 1997 auf der Kölner Möbelmesse präsentiert wurde, ist der flache, bis zu drei Meter lange *Wandcontainer*, der viele Vorteile birgt. Er ist umwerfend schlicht, hat eine komfortable Aufhängung und eine ringsum auf Gehrung gearbeitete Linoleumhaut. Durch diese Millimeterarbeit erscheint er wie ein Block im Raum, der zwar kantig, aber wegen des sanften Materials nicht hart ist. Dieselbe interessante Kombination aus klarer Form und weicher, angenehmer Haptik weist auch die quadratische → Garderobe auf, die es in Linoleum und Kautschuk gibt. Die Haken werden hier frei in parallele Schlitze eingesteckt. So kann die Hänghöhe der Kleider mit den Kindern »wachsen«. Es ist wohl kein Zufall, dass die Performa-Möbel sich in der Schweiz besonders gut verkaufen lassen, wo Formaskese schon immer geschätzt wurde und zudem Qualität honoriert wird. Der Zehn-Mann-Betrieb aus dem Großraum Stuttgart versteht sich als »Technofaktur«: ein kleiner Hersteller,

der handwerkliche Sorgfalt mit der auf moderner Software basierenden exakten Reproduzierbarkeit verbindet. Dieses Konzept hat sich inzwischen herumgesprochen, so dass ein Hersteller wie **Wilkhahn** unlängst auf die Kompetenz der Schwaben zurückgriff, die nun dessen viel beachtete Containerserie *DIN A* produzieren. Zu den neueren Produkten gehört das Regal *03*, das dem Thema Systemregal – nach → *FNP* (von **Axel Kufus**), → *Endless Shelf* (von **Werner Aisslinger**), → *Plattenbau* (von **Kaether & Weise**) und *Rahm'ses* (von **Studio Vertijet**) – eine weitere überraschende Variante hinzufügt. Aufgrund des einfachen, von Spannbetongebäuden übernommenen Aufbaus geht die Zahl der Konfigurationen gegen unendlich. Besonders als Raumteiler mit durchscheinendem, gefrostetem Plexiglas für Rück- und Seitenwände hat *03* eine fast magische Ausstrahlung. Stabil gehalten wird die Konstruktion durch einen simplen Spanngurt. Dabei ist sie für den Selbstaufbau geeignet, und das ganz ohne Werkzeugkasten.

→ Meilenstein: *Garderobe* → Seite 206

Abbildungen:
o. li.: Containerprogramm
o. re.: Regal *03*
u.: *Wandcontainer*

Peter Raacke

Produkt- und Möbeldesigner, geb. 1928, lebt in Berlin

Obwohl seine Arbeitsbiografie direkt mit der Hochschule für Gestaltung verbunden ist, wo er Anfang der 60er Jahre Gastprofessor war, entzieht er sich den damit einhergehenden Stereotypen. Sein Vorgehen war stets pragmatisch und oft unorthodox, wobei er größten Wert auf einen erweiterten Begriff der Funktionalität legte, der den kulturellen Kontext mit einbezieht. Eine gewisse Berühmtheit erreichte der Querdenker Ende der 60er Jahre, als er das erste Möbelprogramm entwickelte, das aus Wellpappe hergestellt wurde. Der Sessel *Papp-Otto* leuchtete ebenso in grellen Popfarben wie die dazugehörigen Hocker und Tischelemente. Bei den modularen und extrem leichten Faltmöbeln (die es zuerst für Kinder und dann auch für Erwachsene gab), handelte es sich nicht nur um offensichtliches Spaßdesign, sondern auch um ein ökologisches Konzept. Minimaler Arbeitsaufwand bei niedrigem Preis, problemloser Entsorgung und hohem Freiheitsgrad im Gebrauch. Raacke gilt als Pionier des umweltorientierten Designs, bei dem es ihm u. a. darum ging sogenannte »Designketten« zu bilden, d. h. Produkte mehrfach zu recyceln. Der gelernte Kunstschmied und Emailleur, der – künstlerisch hoch begabt – eigentlich Maler werden wollte, studierte in den 50er Jahren in Paris und bereiste die USA, wo er in Kontakt mit emigrierten Vertretern des Bauhaus trat. 1958, mittlerweile Dozent, war er Mitbegründer des Verbandes Deutscher Industriedesigner. Sein erstes Serienprodukt waren Mitte der 50er Jahre Kombinationsherde (für Haas & Sohn), Vorläufer der später üblichen Normgeräte für Einbauküchen. Raacke ging es nun um das Experiment mit der »reinen« Form. Diesen radikalen Weg, wie er ja ebenfalls in Ulm beschritten wurde, verfolgte er auch in der Zusammenarbeit mit dem Gießener Büromöbelhersteller Voko. Mit dieser damals äußerst innovationsfreudigen Firma entwickelte Raacke die ersten Organisationsmöbel: Das *Zeitgewinn-System* (1957), kubische Einrichtungselemente mit charakteristischen (und stilbildenden) Fußgestellen aus Vierkantstahlrohr, waren das Fundament für nachfolgende Bürosystemmöbel. Etwa ein Jahrzehnt arbeitete Raacke für Voko (sein Nachfolger wurde dort **Karl Dittert**), bis er sich vom strengen Funktionalismus entfernte und der Pop- und Protestkultur zuwandte. Das Pappmöbelprogramm ist ein Manifest gegen das »Ewigkeitsdenken« und eine in Design umgesetzte Kritik der Warenästhetik. Hier wurde das Verhältnis von Produktion, Konsum und Verschleiß augenfällig auf den Punkt gebracht.

Abbildungen:
l.o.: Zeitungsständer
r.o.: Sessel *Papp-Otto*
u.: *Zeitgewinn-System* für Voko

Dieter Rams

Möbel- und Produktdesigner, geb. 1932, lebt in Kronberg

Der junge Innenarchitekt mit schwarzer Hornbrille und amerikanischem Kurzhaarschnitt war seit Mitte der 50er Jahre bei der Firma Braun angestellt, für deren revolutionäres Gestaltungskonzept er neben **Hans Gugelot**, **Herbert Hirche** und anderen wesentlich verantwortlich war. Schließlich stieg er zum Leiter der Abteilung für Produktgestaltung auf. Was er auf diesem Posten in vier Jahrzehnten mit einem engagierten Team zu Wege brachte, bestand darin, die Gestaltungsprinzipien, die am Bauhaus und an der Hochschule für Gestaltung in Ulm aufgestellt wurden, auf gänzlich neue Konsumprodukte zu übertragen. Berühmtheit erlangten seine Radios und Phonogeräte, durch die er zur Symbolfigur der deutschen Designrenaissance der 50er und 60er Jahre wurde. Um das Systemdesign perfekt zu machen, lieferte er, wie Gugelot und Hirche, gleich die passenden Möbel mit. Es kam zu einer jahrelangen Zusammenarbeit mit der Firma Zapf / Vitsoe von **Otto Zapf** und Niels Wiese Vitsoe (später Vitsoe), die moderne Montagemöbel schufen, darunter das Wandregal *RZ 60*, der Vorläufer des Modells → *606*, ein Klassiker des Systematischen, der bis heute produziert wird (bei sdr+). Das Paradigma des Rasters und der Addition wurde zum Mythos und auf die verschiedensten Möbeltypen übertragen, darunter Kleinmöbel, wie der Stapelhocker *740* (aus aufeinander gesteckten Scheiben) oder die Satztische *010,* oder aufwändige Systeme, wie das Containerprogramm *980* oder das Konferenztischprogramm *850*. Auch

der solitär wirkende Sessel → *RZ 62* beruht auf einem ausgeklügelten System. Alle Elemente wie Seiten- oder Rückenlehnen sind modular gestaltet und leicht lösbar miteinander verbunden, lassen sich also austauschen. Es folgten Stühle, Sessel, Tische, Garderoben und Regale auf Rollen, die sich, wie die Braun-Geräte, neutral verhalten und dem Benutzer zugleich die seinen Bedürfnissen entsprechende Wohnplanung erlauben sollten. Natürlich gingen beim Thema Sitzen auch ergonomische Kriterien in die Entwürfe ein, wie z. B. beim Sessel *601*. Dieter Rams, selbst eine Art Prototyp, ist die Inkarnation des Funktionalismus in seiner disziplinierten, häufig als deutsch angesehenen Variante, gegen dessen Ordnungsprinzip die nächste Generation rebellierte. Auf internationalem Parkett vertritt er bis heute das deutsche Design, mit dem er nicht selten gleichgesetzt wird.

→ Meilensteine: Regalsystem *606* → Seite 104
Sessel *RZ 62* → Seite 106

Abbildungen:
o. li.: Konferenztischprogramm *850* (Detail) für sdr+
o. re.: Schrank *S 71-72* für Vitsoe
u. li.: Containerprogramm *980* für sdr+
u. re.: Satztischprogramm *010* für sdr+

Raumgestalt

Hersteller von Wohnaccessoires und Möbeln, Bernau / Baden-Württemberg, gegr. 2000, **www.raumgestalt.net**

Der Minimalismus betrifft in diesem Falle auch das Sortiment. Das Möbelangebot der kleinen, zwölf Mitarbeiter umfassenden Schwarzwälder Firma mit dem leicht philosophisch klingenden Namen beschränkt sich auf Wesentliches: Tisch, Bank und Hocker, dazu ein Raumteiler. Die Gründerin Jutta Grothe, die aus dem Marketing kommt, will »schöne Produkte mit klarem Design« anbieten, in denen in der Regel noch eine besondere Idee steckt. Der Tisch aus Eiche – roh oder geölt – ist in der Mitte geteilt. Beide Teile kann man auseinander ziehen und die so entstehende Lücke »bespielen«: mittels Stövchen oder Vasen, die eingehängt werden. Bank und Hocker – entweder massiv oder etwas leichter mit neun Lamellen auf Edelstahlstangen – wiederholen die U-Form des Tisches. Durch ihre eckige Einfachheit – der → *Ulmer Hocker* (1954) lässt grüßen – sind die Urmöbel für unterschiedliche Zwecke verwendbar. Außerdem gibt es bei Raumgestalt noch Nützliches, aber nicht unbedingt Notwendiges, wie ein zwei Meter hohes *Display*, das an die Wand gelehnt werden kann, oder ein kugelrundes *Rotes Kissen* aus Walkstrick mit zwei Taschen für Geheimnisse.

Abbildungen:
li.: Hocker und Bank (Kollektion *Räume bilden*)
re.: *Raumbildner* (Kollektion *Räume bilden*)

Raumwerk

Möbelhersteller, Stuttgart / Baden-Württemberg, gegr. 2000, **www.raumwerk-stuttgart.de**

Am Anfang standen die Lehrmeister: der Schwabe Heinrich Schuhmacher und der Japaner Toshio Ōdate. Um Möbel nach eigenen Vorstellungen fertigen zu können, richtete sich der Schreiner und Architekt Joachim Bürklein mit seiner Frau, der Architektin Inge Hebeda, auf einem Bauernhof einen eigenen Betrieb ein. Dort werden die Modelle von der Ideenskizze über die zeichnerische Aufbereitung mit dem Computer eins zu eins in Prototypen umgesetzt, wobei immer wieder einzelne Elemente herausgelöst und in verschiedenen Varianten gebaut werden, bis sie der Grundidee am nächsten kommen. »Bis zum Schluss Einfluss auf die Gestalt zu nehmen und die Arbeit direkt am Material sind für uns von existenzieller Bedeutung«, erklärt Bürklein. Holz steht im Mittelpunkt, nicht zuletzt weil es sinnlich ist. Aber auch andere Materialien wie Acryl, Aluminium, Stahl und Polycarbonat finden Verwendung.

Raumwerk-Möbel können meist mehr, als man auf den ersten Blick wahrnimmt: durch Klappen, Aufdrehen, Stapeln, Schieben – Veränderungen, die leicht von der Hand gehen. So ist das *Gästebett* (2001) kein schwerfälliges Bettsofa, sondern dient zusammengeklappt als Sitzbank. Beim leichten *Postbett* (1998) lassen sich die verdeckten Kästen ausfahren. Die zum Rahmen gehörenden Latten dienen auch als Griff.

Abbildungen:
li.: *Postbett*
re.: *Gästebett* (zur Bank zusammengeklappt)

Renz

Möbelfabrik, Böblingen / Baden-Württemberg, gegr. 1882, **www.renz.de**

Möbelmanufaktur, Stuhlfabrik, Büroeinrichter. In der weit über hundertjährigen Firmengeschichte ist die Tradition als Spezialist für das Büro relativ jung und außerdem ungeplant. Den Anfang machte Mitte der 70er Jahre ein Esstisch, der auch als Schreibtisch gekauft wurde. Ein Wink, dem man Anfang der 80er Jahre mit *Contur* (von Heiner Gölz), dem ersten Programm für das Chefbüro, folgte. Damit waren bereits die Weichen gestellt hin zu einem Akteur mit internationaler Klientel. Dabei blieb – wie im Schwäbischen häufig anzutreffen – das Unternehmen unter der Geschäftsleitung von Eckart Renz in Familienhand. Seit den 90er Jahren hat das Designbüro von **Wolfgang C. R. Mezger** das Sortiment stark geprägt, zuerst mit dem zum Managementprogramm ausgebauten Einrichtungssystem *Tao* (1990), dessen strukturierende Elemente die oben abgestuften Metallbeine sind. Es folgten *Cosmo* (1992) mit abgeschrägten Beinen und Amöbentisch sowie der Teamarbeitsplatz *Telos* (1998). Danach verwirklichte der Hamburger Designer **Justus Kolberg** gleich eine ganze Reihe von Systemen, darunter das Managementprogramm *Verso* und die O-förmigen, intelligent verlinkten Konferenztische *Segno* (beide 2000) sowie das minimalistische Schrankprogramm *Inline* (2002), ein Ordnungshüter, in dem sich gestalterische Systematik, handwerkliche Sorgfalt und industrielle Ratio verbinden.

Abbildungen:
li.: Büromöbelkollektion *Cosmo* von Wolfgang C. R. Mezger
re.: Schrankkollektion *Inline* von Justus Kolberg

Richard Lampert

Möbelhersteller, Stuttgart / Baden-Württemberg, gegr. 1993, **www.richard-lampert.de**

Als sich die Designkenner Richard Lampert und Otto Sudrow – der Mitbegründer vom **Magazin** – Anfang der 90er Jahre zusammenfanden, um ein Programm gestalterisch anspruchsvoller Einrichtungsprodukte zu planen, war schnell klar, dass Entwürfe der beiden Stuttgarter **Egon Eiermann** und **Herbert Hirche** dabei eine zentrale Rolle spielen sollten. Von Hirche wurde der → *Tiefe Sessel* (1953) wieder aufgelegt, ein Entwurf von architektonischer Strenge, der wie kaum ein anderer die Kontinuität zwischen Bauhaus-Ära und bundesdeutscher Neo-Moderne spiegelt. Sein Schüler Eiermann war gleich ein halbes Dutzend Mal im Sortiment vertreten: darunter zwei Tischgestelle, Tischplatten, der kelchartige Korbsessel → *E 10* und der leichte Rattanstuhl → *Santa Lucia*; außerdem ein Stehpult nach der Idee von Sudrow, das das Bauprinzip des Eiermann-Tischgestells aufgreift. Von Anfang an sollten die Reeditionen durch ambitionierte Neuentwürfe ergänzt werden – wie dies ähnlich bei **ClassiCon**, **Habit**, **Tecta** und **Vitra** gehandhabt wird. Heute – Sudrow verließ inzwischen das Unternehmen – zählen dazu u. a. ein archetypisches Massivholzbett (von Katja Falkenburger) und das vielseitige Beistellmöbel *Unit* (von Eric Degenhardt). Beim *Stapelstuhl* (von Peter Horn) handelt es sich um einen gut gestalteten und bequemen Stuhl, der zugleich preisgünstig ist – auch eine Maxime der klassischen Moderne, die von den alten Meistern jedoch selten eingelöst wurde.

→ Meilensteine: Korbsessel *E 10* → Seite 76
Tiefer Sessel mit Hocker → Seite 86
Tisch mit Kreuzverstrebung → Seite 88
Stuhl *Santa Lucia* → Seite 124

Abbildungen:
li.: Drehstuhl *Seesaw* von Peter Horn
re.: Beistellmöbel *Unit* von Eric Degenhardt

Richard **Riemerschmid**

Künstler, Architekt und Möbeldesigner, geb. 1868, gest. 1957

»Die Werkstoffe übertreffen an erzieherischen Gaben die besten Lehrer«, lautete einer seiner Leitsätze. Seine massiven, zumeist unbehandelten Stühle, bei denen die Maserung des Holzes häufig voll zur Geltung kam, standen im krassen Gegensatz zur Repräsentationssucht jener Zeit. Anfangs dienten ihm die Formen der bäuerlichen Welt als Vorbild. Simple, klare Konstruktionen, deren Verbindungen nicht kaschiert wurden, machten Riemerschmids Handschrift aus, sowohl bei den Einzelstücken als auch später beim preiswerteren, industriell gefertigten Mobiliar, das er »Maschinenmöbel« nannte. Sie gelten manchem als Geburt des modernen Möbels und machten Riemerschmid zu einem der ersten »Stardesigner«, der mit seinem Reformmobiliar zeitweise jährlich mehr als eine Million Mark Umsatz machte. Nach dem Abschluss an der Münchner Kunstakademie schuf er Möbel, Teppiche und Gläser, die stark von der Arts-and-Crafts-Bewegung inspiriert waren, arbeitete später als Architekt, entwarf Holzhäuser in Typenbauweise und stattete Passagierschiffe aus. 1903 ging er an die Dresdener Werkstätten, später **Deutsche Werkstätten**, ein Zentrum der »Lebensreform«. Dort entwarf er als leitender Gestalter in enger Kooperation mit dem Unternehmer Karl Schmidt die Gartenstadt Hellerau. 1907 rief er den Deutschen Werkbund mit ins Leben. Um 1900 hatte auch Riemerschmid Gefallen am Jugendstil gefunden und schuf mit den Münchener Kammerspielen ein Meisterwerk dieser Epoche, kehrte aber bald wieder zur Gestaltungsaskese zurück.

Abbildungen:
li.: Armlehnstuhl *Hellerau* für Deutsche Werkstätten
re.: Buffet für Fleischhauers Söhne

Hans »Nick« Roericht

Produktdesigner und Designforscher, geb. 1932, lebt in Ulm

Auch heute noch empfiehlt er die »Emanzipation der Gestalter von der bunten Warenwelt«. Hans »Nick« Roericht studierte Ende der 50er Jahre an der Hochschule für Gestaltung in Ulm, wo er sein analytisches Rüstzeug bekam. Nach Aufenthalten in den USA gründete er Ende der 60er Jahre in Ulm das Büro Produktentwicklung Roericht / Designresearch, das sich zu einem der erfolgreichsten deutschen Studios für Produktdesign und Designberatung entwickelte und Roericht zu einem gefragten Mann machte. 1973 wurde er Professor an der Hochschule der Künste Berlin. In seiner Person kam es zur Synthese des kritischen Ulmer Ansatzes mit Inhalten der Studentenbewegung, eine Mischung, die einiges zum Designaufbruch der 80er Jahre beitrug. Parallel dazu arbeitete er für Firmen wie Lufthansa, Pirelli und **Rosenthal** und übernahm Projekte zur »Humanisierung der Arbeitswelt« oder auch zur »Ausstattung eines Heims für geistig Behinderte«. In den Beginn der 70er Jahre datiert die intensive Arbeitsbeziehung zur Firma **Wilkhahn**, für die er Möbel entwickelte und später auch eine ganze Serie von Studien, die sich mit Themen wie »Neue Konferierkonzepte«, »Zukünftige Wilkhahn-Produkte« oder »Zukunft des Sitzens« beschäftigten. Wichtige Büromöbel waren der Konferenzsessel *190* (1976) und die aus Bauelementen kombinierten Wartesitze *840* (1979). Schließlich führte das Hinterfragen des Sitzens am Schreibtisch zum → *Stitz* (1991), einem Stehsitz, der zur Bewegung zwingt – ein neuer mobiler Möbeltypus.

Abbildungen:
→ Meilenstein: Stehsitz *Stitz* → Seite 166

li.: Sitzsystem *Matrix* für Rosenthal
re.: Dreh- und Konferenzsessel *Programm 190* für Wilkhahn

Rolf Benz

Möbelhersteller, Nagold / Baden-Württemberg, gegr. 1964, **www.rolfbenz.de**

»Mit Rolf Benz kauft man Geschmackssicherheit«, bringt ein leitender Mitarbeiter das Markenversprechen auf den Punkt. Der Weg vom Handwerksbetrieb mitten im Schwarzwald zum größten deutschen Polstermöbelhersteller, der schon Anfang der 70er Jahre durch überregionale Werbung von sich reden machte, ist eine der Traumkarrieren der bundesdeutschen Wirtschaft. 1959 hatte der gelernte Polsterer Rolf Benz in Nagold eine Gestellfabrik gegründet, um dann fünf Jahre später unter dem Kürzel »bmp« (Benz Möbelprogramme) eigene Möbel auf den Markt zu bringen. Gleich das erste Produkt, *Addiform* (von Rolf Benz), eine sachliche Garnitur mit passenden Beistelltischen, brachte den Durchbruch. Es musste angebaut werden, denn in nur vier Jahren stieg die Zahl der Mitarbeiter von etwa 30 auf fast 300 (2004 waren es 750). Qualitätsdenken, das Gespür für Wohntrends und ein für die Branche beispielloses Handelsmarketing sind bis heute wichtige Instrumentarien. Dabei spielt die schwäbische Mentalität – Mercedes liegt nicht fern – ebenfalls eine Rolle. In die frühen 70er Jahre fallen erste Formexperimente, wie jenes wulstige Riesenkissen (von Will Eckstein), das den Namen »Wohnlandschaft« wahrlich verdiente und 1971 beim ersten Messeauftritt in Köln als Blickfang taugte. In den designverzückten 80er Jahren differenzierte sich das Angebot. Neben rustikalen Polstergruppen mit Naturholzgestell fanden sich zunehmend asymmetrische Polsterformen und Ledersofas in einfachen, »klassischen« Proportionen, die nun das Bild der Marke prägten. Exemplarisch dafür ist das Modell *6500* (1985 von Mathias Hoffmann), das seit über 20 Jahren im Katalog steht. 1987 unterstrich die Umfirmierung in Rolf Benz die Neupositionierung in der Nobelklasse. Zur Strategie gehört seitdem auch die intensive Entwicklungsarbeit mit freien Designern zumeist deutscher Herkunft, darunter Georg Appelshauser, **Norbert Beck**, **Anita Schmidt, Stefan Heiliger**, Mathias Hoffmann und **Burkhard Vogtherr**. Es werden jedoch nicht deren Namen, sondern Komfortaspekte und die »zeitlose« Linie in den Vordergrund gestellt. In die 90er Jahre fiel die Entwicklung zum Komplettanbieter, der Erwerb der Firma **Walter Knoll** und die Erschließung neuer Käufergruppen durch Sublabels wie »basix«. 1998 übernahm Hülsta das Unternehmen und der Gründer zog sich schließlich zurück. Das Erfolgsrezept scheint weiterhin aufzugehen: So glänzt das Jubiläumssofa *Dono* (2004 von **Christian Werner**) nicht nur durch sein hochgelobtes Design, sondern auch durch spektakuläre Verkaufszahlen.

→ Meilenstein: Sofasystem *Dono* → Seite 226

Abbildungen:
o. li.: Stuhl *7700* von Norbert Beck
o. re.: Sessel *5800* von Georg Appeltshauser
u.: Sofa *6000* von Bernhard Eigenstetter,
Büro Zeichen und Wunder

Rosenthal Einrichtung

Möbelhersteller, Espelkamp / Nordrhein-Westfalen und Selb / Bayern, gegr. 1972, **www.rosenthal-einrichtung.de**

Anfang der 70er Jahre hatte Philipp Rosenthal, diese Lichtgestalt des deutschen Designs, ein Möbelwerk in Espelkamp erworben. Die Möbel von Rosenthal Einrichtung unterlagen wie das berühmte Porzellan denselben hohen gestalterischen Ansprüchen. Von Anfang an wurden namhafte Designer verpflichtet wie z. B. **Burkhard Vogtherr**, der mit der Tisch-Sessel-Gruppe *Hombre* eine der frühen Kollektionen entwarf. Entsprechend der »Studiolinie« gab es bei Möbeln neben den Serien auch künstlerische Werke in geringer Auflage. So schuf der Nagel-Künstler Günther Uecker neben Reliefs Anfang der 80er Jahre auch den Möbelsolitär *Lettera*, ein Stehpult zur schnellen Ideenniederschrift. Heute arbeiten von den rund 2.000 Mitarbeitern der Rosenthal AG nur mehr 45 am Möbelstandort Espelkamp. Einer der Schwerpunkte sind Büromöbel wie das Konferenztischsystem *Cetera* (von **Lepper Schmidt Sommerlade**), dessen großer Vorteil die einzeln abnehmbaren Tischbeine sind. Die Italienerin Cini Boeri entwarf das repräsentative Programm *Prisma*, das sowohl im Arbeits- wie im Wohnbereich eingesetzt werden kann. Auch an Möbeln für neue Medien wird gearbeitet. Hinter dem Konzept *Controller Serial Network* steckt die Vision, die gesamte Technik selbst umfangreichster Konferenztischanlagen vollständig zu integrieren und gleichzeitig die Flexibilität zu erhalten. Ein Einzelmöbel aus der Solitär-Kollektion ist *Flying Carpet* (von Simon Desanta), ein leichter federnder Sessel, dessen freie Form auch Sitzfreiheit bedeutet.

Abbildungen:
li.: Büromöbelsystem *Me* und Sessel *Folio* von Cini Boeri
re.: Sessel *Flying Carpet* von Simon Desanta

Richard Sapper

Produktdesigner, geb. 1932, lebt in Mailand

Sapper gehört zu den international erfolgreichsten Gestaltern, die das Design von Italien aus über die letzten Jahrzehnte hinweg beeinflusst haben. Über den gebürtigen Münchner, der seine Karriere bei Mercedes begann, hat der Kollege Ettore Sottsass einmal gesagt, es gebe von ihm keinen einzigen falschen Entwurf. Sappers Produkte sind präzise, funktional, immer innovativ und oft hochkomplex. Stets geht es ihm um Lösungen und darum, »der Form einen Sinn zu geben«. Es gibt fast nichts, was der Vielbeschäftigte in seinem Leben nicht gestaltet hätte. Mit seinem Mentor, dem Italiener Marco Zanuso, entwickelte der junge Sapper Anfang der 60er Jahre einen der ersten Vollplastikstühle, den Kinderstuhl → *K 4999* (für Kartell), der bald zum Vorbild für zahllose »erwachsene« Stühle wurde. Vom selben Team stammt der Metallstuhl *Lambda* (für Gavina 1964), der aus zehn gestanzten dünnen Stahlblechen besteht. Auch der nach ihm selbst benannte Bürostuhl aus den späten 70er Jahren, der → *Sapper* (für Knoll), hatte exemplarischen Charakter. Weitere Möbel, zumeist Büromöbel, entstanden u. a. für B & B Italia, CAP, Castelli, Molteni sowie eine ganze Home-Office-Kollektion für Unifor. Mit den leichten Gartenmöbeln *Aida* (für Magis) schuf der Altmeister elegante Instrumente für die Gastronomie und privates Feiern im Grünen. Sapper, der primär kein Möbeldesigner war und in späteren Jahren wieder viel in der Bundesrepublik arbeitete, ist vielleicht das beste Beispiel für die Synthese aus deutscher Perfektion und italienischer Sinnlichkeit.

→ Meilensteine: Kinderstuhl *K 4999* → Seite 110
Stuhlkollektion *Sapper* → Seite 138

Abbildungen:
li.: Stapelstuhl *Aida* für Magis
re.: Klapptisch *Aida* für Magis

Anita Schmidt

Möbeldesignerin, Büro in Bretten / Baden-Württemberg

Für Insider ist sie geradezu ein Synonym für gut gestaltete Polstermöbel. Zahlreiche ihrer Modelle sind in Produktion, obwohl der Weg dorthin nicht ganz gerade war. Auf ein Philosophiestudium folgte eine Lehre in der Möbelindustrie. Anfang der 70er Jahre machte sie sich schließlich selbständig und spezialisierte sich dabei auf die sanfte Sitzkultur. Sie hat für viele führende Marken gearbeitet, darunter Desede, **Hülsta**, **Laauser**, **Rolf Benz**, Straub und **Walter Knoll**. Schmidt besitzt das sichere Gespür für Kundenwünsche. Für Rolf Benz, einem Hersteller, bei dem allein ein halbes Dutzend ihrer Modelle im aktuellen Katalog stehen, machte sie schwungvolle Linien populär. So entwarf sie die Liege *2800*, die abzuheben scheint. Als ähnlich erfolgreich – und das über anderthalb Jahrzehnte – erwies sich das Modell *322* (Rolf Benz, 1989), mit seinen schräg gestellten Aluminiumfüßen so etwas wie das »Designersofa« schlechthin. Ein Entwurf mit Doppelsinn ist das Sofa *Kissen* (1986 für **WK**), das so heißt wie es aussieht, sich aber als ein voll funktionsfähiges Bettsofa entpuppt. Die Vielgereiste ist immer offen für Anregungen. Als sie während eines Türkei-Aufenthalts einen Schmied beobachtete, entdeckte sie das Material Eisen und entwickelte direkt vor Ort in einem kleinen Dorf die Prototypen für ein Möbelsystem, das später in Serie ging (WK, 1987). Obwohl als Möbeltypus eher die Ausnahme, charakterisiert *Bosporus* sie doch in gewisser Weise. Es ist praktisch, vielseitig und ein wenig verspielt.

Abbildungen:
li.: Sofa *Inspiration 545* für Rolf Benz
re.: Sofa *2800* für Rolf Benz

Karl Schneider

Architekt und Möbel- und Produktdesigner, geb. 1892, gest. 1945

Obwohl mittlerweile ein Kulturpreis nach ihm benannt ist, gehört er doch zu den Vergessenen. Er war »ein kämpferischer Gestalter, ein Rebell gegen das ewig Gestrige«, schrieb eine Kunstzeitschrift 1929. Schneider, der vor dem Ersten Weltkrieg im Berliner Büro von **Walter Gropius** arbeitete, realisierte zwischen den Weltkriegen in seiner Heimatstadt Hamburg zahllose Bauprojekte im Stil der »Neuen Sachlichkeit«: vom Hamburger Kunstverein über Privatvillen und Tankstellen bis hin zu Kinos, Kaufhäusern und riesigen Arbeiterwohnkomplexen, deren Musterwohnungen er selbst ausstattete. Die Villa, die er 1928 für den Holzfabrikanten Bauer an der Oberalster entwarf – ein kubisch verschachtelter Bau – hatte eine Zeilenküche und flächendeckende Schrankwände. 1930 stellte er ein ganzes *Typenmöbel*-Programm vor, darunter Sitzmöbel mit Kufen und geschwungenen Formen, die an spätere Entwürfe von Alvar Aalto oder Bruno Mathsson erinnern. Die kombinierbaren Schrankelemente, wie das nach Bauhaus-Manier mit dem Kürzel *KS 81* bezeichnete Buffet, sind bereits ähnlich streng wie die Sideboards von **Herbert Hirche** aus den 50er Jahren. Als Mitglied des Rings, einer Vereinigung fortschrittlicher Architekten, steht er auch exemplarisch dafür, wie die klassische Moderne damals in Deutschland in den Regionen Verbreitung fand. Außerdem ist er ein Beispiel für die Vertreibung einer intellektuellen Elite. Der als »Kulturbolschewist« Verfemte wanderte schließlich in die Vereinigten Staaten aus.

Abbildungen:
li.: Anrichte *KS 38* für Haus Bauer
re.: Buffet *KS 81*

Wulf Schneider

Innenarchitekt und Möbeldesigner, geb. 1943, Büro in Stuttgart / Baden-Württemberg, **www.profwulfschneider.de**

Bereits Ende der 80er Jahre schrieb er ein Buch über den »Sinn und Un-Sinn« in der gestalteten Umwelt. Wulf Schneider, der in den 60er Jahren Innenarchitektur und Design studierte und später leitende Positionen in der Wirtschaft sowie eine Designprofessur bekleidete, macht gerne auf die grundlegenden Dinge der Produktgestaltung aufmerksam. Dreh- und Angelpunkt seines Berufes sei nun einmal der Mensch. Werden Produkte nicht »angenommen«, ist der Zweck verfehlt. Deshalb müssen die sinnliche Komponente und die aktuellen Wahrnehmungsmuster immer mitgedacht werden. »Das ist für dich hergestellt«, soll die Botschaft sein. Ziel dieses »ganzheitlichen« Ansatzes sei letztlich eine »Produktkultur«, so seine deutsch klingende Essenz. Schneider, der seit Mitte der 70er Jahre als selbständiger Designer arbeitet, hat Kunden gefunden, die diese anspruchsvolle Konzeption teilen. So entwickelte er seit den frühen 80er Jahren Stühle für **Thonet**, die – als die Inflation der Designpreise noch nicht eingesetzt hatte – regelmäßig mit Auszeichnungen bedacht wurden: darunter die Modelle S 320 (1985) und S 570 (1990) als zeitgemäße Synthesen aus Holz und Stahl sowie 290 (2001), eine elegante Sperrholz-Bugholz-Konstruktion, die u. a. für ihre »Langlebigkeit« gewürdigt wurde. Formal handelt es sich um eine bemerkenswerte Lösung: Der patentierte Stuhl besteht aus lediglich drei Teilen, wobei die Sitzfläche aus dem Rückenstück ausgeschnitten ist. Auch für **COR** entwickelte Schneider ein intelligentes Möbel: die Polster-

würfel *Clou* (1994), eine neue Interpretation des Systemsofas, verbinden einen Reigen praktischer Kombinationsmöglichkeiten mit ungewöhnlichen Proportionen und Armlehnen, die manchen an Ohren erinnern. Es folgte Arthe (für COR, 2000), ein Sofa mit Gelenken. Schließlich entstanden ganze Möbelprogramme wie *Team*, eine sieben Modelle umfassende Drehstuhl- und Freischwingerserie (für Arts Collection) und die Konferenzmöbel *No Limits* und *High End* (für **Sedus Stoll**). Ein Möbelsystem, das den Sehsinn auf eine völlig neue Art einbezieht, ist der Leuchtschrank → *EO* (für **Interlübke**, 2001), bei dem sich Helligkeit und Farben des Lichts verändern lassen. Als Berater ist Schneider ebenso gefragt. Er verfasste Studien zu Themen wie einen im Tag- und Nachttakt betriebenen »Hotelzug« (für die Deutsche Bahn) und über »Büromöbel der Zukunft« (für **König + Neurath**).

→ Meilenstein: Schranksystem *EO* → Seite 204

Abbildungen:
o. li.: Stuhl *S 570* für Thonet
o. re.: Stuhl *290 F* für Thonet
u.: Konferenzmöbel *High End* für Sedus Stoll

Sedus Stoll

Möbelhersteller, Waldshut / Baden-Württemberg, gegr. 1871, **www.sedus.de**

Mit acht europäischen Tochterfirmen (davon vier produzierende) und einem Exportanteil zwischen 40 und 50 Prozent gehört der Konzern mit Stammsitz an der Schweizer Grenze zu den führenden Marken der Büromöbelbranche. Inzwischen hat man sich zu einem Komplettanbieter entwickelt, u. a. durch Zukauf der Unternehmen Klöber und Gesika, einem Anbieter, der das Sortiment durch Schreibtische, Container und Schränke ideal ergänzt. Die Ursprünge von Sedus liegen in einem einzigen Produkt, dem Bürostuhl. Mitte der 20er Jahre stellte man Europas ersten gefederten Drehstuhl vor und führte ein paar Jahre später die Schwenkrollen ein. In den 70er Jahren fiel mit der Gründung einer Entwicklungsabteilung das Augenmerk mehr und mehr auf anatomisch angepasste Stühle. Bis heute gehört das Wissen um das richtige Sitzen zur Kernkompetenz. Zum erfolgreichsten Produkt entwickelte sich der Drehstuhl *Paris*, der sich über eine Million Mal verkaufte. Zum heutigen, umfangreichen Bürostuhlprogramm trug der Designer Michael Kläsener entscheidend bei, vom Einstiegsmodell *Yeah!* bis zu *Lisboa* in der Business-Class. **Wulf Schneider** entwarf die flexiblen Tischsysteme *No Limits* und *High End*, die mit variablen Konfigurationen und kurzen Auf- und Abbauzeiten die Arbeitszusammenkünfte optimieren. Leise Irritationen löst dagegen die Serie *Corner* des Engländers Peter Wilson aus: asymmetrische Sessel mit zweifarbigem Lederbezug. Sedus entwickelt seinen Katalog auf dem Hintergrund sozialwissenschaftlicher

Untersuchungen, die das Verhältnis der verschiedenen Lebenswelten Zuhause, Arbeit und Freizeit beleuchten. So sollen sich nach dem daraus abgeleiteten System *Place 2.5* neue Produkte einpassen, indem z. B. die leistungsbezogene Büroumgebung mit emotionaler Bedeutung aus der Freizeit angereichert wird. Dafür sind gestalterische Ideen gefragt, wie etwa der tragbare Stehsitz *Smile* (von Emil Lohrer), dessen Höhe wie ein Fahrradsitz verstellt werden kann. Kernstück des angesprochenen Systems ist der Tisch → *Invitation*, ein variables Werkzeug, das zu kreativem und spielerischem Umgang anregt. »Arbeiten wie die Kinder« lautet daher konsequenterweise die Kampagne, mit der man Spontaneität und Spieltrieb aktivieren will. *Turtle Club*, die farbenfrohen Kunststoffhalbkugeln des Italieners Matteo Thun, können dem Arbeitsalltag ein wenig von seiner lähmenden Ernsthaftigkeit nehmen.

→ Meilenstein: Tisch *Invitation* → Seite 236

Abbildungen:
o.: Klapptisch *Time Out MS* von Mathias Seiler und Stühle *Let's Fly* von Team Papenfuss
u. li.: Stehsitz *Smile* von Emil Lohrer
u. re.: Sessel *Turtle Club* von Matteo Thun

Seefelder

Möbelhersteller, Seefeld / Bayern, gegr. 1983, **www.seefelder.com**

Der Firmensitz im oberbayrischen Seenland besitzt allein schon einige Anziehungskraft. Ursprünglich eine Tochterfirma von **Brühl**, wurden die Seefelder Werkstätten Anfang der 80er Jahre selbständig und entwickelten bald ein attraktives, inzwischen recht weit gefasstes Fertigungsprogramm, das heute von modernen Polstermöbeln über Hocker und Essgruppen bis zu Couch- und Ausziehtischen sowie Teppichen reicht. Im Mittelpunkt stehen jedoch die Sofas, wie das Modell *Joy*, ein Ausziehwunder, bei dem sich die geraden, hochgezogenen Rück- und Seitenlehnen in Liegeflächen verwandeln. *Joy* wurde in Eigenregie entwickelt. Dabei gehört die Zusammenarbeit mit externen Designern durchaus zur Politik des Hauses. Der Klapptisch *Janus*, mit seinem patentierten Mechanismus (von Luzius Huber und Florian Steiger) ist ebenfalls ein Beispiel wundersamer Flächenvergrößerung. Mit der Verdoppelung der Tischlänge geht dabei gleichzeitig noch die Veränderung der Farbe einher. Noch ein Faltkünstler: das Sofa *Shift* (von Volker Laprell und Volker Classen) ist zugleich Sofa, Doppelbett und Doppel-Recamiere. Enorm viele Gestaltungsmöglichkeiten bietet das Polsterpuzzle *Play* (von **Jan Armgardt**). Einen Neustart bedeutete die – auch mit einer Umfirmierung einhergehende – Umstrukturierung nach Insolvenz und anschließender Übernahme durch Marketingchefin Gabi Meyer-Brühl und Fertigungsleiter Heinz Schrewe, zwei Mittdreißigern.

Abbildungen:
li.: Multifunktionssofa *Shift* von Volker Laprell und Volker Classen
re.: Tisch *Janus* von Luzius Huber und Florian Steiger

Studio Vertijet

Möbel- und Produktdesign, Büro in Halle / Sachsen, gegr. 2000, **www.vertijet.de**

Sie stellen ihren Produkten Ideen voran und entwickeln eine Vorstellung von deren Benutzern. Die an ein Surfbrett erinnernde Parkbank *Freestyler* ist für all jene Jugendlichen gedacht, die sich draußen treffen müssen. Der Biergartentisch *Ponti* wurde für die entworfen, »die keinen Garten haben«. Das Regal *Rahm'ses* hilft denen, die öfter mal umziehen oder gern die Einrichtung verändern. Aus nur vier Grundelementen lassen sich hier mit Hilfe kleiner Steckbolzen ganz ohne Werkzeug unendlich viele Konfigurationen bauen. Studio Vertijet besteht aus der Innenarchitektin Antje Hoppert und dem Designer Steffen Kroll, die innerhalb kürzester Zeit den Status eines Insidertipps abgelegt haben. Immer wenn über erfolgreiche junge deutsche Designer gesprochen wird, fällt schnell der Name ihres Studios. Insbesondere die Polstermöbel für **COR** fanden einige Beachtung. So gelang es ihnen mit → *Scroll* (für COR, 2002) den Verwandlungsfaktor eines Sofas noch einmal zu potenzieren. Das Sofa *Nuba* (für COR, 2003) wirkt dagegen statisch wie ein Sitzmonument, als wäre es aus Stein gehauen. Die Formholzstühle *Hob* (für COR, 2003) und *Neo* sind Entwürfe, die die Möglichkeiten des Materials konsequent ausschöpfen. Entscheidend für das letztgenannte Modell war die Anwendung einer neuen 3-D-Technik, die extreme Biegungen und geringe Querschnitte erlaubt. Der Stuhl gleicht der Struktur eines Baumes, er scheint gewachsen zu sein. Ein klassischer Möbeltyp, der ausgereizt schien, erlebt eine Renaissance.

→ Meilenstein: Sofasystem *Scroll* → Seite 208

Abbildung:
Sofasystem *Nuba* für COR, 2004

Tecta

Möbelhersteller, Lauenförde / Niedersachsen, gegr. 1972, **www.tecta.de**

Als Axel Bruchhäuser Anfang der 70er Jahre aus der DDR in den Westen kam, suchte er Kontakt zu den Meistern des Funktionalismus, spürte den Holländer Mart Stam in der Schweiz auf, besuchte **Marcel Breuer** in New York und fand die Familie des Russen El Lissitzkys in sibirischer Verbannung. Damals erwarb er erste Lizenzen, den Grundstock des Tecta-Programms. Dabei betätigte sich Bruchhäuser nicht nur als Archäologe der Moderne, sondern auch als Testamentsvollstrecker. Es wurde nachgeholt, worauf die Pioniere vergeblich gewartet hatten. Zahlreiche Entwürfe wurden bei Tecta erstmals maschinell produziert, wie die Glasvitrine von Breuer und der Sessel → F 51 von **Walter Gropius**. Bei Breuers praktischem Klappsessel wurden eigens die Gurte aus Eisengarn (von Grete Reichert) rekonstruiert. Immer noch machen Bauhaus-Möbel einen beträchtlichen Teil des Umsatzes aus, darunter ein berühmtes Stahlrohrgestühl von **Ludwig Mies van der Rohe**, dessen Ur-Freischwinger von 1927 im Katalog steht (mit Naturrohrgeflecht von Lilly Reich), und Breuer, der auch Container und eine Liege auf Rädern entwarf. Daneben gibt es weniger prominente Bauhaus-Namen wie Erich Brendel, der 1924 das funktionalistische Mobiliar um einen *Klapp-Tisch* und einen würfelförmigen, ebenfalls ausklappbaren *Teetisch* erweiterte. Zu einer gewissen Berühmtheit brachte es **Peter Keler** mit seiner *Wiege Kandinsky* (1922) und dem Sitzblock *Kubus* (1925). Längst sind weitere Facetten der klassischen Moderne hinzugekommen wie das Eisendesign des Franzosen

Jean Prouvé, dessen *Schwebesessel* von 1924 mittels einer wuchtigen Feder in Spannung gehalten wird. Zu den konstruktivistischen Pretiosen der Zwischenkriegszeit gehört der schwarzblaue Sperrholzsessel (1930) von Lissitzky. Von ihm hat man auch den *Tisch des Ansagers* wieder aufgelegt, dessen asymmetrische Platte bei Tecta-Tischen zu einem Leitthema wurde. Interessante Beiträge neueren Datums stammen von **Stefan Wewerka** und den Amerikanern Alison & Peter Smithson. Bruchhäuser und sein Team haben ebenfalls etliche Entwürfe beigesteuert. Tecta erfüllt eine ähnliche Aufgabe wie Cassina, **ClassiCon**, Källemo, Knoll oder **Vitra**. Hier geht der Avantgardismus des frühen 20. Jahrhunderts eine Liaison mit dem Heute ein.

→ Meilensteine: Sessel *F 51* → Seite 46
Satztische *B 9* → Seite 52, Stuhl *Einschwinger* → Seite 142
Küchenmöbel *Küchenbaum* → Seite 146

Abbildungen:
o. li.: Kragsessel *D 24* (Werksdesign)
o. re.: Beistelltisch *K 40* von Marcel Breuer
u. li.: Kragstuhl *B 20* (Werksdesign)
u. re.: Konsolwagen *M4 R* (Werksdesign)

Thonet

Möbelhersteller, Frankenberg / Hessen, gegr. 1819, **www.thonet.de**

Bis heute ist die Geschichte des Unternehmens Thonet die eines Familienbetriebs, der aktuell im hessischen Frankenberg von der fünften Generation geführt wird. Diese Geschichte begann mit dem rheinischen Tischlermeister Michael Thonet, der sich Anfang des 19. Jahrhunderts selbständig machte und die Holzbiegetechnik unter Dampf entwickelte – wirtschaftlich und gestalterisch eine epochale Erfindung. Später holte Fürst Metternich den erfinderischen Möbelbauer nach Wien, wo Thonet erstmals Möbel industriell produzierte. Seine Stühle waren leicht zerleg- und transportierbar und begründeten die moderne Massenproduktion auf diesem Gebiet. Thonet und seine Söhne entwickelten in der Folge zahlreiche Bugholzstühle, darunter sehr schlichte, aber auch verschnörkelte. Allein vom berühmten Kaffeehausstuhl → *Nr. 14* wurden bereits bis zum Zweiten Weltkrieg mehr als 30 Millionen Exemplare verkauft. Thonet war deshalb schon um 1900 zu einem multinationalen Unternehmen geworden. Industrielle Ästhetik und Minimalismus, auch bezogen auf den Materialeinsatz, kennzeichnen die ersten Stahlrohrstühle aus den 20er Jahren, eine Innovation aus Deutschland, die das Möbeldesign revolutionierte und die mit dem Namen Thonet eng verbunden ist. Dies gilt insbesondere für den Freischwinger, diesen damals völlig neuen Stuhl- und Sesseltypus. Sowohl der *S 43*, der erste Freischwinger von Stam, der → *S 32* von **Marcel Breuer** wie auch der → *S 533* von **Ludwig Mies van der Rohe** und viele andere Stahlrohrmodelle werden bis heute produziert. Nach dem Zweiten Weltkrieg, viele Fabriken waren zerstört, blieb ein Teil der Familie in Wien (heute Thonet Vienna). Georg Thonet, der Urenkel des Gründers, setzte in der Bundesrepublik die Tradition fort. Stahlrohr und Holz blieben lange die dominanten Materialien der Kollektion. Jedes Jahrzehnt brachte seine Klassiker hervor, setzte man doch konsequent auf die Zusammenarbeit mit namhaften Designern: von Eddie Harlis, der in den 50ern den optimistischen → *S 664* entwarf, über den Popdesigner Verner Panton, bis hin zu aktuellen Namen, darunter internationale Prominenz wie Norman Foster oder Alfredo Häberli, aber auch zahlreiche Deutsche wie Ulrich Böhme, Gerd Lange, **Glen Oliver Löw**, **Peter Maly**, **Wolfgang C. R. Mezger** und **Wulf Schneider**. Akzente setzte man mit dem technisch raffinierten Stuhl *S 360* (→ **Delphin Design**, 2001), aber auch mit dem Polsterprogramm → *S 4000* (**Jehs + Laub**, 2001) und dem Sessel *A 660* von James Irvine, der die Bugholztechnik zeitgemäß mit Aluminium und Netzgewebe realisierte.

→ Meilensteine: Stuhl *Nr. 14* → Seite 38
Satztische *B 9* → Seite 52, Sessel *B 35* → Seite 56
Stuhl *S 533 (MR 10)* → Seite 54, Stuhl *B 32* → Seite 60
Stuhl *ST 14* → Seite 64, Sessel *S 411* → Seite 66
Servierwagen *S 179* → Seite 68, Schreibtisch *S 285* → Seite 70, Stuhl *S 664* → Seite 92

Abbildungen:
o. li.: Stuhl *225* (Werksdesign)
o. re.: Stuhl *S 320 P* von M. Böhme und Wulf Schneider
u.: Tisch *A 1700* von Lepper Schmidt Sommerlade

Henry van de Velde

Künstler, Architekt und Möbeldesigner, geb. 1863, gest. 1957

»Die Schönheit hat über jede Thätigkeit Macht«, schrieb er 1899 in einem viel beachteten Artikel. Der belgische Architekt und Theoretiker, der in Antwerpen und Paris studierte, war eine jener polyglotten Persönlichkeiten, die in der reformfiebrigen Zeit um 1900 zu Pionieren neuer Formgebung wurden. Van der Velde hatte sich unter dem Einfluss der englischen Arts-and-Crafts-Bewegung der Gebrauchskunst zugewandt und wurde zu einem der führenden Vertreter des Jugendstils. Bei seinem Haus in Uccle (1895) zeigte sich bereits jene leichte, elegante Linienführung, die seinen ganz speziellen Stil ausmachte und die sich im Mobiliar wie dem Stuhl → *Bloemenwerf* wiederfand. Bald wurde der junge Architekt auch in Deutschland bekannt, insbesondere durch Aufträge aus Berlin, wie die Ausstattung der Kunsthandlung Keller & Reiner und der Havanna-Compagnie in feinstem Jugendstil. Das war nicht nur eine Augenweide und eine Attraktion für die Kundschaft, sondern auch der Versuch, die Hierarchie der Künste aufzuheben und sie in den Dienst der Alltagsgestaltung zu stellen. Seine Möbel schuf der Nietzsche-Anhänger im Geist der freien Gestaltung und des Gesamtkunstwerks – dabei blieb er Realist. »Solange es einem Industriellen gut geht, kommt er nicht zum Künstler«, schrieb er 1915 in einem Brief an **Walter Gropius**. »Und kommt er, wenn es ihm schlecht geht, dann kommt er wie zum Teufel, um seine Seele zu verkaufen, die zu allem entschlossen ist, um sein bedrohtes Portemonnaie zu füllen«. Schließlich wurde

van de Velde auf Betreiben des Schriftstellers und Kulturkritikers Harry Graf Kessler zum Direktor der Kunstgewerbeschule in Weimar berufen (aus der später das Bauhaus hervorging, als dessen Direktor er **Gropius** empfahl). Hier sollte er ganz im Sinne der »Lebensreform« für das »Neue Weimar« profane »Tempel« schaffen, ein Ziel, das er erstmals im Nietzsche-Archiv (1903) verwirklichte. Das integrale Mobiliar nahm die Linienführung des Raumes auf. Es folgten weitere Projekte, darunter Museumsbauten in Dresden und Hagen. Wellen schlug schließlich der Thesenstreit im Deutschen Werkbund, dessen Mitbegründer er war: Die Industriefraktion, u. a. **Peter Behrens**, plädierte für Typisierung, wogegen er als Vertreter der Künstlerfraktion vehement argumentierte. Als Ausländer angefeindet, verließ der Kosmopolit Weimar Anfang des Ersten Weltkriegs und emigrierte in die Schweiz.

→ Meilenstein: Stuhl *Bloemenwerf* → Seite 40

Abbildungen:
o. li.: Sessel *Villa Esche* für Herbert Esche
o. re.: Lesessessel für Henry van de Veldes Wohnung in Weimar
u.: Klavierbank *Maria* für Karl Ernst Osthaus
(alle in Reedition bei Adelta)

Vitra

Möbelhersteller, Weil am Rhein / Baden-Württemberg, gegr. 1934, **www.vitra.com**

Ende der 80er Jahre machte Vitra wieder einmal von sich reden, als man eine »Edition« experimenteller Sitzmöbel jeweils in kleiner Serie auflegte. Zu den überzeugenden Entwürfen zählte neben Shiro Kuramatas Sessel aus Metallnetz und Ron Arads *Well-Tempered Chair* aus gefaltetem Stahlblech auch Frank Gehrys aus verleimten Kartonschichten konstruierter *Grandpa Chair*. Der Amerikaner Gehry entwarf auch das Gebäude für das Vitra Designmuseum, das über eine große Sammlung an Designerstühlen verfügt. Die Ausstellungstätigkeit vollzieht sich im Rahmen einer Stiftung. Unter der Direktion von Alexander von Vegesack wurde eine beeindruckende Serie von Designausstellungen realisiert. Gehrys exaltierter Bau war der Beginn eines Programms, in dessen Verlauf seit Beginn der 90er Jahre ein halbes Dutzend profilierter Architekten auf dem Firmengelände Akzente setzen konnten, darunter so konträre Vertreter ihres Standes wie die Dekonstruktivistin Zaha Hadid und der Minimalist Tadao Ando. Vitra, das wie kein anderes Unternehmen der Branche ein intellektuelles Verhältnis zu seinem Produkt pflegt, schuf sich kein monolithisches Image, sondern bediente sich genialer Heterogenität und Multikulturalität. Dies gilt auch für den Standort am Dreiländereck. Hinter der ambitionierten Design- und CI-Strategie steht ein aufgeschlossener Unternehmer. Rolf Fehlbaum ist eine Leitfigur der Branche und hat das deutsch-schweizerische Unternehmen zu einem bedeutenden europäischen Möbelhersteller gemacht, insbesondere was Büro und öffentliche Räume angeht. Ende der 50er Jahre hatte man mit Entwürfen von Charles und Ray Eames den Höhenflug eingeleitet. Zu den Designern, die seit den 90er Jahren Akzente setzten, zählen u. a. die Italiener Mario Bellini, Antonio Citterio, die Engländer Jasper Morrison und Norman Foster, die Franzosen Ronan und Erwan Bouroullec sowie der Deutsche **Werner Aisslinger** mit dem System *Level 34* (2005). Seit einiger Zeit werden wichtige historische Entwürfe von Jean Prouvet hergestellt. Ein bahnbrechendes Ereignis war auch der *Panton Chair* aus den späten 60er Jahren. Sein Schöpfer, der Däne Verner Panton, wohnte in der Nähe der Firma. Bis in die Gegenwart gelang es Vitra immer wieder, mit Ikonen aufzuwarten, sei es Morrisons lakonischer *Plychair* oder Phillip Starcks anthropomorpher Stuhl *Louis 20*. An der Wende zum neuen Jahrhundert verwirklichte Vitra mit einem neuen Verwaltungsgebäude die Idee eines offeneren und flexibleren, komplett vernetzten Büros von morgen.

→ Meilenstein: Tischbank *Tabula Rasa* → Seite 158

Abbildungen:
o.: Systemmöbel *Level 34* von Werner Aisslinger und Stühle *Aluminium Group* von Charles und Ray Eames
u. li.: Bürostuhl *T-Chair* von Antonio Citterio und Glen Oliver Löw
u. re.: Stuhl *Taino* von Jacob Gebert

Burkhard Vogtherr

Möbel- und Produktdesigner, geb. 1942, Büro in Mulhouse (Frankreich), **www.vogtherrdesign.com**

Ende der 60er Jahre gewann Burkhard Vogtherr den *Bundespreis Gute Form*, Deutschlands höchste Designauszeichnung, die damals erstmals vergeben wurde. Sein Entwurf: eine Phono-Anlage, bei der die Geräte in Kunststoffkugeln untergebracht waren. Das Atomium für die gute Stube machte die Branche auf den jungen Designer aufmerksam. Seine ersten Möbel entwarf er für **Rosenthal**, darunter auch eine futuristische Bett-Schrank-Zelle mit eingebautem Hi-Fi-System. Nach einer Ausbildung zum Schreiner hatte Vogtherr zunächst Industriedesign studiert. Das neue Tätigkeitsfeld polte seine Perspektiven um. Das Faszinosum Stuhl ließ ihn nicht mehr los. Der Deutsche mit Wohnsitz im Elsass wurde zu einem der international gefragtesten Spezialisten für Sitzgelegenheiten jeder Art. Er arbeitete für führende internationale Möbelmarken wie Arco, Arflex, Bushy, Cappellini, Dietiker, Fritz Hansen und Wittmann, aber auch für deutsche Hersteller wie **COR**, **Drabert**, Klöber und **WK**. Seit den 70er Jahren entstanden zahlreiche Bürodrehstühle, u.a. für Drabert und den amerikanischen Hersteller Davis, der zum Modell *Web* (1997) gleich eine ganze Lounge-Kollektion bestellte, frühe Medienmöbel mit integrierter Buchsenlade. Für Klöber hat er seit den 80er Jahren eine Serie dieser Stühle bis hin zum Programm *Nimbus* (1999) entwickelt, erkennbar an der mittigen Naht des Polsters. Bereits Anfang der 80er Jahre schaffte der Star ohne Allüren seinen Durchbruch in Italien. Arflex kaufte den markanten → *T-Line*, einen grafischen Stuhl, der nicht umsonst bevorzugt in TV-Talkrunden verwendet wird. Für dieselbe Firma schuf er weitere faszinierend einfache Entwürfe, die in überraschendem und angenehmem Kontrast zur Ausdruckswut jener Jahre stehen, wie der Sessel *Felix* (1985), ein eigenständiger Kommentar zum Thema Kiste, der Sessel *Armilla* (1990), ein Vexierspiel mit Dreiecken, und schließlich *Leo lea*, eine Hommage an die Klarheit der klassischen Moderne, deren Leichtigkeit die Originale kaum erreichten. Gerade Vogtherrs besonnene Formensprache ist wohl eine der wichtigsten Ursachen für seine vollen Auftragsbücher. Anfang der 90er Jahre entstand für Cappellini das Tisch-Stuhl-Bett-Ensemble *Small Room*, ein der Einfachheit verpflichtetes Werk. Für WK ging der Sitzexperte noch einmal fremd, als er das Modell *208* (1983) entwarf, eine Schrankarchitektur in Treppenform, die wie ein Puzzle funktioniert.

→ Meilenstein: Sessel *T-Line* → Seite 148

Abbildungen:
o. li.: Sessel *Armilla* für Arflex
o. re.: Sofa *Libra* für COR
u. li.: Bürostuhl *Spin* für Fritz Hansen
u. re.: Stuhl *Micado* für Arco

Votteler & Votteler

Möbeldesign, Büros in Freudenstadt / Baden-Württemberg u. Hemmingen / Niedersachsen, **www.vottelerdesign.de**

Branchenkennern ist Arno Votteler bestens als eine Autorität bei Büromöbeln bekannt. In den 90er Jahren hat er sich mit seinem Sohn zusammengetan. Votteler sen., Jahrgang 1929, wurde geprägt durch die Kindheit in den »Holzkunstwerkstätten« des Vaters sowie durch seine Schreinerlehre. Sohn Matthias, Betriebswirt und ebenfalls Designer, bevorzugt dagegen das konstruktive Potenzial des Metalls – Präferenzen, die sich ergänzen. Aufgrund immer engerer Budgets müssen Designer zunehmend auch Aufgaben der Produzenten, wie etwa das Verhandeln mit Zulieferern, übernehmen. Auch hier hilft die Qualifikation des Sohnes. Arno Votteler hatte in den frühen Berufsjahren geistige Mentoren wie seinen Professor **Herbert Hirche** oder den Firmengründer **Walter Knoll,** so dass der Junge aus dem Schwarzwald schnell zur polyglotten Persönlichkeit wurde: Mitarbeit im Londoner Büro Gutman, 1957 Leitung des Gutman-Büros in Stuttgart, schließlich Anfang der 60er Jahre Eröffnung eines eigenen Studios. Später war er u. a. Dozent in Brasilien, den USA, Indien und China. Auch die Palette der Auftraggeber wurde immer vielfältiger. So entstand Ende der 60er Jahre für die Schiffswerft Blohm & Voss nicht nur ein System modular eingerichteter Kabinen, sondern auch eine Rasterarchitektur für das Deckhaus. In dieser Phase gewann Arno Votteler **Planmöbel** als Kunden, für den er über ein Vierteljahrhundert hinweg Büroserien entwickelte, darunter der Dauerbrenner *Concept*. Die ähnlich intensive Zusammenarbeit mit **Martin Stoll** begann Ende der 70er Jahre mit dem Modell *S*, dem ersten Drehstuhl mit aktiver Beckenstütze. Parallel dazu entstanden für **Bisterfeld + Weiss** ebenfalls Stuhlserien sowie Wohnmöbel für Hotels und Altenheime. In diese Zeit fällt die Abkehr vom puren Funktionalismus, was sich u. a. in dem noblen Chefzimmer *Ponte* (1985 für RTR) ausdrückte, einem Möbelsystem nach dem Brückenprinzip. Gleichzeitig leitete Votteler das von ihm gegründete, der Akademie der bildenden Künste in Stuttgart angegliederte Institut für Innenarchitektur und Möbeldesign, auch als »Weißenhof-Institut« bekannt. Vater und Sohn, die als Votteler & Votteler firmieren, ist das beharrliche Feilen an der Formgebung, gepaart mit einem ausgeprägten Sinn fürs Machbare, eigen. Zu ihren neueren Produkten gehört der »hochintegrierte« Drehstuhl → *Sputnik* und der leichte Kunststoffstuhl *Bullauge* (beide 2005 für **Interstuhl**), dessen markante kreisförmige Aussparungen ihm den Namen gaben.

→ Meilenstein: Bürostuhl *Sputnik* → Seite 234

Abbildungen:
o. li.: Stuhl *Bullauge* für Interstuhl
o. re.: Sessel *350* für Walter Knoll
u. li.: Bürostuhl *Kollektion C* für Martin Stoll
u. re.: Stuhl *21* für Spahn

WK Wohnen

Möbelhersteller und Interessenverband, Dreieich / Hessen, gegr. 1912, **www.wkwohnen.de**

Juristisch gesehen handelt es sich um einen Verein, praktisch ist es der älteste Hersteller deutscher Designmöbel. Das Mitgliedsbuch besitzen rund 130 Einrichtungshäuser, die das Sortiment der WK-Einrichtungen exklusiv vertreiben. Man steht mit etwa 50 Herstellern und ähnlich vielen Gestaltern in Kontakt. Für den »Verband« arbeitete und arbeitet die Creme der deutschen Möbeldesignerszene, darunter **Thomas Althaus**, **Jan Armgardt**, **Siegfried Bensinger** (der eine Weile als Artdirector fungierte) **Egon Eiermann**, **Rolf Heide**, **Stefan Heiliger**, **Peter Maly**, **Wolfgang C. R. Mezger**, **Anita Schmidt**, **Burkhard Vogtherr** und **Herta Maria Witzemann**, um nur einige zu nennen. Die aufklärerische Idee der »Wohnkunst« – später »Wohnkultur« – entstand kurz vor dem Ersten Weltkrieg, als der Deutsche Werkbund auch die Reformierung der Wohnumwelt betrieb. Eine Gruppe deutscher Einrichtungshäuser schloss sich zusammen, um nach dem Vorbild der **Deutschen Werkstätten** hochwertige Möbel in Serie herzustellen. Alleiniger Hersteller war anfangs die Firma **Behr**. In der Satzung hatte man sich ganz im Sinne des **Deutschen Werkbunds** auf »die Verbreitung des guten Geschmacks« verpflichtet. In der Nach-Bauhaus-Zeit nahm man z. B. flexible Anbaumöbel ins Programm, die zu einem »Aufbauheim« (von Paul Grießer) kombiniert werden konnten. Damit wurde WK zu einer frühen Agentur für Systemmöbel, einem Dauerthema im deutschen Möbeldesign, das u. a. von Georg Satink (1952 *WK-Satink*)

und Peter Maly (1987 *Muro*) fortgesetzt wurde. Regierte man in der »schlechten Zeit« nach dem Zweiten Weltkrieg mit der Entwicklung von schlichten Möbeln unter der Marke *WK-Sozialwerk*, nahm die Firma bald danach an der bundesdeutschen Neomoderne mit zweckmäßigen Entwürfen teil, die u. a. 1958 erfolgreich auf der Brüsseler Weltausstellung präsentiert wurden. In den folgenden, schwierigeren Zeiten entstand der Schaukelstuhl *Nonna* (1973 von Paul Tuttle), ein Hybrid aus Bugholz und Metall. Der sich streckende Sessel → *Spot* (1989 von **Stefan Heiliger**) wurde zu einer Inkunabel der so formfreudigen »Postmoderne«. Als Meilensteine neueren Datums können Entwürfe wie das Sofa *Ono* oder der raffinierte Ausziehtisch *814* (von Dietmar Joester) angesehen werden. Dabei hat sich die Marke selten durch auffallenden Avantgardismus hervorgetan. Als einer der Vorteile gilt hier mehr denn je das abgestimmte Komplettangebot auf der Linie eines wohltemperierten Funktionalismus.

→ Meilenstein: Sessel *WK 698 Spot* → Seite 160

Abbildungen:
o.: Sofa *671 Ono* von Jonas Kressel und Ivo Schelle
u.: Tisch *WK 814* von Dietmar Joester

Walter Knoll

Möbelhersteller, Herrenberg / Baden-Württemberg, gegr. 1925, **www.walterknoll.de**

Nach einer Amerikareise gründete Walter Knoll Mitte der 20er Jahre eine Möbelfirma unter eigenem Namen. Der Sohn eines Stuttgarter Polsterers, der den väterlichen Betrieb bis dahin mit seinem Bruder annähernd zwei Jahrzehnte geleitet hatte, war inspiriert von der Neuen Welt und vom Bauhaus-Stil. Das prädestinierte ihn u. a. für Ausstattungen der avantgardistischen Stuttgarter Weißenhof-Siedlung. Sein »Antimottprogramm« ersetzt Sprungfedern und üppige Polsterung durch elastische Gurte. Pionierarbeit waren die Aluminiumsessel für Zeppeline. Kurz vor dem Zweiten Weltkrieg ging Walter Knolls ältester Sohn Hans in die USA und gründete dort ein Unternehmen, das als Knoll International die Möbelmoderne prägen sollte. Die sah in den 50er Jahren skandinavisch-organisch aus. Neue Verarbeitungsmethoden von Holz und Metall machten Wölbungen und den Verzicht auf rechte Winkel möglich. 1974 standen die Produkte der Firma erstmalig auf der Mailänder Möbelmesse. Zwanglos und locker präsentierte sich der Einrichtungsstil dieses und des folgenden Jahrzehnts. Es gelang, den Zeitgeschmack zu berücksichtigen und zugleich durch hohe formale Qualität darüber hinauszugehen. Großaufträge belohnten schließlich diese beharrliche Strategie. Der Geschäftsbereich Büromöbel gewann unter der Marke Walter Knoll Office zunehmend an Bedeutung. Für den Flughafen Berlin Tegel entstand 1975 ein endlos addierbares Sitzsystem. Mit solchen Großaufträgen bewies das Unternehmen seine Kompetenz für Objekteinrichtungen und machte sich auch außerhalb Deutschlands durch repräsentative Programme für Foyers, Beratungsräume und Chefzimmer einen Namen – ein Feld, auf dem u. a. der Designer **Wolfgang C. R. Mezger** zu einem Spezialisten avancierte. 1993 übernahm **Rolf Benz** das benachbarte Unternehmen. Markus Benz, der älteste Sohn des Firmengründers, schärfte als Geschäftsführer das Profil einer Kollektion mit klarer bis »klassischer« Linie. Die Firma wuchs weltweit und führte seither mehr als 70 neue Produkte ein. Hohe Qualität und komfortable Funktionen sind selbstverständlich. Die Entwürfe stammen durchweg von namhaften deutschen und internationalen Designern. Das Wiener Büro EOOS, die Engländer Norman Foster und Pearson Lloyd sowie der Holländer Ben van Berkel sind stark im Sortiment vertreten, das gerade bei den neueren Möbeln einen deutlich architektonischen Charakter aufweist.

→ Meilenstein: Sessel *369* → Seite 94

Abbildungen:
o. li.: Stuhl *FK 6725* von Preben Fabricius und Jörgen Kastholm
o. re.: Sessel *Oscar* von Pearson Lloyd
u. li.: Stuhl *Jason Lite* von EOOS
u. re.: Sofa *Happy Day* von Pearson Lloyd

Weko

Büromöbelhersteller, Köln / Nordrhein-Westfalen, gegr. 1925, **www.weko-bueromoebel.de**

Der Familienbetrieb aus der Domstadt, nun in der dritten Generation, war in den 60er Jahren nicht nur Wegbereiter des Schreibtischcontainers, sondern auch der Farbergonomie und der umweltgerechten Gestaltung. Mitte der 90er Jahre erhielt der Betrieb ein neues Erscheinungsbild, zu dem eine konsequent an der klassischen Moderne ausgerichtete Formgebung gehörte. Es entstanden puristische Systemmöbel, die programmatisch *Baureihen* (von Gert Wessel) genannt werden, weil sie an die Haltung des Dessauer Bauhaus anknüpfen sollten. Das vielfach ausgezeichnete Programm basiert auf einem durchgängigen Konstruktionsprinzip. Grundlage der Serie sind ein einziger Rohrquerschnitt und ein Systemknoten, die bei allen Möbelkomponenten gleich sind und daher frei kombiniert werden können, wobei die Prinzipien der Zwischenkriegsmoderne natürlich zeitgemäß interpretiert werden. So ist etwa die *Baureihe* ein Baukastenmöbel, das, über- oder nebeneinander gestellt, sehr homogen wirkt und nicht den Eindruck gestapelter Elemente macht. Aus formalen und ergonomischen Gründen und letztlich auch zur Unterstützung der klaren Gestalt wurde hier auf sichtbare Beschläge und vorstehende Griffe verzichtet. Durch sanften Druck auf die Oberfläche der Türen und Schubladen öffnen diese sich selbständig.

→ Meilenstein: Elementschrank *Baureihe E* → Seite 220

Abbildung:
Schreibtisch und Elementschrank *Baureihe E*

Christian Werner

Innenarchitekt und Möbeldesigner, geb. 1959, Büro in Hamburg, **www.christian-werner.com**

»Designer gestalten Alltagshelfer«, sagt Christian Werner, und in der Tat wirken die weißen Elemente seiner Containerserie *Everywhere* (2000 für Ligne Roset) wie Diener, die sich überall anzupassen wissen. Das Stauraumsystem umfasst über dreißig Elemente. Es sind die bestverkauften Kastenmöbel des französischen Herstellers, für den er über 50 Läden gestaltete, ebenso wie den C-förmigen Sessel *Pop*, eine Einladung, sich leger zu geben. Werner schrieb seine Diplomarbeit bei **Dieter Rams**. Das war in den wilden 80er Jahren, als er noch zum Umkreis des »Neuen Deutschen Designs« gehörte. Eine mehrjährige Assistenz bei **Peter Maly** beendete er, auch um sich weiterzuentwickeln. Der gebürtige Berliner gehört zu den erfolgreichsten Möbeldesignern der letzten Jahre, versteht er es doch, seine Entwürfe auf veränderte Lebensstile zu beziehen. Genau darin lag die Aufgabe beim Sofa → *Dono* (2004), das zur Nummer Eins im Sortiment von **Rolf Benz** wurde. Das Neue daran ist die Ablage, an die die Kissen angeklemmt werden. Sofas sind heute ein persönlicher Bereich für viele Tätigkeiten. Deshalb braucht man eine Abstellfläche für Weinglas, Handy oder Buch. Einer anderen Konzeption folgt das Sofa *6900* (2005 für Rolf Benz). Es bietet eine große Liegefläche, die von einer dünnen, farblich abgesetzten Schale umschlossen wird. Das Spiel mit Proportionen, Kontrasten und wiederkehrenden Radien verleiht ihm den homogenen, fast architektonischen Charakter eines Ruheraumes.

→ Meilenstein: Sofasystem *Dono* → Seite 226

Abbildung:
li.: Sessel *Pop* für Ligne Roset
re.: Containerprogramm *Everywhere* für Ligne Roset

Stefan Wewerka

Architekt, Künstler und Möbeldesigner, geb. 1928, lebt in Magdeburg / Sachsen-Anhalt

Stühle ohne Sitzfläche, schiefe Stühle, Stühle, die in der Wand verschwinden. Stuhlfragmente, bei denen sich ein Teil Halt suchend an ein anderes lehnt. Dies sind Werke des Objektkünstlers Stefan Wewerka, der einmal sagte: »Man muss schief sein, um geradeaus zu gehen.« Nachdem er u. a. Visionen zur »Erdarchitektur« entwickelt hatte, kam er in den 70er Jahren, damals der Fluxus-Bewegung nahestehend, unerwartet zu ersten Serienmöbeln. In Axel Bruchhäuser, Inhaber von **Tecta**, fand er einen aufgeschlossenen Unternehmer, für den jeder Entwurf ohnehin ein Experiment ist. Beim Stuhl *B 1* schuf der Kreative aus zwei zersägten Stühlen ein neues Modell, auf dem man in vielen verschiedenen Positionen sitzen kann. Wewerka, ein Vorläufer der Designrevolte der 80er Jahre, entwickelte eine eigenständige, geometrisch-asymmetrische Formensprache. In ihr verbinden sich überraschende Proportionen mit Bezügen zur klassischen Moderne, sei es zu **Mies van der Rohe** wie beim Stahlstangenstuhl → *Einschwinger* oder zu Gio Ponti wie beim Stuhl *B 4* aus schwarz gebeizter Esche. Höhepunkte in Wewerkas Konzeptionalismus sind zweifellos die Wohneinheit *Cella* sowie das Kochensemble → *Küchenbaum*, ebenso skulpturale wie hochpraktische Konzeptionen, die den zwischenzeitlichen Schwenk Stefan Wewerkas vom Bürgerschreck hin zum Funktionsverdichter verdeutlichen.

→ Meilensteine: Küchenmöbel *Küchenbaum* → Seite 146
Stuhl *Einschwinger* → Seite 142

Abbildungen:
li.: Fächertisch *M 1* für Tecta
re.: Stuhl *Dreibeiner B 1* für Tecta

Wiege

Möbel- und Produktdesign, Büro in Bad Münder / Niedersachsen, gegr. 1985, **www.wiege.com**

Die Entwicklungsabteilung des bekannten Büromöbelherstellers **Wilkhahn** hatte sich Mitte der 80er Jahre zu einem eigenständigen Designstudio verselbständigt, das schnell zu einem international orientierten Projekt wurde. Auch Produkt- und Interiordesign sowie Messegestaltung gehören mittlerweile zu den Arbeitsschwerpunkten. Von der ehemaligen Muttergesellschaft kommt zwar längst nicht mehr das Gros der Aufträge, aber in Sachen Büromöbel ist »Die Wiege« immer noch deren wichtigster Ideenlieferant. So entwickelte man für Wilkhahn die Bürodrehstühle Modus, Neos und → Solis, die neueste Generation, bei der »dynamisches Sitzen« im Mittelpunkt der ergonomischen Funktion steht. Die für individuell einstellbare Stühle typische komplexe Struktur wurde hier bewusst vermieden. Eine übersichtliche Gestaltung macht die Funktionen ablesbar und ermöglicht deren intuitive Nutzung. Anderen Bedürfnissen dient die Sitzbank Cana, die sich in eine komfortable Büroliege verwandeln lässt. Weitere Lösungen für den Arbeitsablauf sind das Tischprogramm Minamo für den japanischen Hersteller Kokuyo und das flexible Raumgliederungssystem Suonada für den türkischen Büromöbelhersteller Koleksiyon. Das zehnköpfige Team unter der Geschäftsführung von Michael Englisch und Jochen Hahne, das das ganze Entwicklungsrepertoire von der Idee bis zum Modellbau anbietet, sieht seine Hauptaufgabe darin, der Klientel einen schlingerfreien Kurs zwischen »den kurzen Zyklen der Modeströmungen« und der Notwendigkeit einer »eindeutigen Designhaltung« zu weisen, als deren Bollwerk man sich versteht.

→ Meilenstein: Bürostuhl Solis → Seite 218

Abbildungen:
li.: Bürostuhl Solis für Wilkhahn
re.: Bürostuhl Sito für Wilkhahn

Wilde + Spieth

Möbelhersteller, Esslingen / Baden-Württemberg, gegr. 1831, **www.wilde-spieth.com**

Über 100 Jahre gab es den Schreinerbetrieb schon, der sich Anfang des letzten Jahrhunderts auf Rollläden spezialisiert hatte, als der Architekt **Egon Eiermann** im Jahr 1948 anfragte, ob er denn auch Stühle haben könne. Es war der Anfang einer jener produktiven Partnerschaften zwischen einem Designer und einem Unternehmen, die ganz offenbar im richtigen Moment aufeinander treffen. Allein bis 1950, also noch in der Nachkriegszeit, entstanden sieben verschiedene Modelle. Im darauffolgenden Jahrzehnt kam noch einmal rund ein Dutzend hinzu. Einige von ihnen sind seit ihrer Entstehung durchgehend auf dem Markt, darunter der Sperrholzstuhl → SE 68 (1950), der Klappstuhl → SE 18 und der Klapptisch SE 319 (beide 1952). Andere wurden wieder aufgelegt wie z. B. der Dreibeinstuhl → SE 42 (1948). Bis zu Eiermanns Tod im Jahr 1970 wurden über 30 Serienmodelle gemeinsam entwickelt. Berühmt geworden sind insbesondere die Stühle in Stahlrohr und Sperrholz aus den Anfangsjahren der Zusammenarbeit, die in ihrer unprätentiösen Sachlichkeit für Zukunft standen und zu Inkunabeln der Nachkriegsmoderne wurden. Im Gegensatz zu ihren Vorläufern der klassischen Moderne, an die Einermann u. a. anknüpfte, fanden sie aber auch den Weg in den Alltag. Der Absatz des Eiermann'schen Mobiliars stieg derart an, dass schon Anfang der 60er Jahre der Bau einer Fabrik im Industriegebiet Esslingen nötig war und die Fertigung der Rollläden bald eingestellt wurde. Eine Besonderheit von Wilde + Spieth ist die Musikstuhlserie,

die ebenfalls von Eiermann stammt und bis heute produziert wird. Offenbar war er mit den Bedürfnissen von Berufsmusikern vertraut. Besonderheiten wie Höhen- und Sitzneigeverstellung, Belüftungslöcher sowie formfeste Sitzpolster haben den Praxistest in den Orchestergräben dieser Welt längst bestanden. Bereits in den 50er Jahren nahm man weitere moderne Architekten ins Programm auf. Dazu gehörten Paul Schneider-Esleben, **Herta-Maria Witzemann** und der frühere Eiermann-Mitarbeiter **Herbert Hirche**, dessen stapelbarer Stahlrohrstuhl mit Rohrgeflecht (1957) für die Wohnung und für Gaststätten gedacht war. Nach einer überstandenen Insolvenz wurde das Jubiläumsjahr 2004 – Eiermanns 100. Geburtstag – zu einem Neubeginn in gestrafften Strukturen. Unter denen, die Eiermanns Arbeit schätzen, befindet sich auch der amerikanische Architekt Daniel Libeskind, der Stühle des deutschen Neofunktionalisten in seinen Bauten verwendete und nun selbst im Katalog von Wilde + Spieth mit dem Stuhl *Libeskind* (2005) vertreten ist.

→ Meilensteine: Korbsessel *E 10* → Seite 76
Stuhl *SE 42* → Seite 78, Stuhl *SE 68* → Seite 80
Klappstuhl *SE 18* → Seite 84
Tisch mit Kreuzverstrebung → Seite 88

Abbildungen:
o. li.: Drehstuhl *SE 41*
o. re.: Cafétisch *SE 330*
u. li.: Klapptisch *TS 1600*
u. re.: Mehrzweckstuhl *SE 124*
(alle von Egon Eiermann)

Wilkhahn

Büromöbelhersteller, Bad Münder / Niedersachsen, gegr. 1900, **www.wilkhahn.com**

Als er Anfang der 80er Jahre vorgestellt wurde, war der Bürostuhl → *FS* eine Sensation. Diese Kreuzung aus Dreh- und Schaukelstuhl, ausgestattet mit einer neuartigen Mechanik und einem flexiblen Schalensitz, wies keine ergonomischen Schwachstellen auf, vermied aber jenen apparathaften Eindruck, der manchem Konkurrenzmodell anhaftete. Wilkhahn, einst eine von über hundert Stuhlfabriken der Gegend, die ihr Holz aus den umliegenden Buchenwäldern bezog, verwandelte sich seit den 50er Jahren in eine designorientierte Firma – damals eine Frage des Überlebens. Der Retter hieß Fritz Hahne, ein ambitionierter Unternehmer, der nicht nur seine Inspiration, sondern auch das neue Erscheinungsbild der Firma von der Hochschule für Gestaltung Ulm bezog. Auch Klaus Franck, einer der *FS*-Schöpfer, ist Ulm-Absolvent, und Ulmer Gestalter wie **Hans »Nick« Roericht** und Herbert Ohl widmeten sich dem Bürostuhl und machten unter dem Banner des »dynamischen Sitzens« eine bis dahin weitgehend missachtete Gattung designfähig. Über die Jahre wurde das Unternehmen in Südniedersachsen zur Anlaufstelle für die Elite des aufstrebenden bundesdeutschen Industrie- und Möbeldesigns. Das Profil schärften Innovationen, sei es bei Sitzschalen, Banksystemen oder beim Einsatz neuartiger Materialien wie z. B. der Verwendung von Netzbespannungen. Ein Solitär ist der Stehsitz → *Stitz* (1991 von Hans »Nick« Roericht), der den natürlichen Bewegungsdrang fördern und so den Körper entlasten soll. Vom benachbarten Studio

Wiege, das aus der eigenen, ausgelagerten Designabteilung entstand, stammt das Programm *Solis* (2003), das ebenfalls das Thema des dynamischen Sitzens aufnimmt und dabei auf intuitive Bedienung setzt. Die Gestalt ist auf einfache, symmetrische Körper und homogene Flächen reduziert. Ob Sitz- und Rückenschalen, Fußkreuz oder Gestellstruktur, bis ins Detail folgt die Linienführung den Prinzipien Einfachheit und Eindeutigkeit. Von Wiege stammt auch *Sito*, eine sehr leicht wirkende Neuinterpretation des Freischwingers. Ein völlig neues Produktsegment sind Monitormöbel wie *Consultable*, *Interactable* oder *Interwall*, Tische mit integrierten Displays sowie frei stehende oder hängende Monitorwände, die für verschiedene Arbeitssituationen entwickelt wurden und über kurz oder lang das gute alte Clipboard ersetzen. Wilkhahn, ein High-End-Anbieter, der sich anspruchsvolle ökologische Vorgaben setzt, hat längst einen internationalen Aktionsradius. Das merkt jeder, der viel unterwegs ist: mit dem Sitzbanksystem → *Tubis* sind die Flughäfen in Hongkong, Mailand und München ausgestattet.

→ Meilensteine: Bürostuhl *FS* → Seite 140
Sitzbanksystem *Tubis* → Seite 164, Stehsitz *Stitz* → Seite 166
Bürostuhl *Solis* → Seite 218

Abbildungen:
o. li.: Bürostuhl *Picto* von Wiege
o. re.: Tisch *Contas* von Wiege
u. li.: Bürostuhl *Modus* von Klaus Franck,
Werner Sauer, Wiege
u. re.: Sofa *Avera* von Wiege

Herta-Maria Witzemann

Architektin, Möbeldesignerin und Autorin, geb. 1909, gest. 1999

Zu ihren frühen Arbeiten zählt die »Notwohnung« für Ferdinand Porsche, die sie im kühlen Bauhaus-Stil ausstattete. Später wurde sie u. a. durch die Einrichtungen des Stuttgarter Fernsehturms und des Kanzlerbungalows in Bonn bekannt. Witzemann hatte während des Zweiten Weltkriegs in Wien und München studiert und machte sich bereits 1948 selbständig. Ab 1952 auch Professorin für Möbelbau, avancierte sie in den 50er Jahren zu einer einflussreichen Persönlichkeit mit Beachtung über Deutschlands Grenzen hinaus. 1957 erhielt sie eine Silbermedaille auf der *Triennale* in Mailand, damals die wichtigste internationale Designschau. Wie ihre ebenfalls in Stuttgart tätigen Zeitgenossen **Egon Eiermann** und **Herbert Hirche** entwarf sie Möbel für **Wilde + Spieth**, darunter den Sessel *SW 50* mit klarem L-Polster auf Rundstahl und den Gartenstuhl *SW 88*, dessen Rohrgeflecht von einem Gerüst aus Metallstäben getragen wird. Klassisch wirkt der runde Bistrotisch *SWF*, der bis heute in Produktion ist. Wie die erwähnten männlichen Kollegen war Witzemann eine streitbare Protagonistin der bundesdeutschen Nachkriegsmoderne, die ihre Position auch in Büchern vertrat, die Titel trugen wie *Deutsche Möbel heute*, *Morgen wohnen wir schöner* (mit Mechthild v. Kienlin) und *raum, werkstoff, farbe*. Als Mitglied der Erwin-Hoffmann-Stiftung, einer Einrichtung des **WK**-Verbandes, wollte sie »breite Bevölkerungsschichten über die kulturelle und soziale Bedeutung der Wohnung aufklären«.

Abbildungen:
li.: Tisch *SWF* für Wilde + Spieth
re.: Stuhl *SW 88* für Wilde + Spieth

Wohnbeton

Möbelhersteller, Metzingen / Baden-Württemberg, gegr. 2003, **www.wohnbeton.de**

Der Architekt Kai Schlenther verfiel auf die Idee, mit dem Material, mit dem er im Baubereich ohnehin täglich umging, auch seine Wohnung auszustatten. Daraus entwickelte sich die Kollektion Wohnbeton, bestehend aus einem knappen Dutzend Entwürfen mit Extremwerten an Unverrückbarkeit: Tisch, Couchtisch, Hocker, Regal, »Beistellwürfel«. Entsprechend der engen Assoziation des Materials mit der klassischen Moderne dominieren beim Möbelgestein plane Flächen und rechte Winkel. Schlenther sieht zwei Vorteile seiner Materialwahl: Es wurde im Wohnbereich bisher kaum eingesetzt und war deshalb noch weitgehend bedeutungsfrei. Da es sich durch die natürliche Farbe Grau, die man in Tönungen zwischen fast weiß und fast schwarz ordnen kann, ohnehin stark zurückhält, ist es in den unterschiedlichsten Interieurs einsetzbar. Eine gewisse monumentale Wirkung ist jedoch unverkennbar, wenn etwa eine zwei Meter lange und 100 Kilogramm schwere Platte als *Couchtisch* dicht über den Boden rollt. Dieser Klotzigkeit steht eine äußerst differenzierte Feinstruktur gegenüber. Je nach Schalung, bei der z. B. auch Glas verwendet wird, kann die Oberfläche sehr glatt sein oder eine interessante, durch Lufteinschlüsse bedingte unregelmäßige Struktur aufweisen.

Abbildungen:
li.: Hocker *Mez*
re.: Esstisch

Otto Zapf

Möbeldesigner, geb. 1931, Büro in Kronberg / Hessen

Der Sohn einer Tischlerfamilie, der Mathematik und Physik studierte, wollte mit der profanen Welt der Möbel eigentlich gar nichts zu tun haben. Es kam jedoch anders. Ende der 50er Jahre trafen sich Otto Zapf und der Däne Niels Wiese auf der Möbelmesse in Köln. Beide teilten die Begeisterung für das Bauhaus, die radikal neu gestalteten Braun-Produkte und die Idee des Systematischen. Sie kannten die 1957 auf der Berliner *Interbau* von den weltweit führenden Architekten eingerichteten Musterwohnungen und beschlossen, eine Möbelfirma im Geist des dort waltenden »internationalen Stils« zu gründen. Vitsoe / Zapf sollte wie **Bofinger** oder **Behr** zu einer Keimzelle der bundesdeutschen Möbelmoderne werden. Unter den frühen Produkten gingen einige auf Entwürfe von **Dieter Rams** zurück. In den 60er Jahren, die Allianz mit Vitsoe und Rams war beendet, machte er sich einen Namen durch variable und ideenreiche Wohnkonzepte. Es folgten der Sessel *Comodus* mit abnehmbarem Bezug sowie das noch unkonventionellere → *Softline*, ein Schrank- und Regalsystem mit an- und abknöpfbaren Oberflächen. Damals war Zapf der erste Möbeldesigner mit eigenen Ausstellungsräumen und später auch eigener Fabrik. Bekannt wurden Anfang der 70er Jahre seine »Wohnlandschaften« *Pillorama* und *Pollorama*, modulare, multifunktionale und bodenbedeckende Polstersysteme, in der Ulmer Ordnungssinn und der lässige Lebensstil der »68er«-Generation eine Liaison eingingen. Anfang der 80er Jahre erlebte er den American Dream. Knoll International bestückte die Verwaltung einer Telefongesellschaft mit dem ein Jahrzehnt zuvor erdachten *Zapf Office System*: 7.500 Arbeitsplätze, der bis dahin größte Einzelauftrag der Möbelgeschichte und noch weit mehr. Es war der Anfang einer langen, fruchtbaren Zusammenarbeit mit dem amerikanischen Nobelhersteller, der Zapf die Tür in die Großbüros geöffnet hatte. Außerdem war es der Einbruch des Systemdesigns in die Schreibtischzone und damit der Keim einer völlig neuen, holistischen Bürokonzeption. Der Designer-Unternehmer Zapf, der weiterhin zwischen Hessen und den USA pendelt, machte Mitte der 80er Jahre mit seinem Regalsystem *Wingset* (damals für **Vitra**, später **Habit**) wiederum Furore und hat seitdem nicht aufgehört, innovativ zu arbeiten. Ein Produkt aus den 90er Jahren ist *Contur*, ein Sperrholzstuhl mit gespannter »Zunge« in der Rückenlehne, ein einfaches Instrument für entspanntes Dauersitzen.

→ Meilenstein: Bürosystem *Softline* → Seite 128

Abbildungen:
o.: Sofa *Arcadia* für Knoll International
u. li.: Stuhl *Follow Me* für Knoll International
u. re.: Modul aus dem Sitzsystem *Sofalette 83* für Knoll International

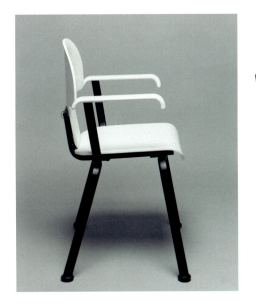

Zeitraum

Möbelhersteller, München / Bayern, gegr. 1990, **www.zeitraum-moebel.de**

Was die nur siebenköpfige Kernmannschaft mit etwa acht externen Produzenten in wenigen Jahren auf die Beine gestellt hat, ist ein Beispiel für ein gut funktionierendes Verlagssystem. Nicht nur hierin bestehen gewisse Parallelen zu **e15**, sondern auch in der prinzipiellen Qualitätsorientierung sowie in der bevorzugten Verwendung natürlicher Materialien – sowohl bei Inneneinrichtungen wie im Katalog. Das Angebot umfasst Schränke, Regale, Stühle, Tische, Betten und Kleinmöbel. Im Mittelpunkt stehen Massivholz und der konsequente Umgang mit dessen Vielfältigkeit und Unregelmäßigkeit. Stilistische Vorbilder waren anfangs die simplen Möbel der Shaker, des Biedermeier, die anderer Kulturen und manchmal ein Stück vom Flohmarkt. Das Gros der Entwürfe stammt bis heute von den Firmengründern Peter Gaebelein, Birgit Gämmerler und Peter Joebsch. Längst prägen Designer, die mit wenigen Ausnahmen deutscher Herkunft sind, die nun breiter angelegte Formensprache. So hat z. B. der Beistelltisch *Cube* (von Formstelle) Laminateinsätze in »paprikarot« und »eisblau«. Viele Zeitraum-Möbel sind universal einsetzbar, wie der Stuhl *Sit* (von Catharina Lorenz) oder das patentierte Regalsystem *webweb* (von Hertel Klarhoefer). Zum Firmenkonzept gehört ebenso die gute Außendarstellung, weshalb man sich über ein reges Presseecho freuen kann.

Abbildungen:
li.: Tisch *Cena* und Stühle *Sit* von Catharina Lorenz
re.: Liege *D'Ivan* von Birgit Gämmerler, Peter Gaebelein und Wolfgang Neusser

Index

Verzeichnis deutscher Möbelhersteller

A

"Accente" Einrichtungsges.mbH
Sessel und Sofas
Viktoriastraße 12 - 14
41747 Viersen
T (0 21 62) 3 57 81
info@accente-loom.de
www.accente-loom.de

(more) B. Müller
Tische, Stühle, Betten
Bahrenfelder Steindamm 67 A
22761 Hamburg
T (040) 66 06 22
info@more-moebel.de
www.more-moebel.de

37° Art Interieur
Sessel
Spanenkamp 23
45659 Recklinghausen
T (0 23 61) 18 15 13
art-interieur37grad@t-online.de

3K/Avanti GmbH
Küchenmöbel, Schränke/Regale, Sofas,
Sessel, Büromöbel, Betten, Tische,
Kindermöbel, Stühle
Wollmarktstraße 121
33098 Paderborn
T (0 52 51) 8 83 - 0
info@welle-moebel.de
www.welle-moebel.de

Acrylglas-Design-Siegerland GmbH
Tische
Bochumer Straße 15
57234 Wilnsdorf
T (0 27 39) 89 74 - 0
acrylglas-design@ads-team.de
www.ads-team.de

Adam Hausel & Söhne
Stühle, Tische, Schränke, Regale
Pfannenstielstraße 6
90556 Cadolzburg
T (0 91 03) 79 09 - 0
hausel@t-online.de
www.hausel.de

Adam Möbelwerke GmbH
Küchenmöbel, Büromöbel, Schränke,
Regale
Weinbergstraße 8
99834 Gerstungen
T (0 3 69 22) 2 03 - 0
adam.moebel@t-online.de
www.adam-moebel.de

Adelta Bert Ufermann
Tische und Stühle
Friedrich-Ebert-Straße 96
46535 Dinslaken
T (0 20 64) 4 07 - 97
adelta@t-online.de
www.adelta.de

aeris Impulsmöbel GmbH & Co. KG
Büromöbel
Ahrntaler Platz 2 - 6
85540 Haar
T (089) 90 05 06 - 0
info@aeris.de
www.swopper.de

Albert Ponsel GmbH
Sessel und Sofas
Trübenbacher Straße 12
96269 Weidhausen
T (0 95 62) 7 88 - 0
info@ponsel.de
www.ponsel.com

Alfons Venjakob GmbH & Co. KG
Tische, Stühle, Regale
Friedrichsdorfer Straße 220
33335 Gütersloh
T (0 52 09) 5 92 - 0
venjakob@venjakob-moebel.de
www.venjakob-moebel.de

Alfred Göhring
Küchenmöbel, Schränke, Regale, Tische,
Betten, Kindermöbel
Alte Schloßstraße 22
96253 Untersiemau-Scherneck
T (0 95 65) 9 25 - 0
info@goehring.de
www.goehring.de

Allegro GmbH
Sofas, Sessel, Tische, Stühle, Schränke,
Regale, Betten
Steinhausen 20
85625 Glonn
T (0 80 93) 50 42 oder 50 43
info@voglrieder.de
www.allegro-wohnmoebel.de

allmilmö
Küchenmöbel
Obere Altach 1
97475 Zeil am Main
T (0 95 24) 91 - 0
info@allmilmoe.de
www.allmilmoe.de

ALNO AG
Küchenmöbel
Heiligenbergerstraße 47
88629 Pfullendorf
T (0 75 52) 21 - 0
info@alno.de
www.alno.de

Alpha Techno GmbH
Sessel
Krautgartenweg 6
97941 Tauberbischofsheim
T (0 93 41) 92 85 - 0
email@alpha-techno.de
www.alpha-techno.de

ANGERER Freizeitmöbel GmbH
Gartenmöbel
Am Bahndamm 8
84543 Windhöring
T (0 86 71) 97 76 - 0
angerer-freizeitmoebel@t-online.de
www.angerer-freizeitmoebel.de

Annex GmbH & Co. Küchenmöbel KG
Küchenmöbel
Opferfeldstraße 37
32130 Enger
T (0 52 24) 97 97 - 96
info@annex.de
www.annex.de

Anno Dom Stilmöbel GmbH & Co. KG
Tische, Stühle, Schränke, Regale
Hinterm Schloß 15
32549 Bad Oeynhausen-Eidinghausen
T (0 57 31) 5 20 - 56
info@anno-dom.de
www.anno-dom.de

Anton Twillemeier GmbH & Co. KG
Kindermöbel
Speckenstraße 10
33397 Rietberg
T (0 29 44) 97 79 - 0
atm-moebel@atm-moebel.de

ARCO-Polstermöbel
Sessel und Sofas
Sonnefelder Straße 12
96279 Weidhausen
T (0 95 62) 7 87 - 0
arconada@t-online.de
www.arconada.de

Ars Nova Collection
Schränke, Regale
Salzstraße 10
49326 Melle
T (0 54 09) 4 02 - 0
deltaraumplan@t-online.de
www.deltaraumplan.de

ART Polster Creationen
Sofas, Sessel, Tische, Stühle, Betten
Alersfelde 41
33035 Nieheim
T (0 52 74) 9 80 - 0
info@finkeldei.de
www.finkeldei.de

Arte M Möbel für Kreative GmbH & Co. KG
Schränke, Regale, Tische, Betten
Seedorfer Straße 80
78713 Schramberg
T (0 74 02) 75 - 0
info@arte-m.de
www.arte-m.de

August Pfister GmbH & Co. KG Ltd.
Tische
Rudolf-Diesel-Straße 8
37197 Hattorf
T (0 55 84) 3 56
info@pfistertische.de
www.pfistertische.de

Authentics F. GmbH
Andere Möbel
Am Ölbach 28
33334 Gütersloh
T (0 52 41) 94 05 - 0
info@authentics.de
www.authentics.de

Bacher Tische
Tische, Stühle, Schränke, Regale
Benzstraße 23
71272 Renningen
T (0 71 59) 16 04 - 0
info@die-collection.de
www.bacher-tische.de

Bala Möbel + Objekte GmbH
Büromöbel
Bahnhofstraße 28 - 30
48691 Vreden
T (0 25 64) 9 78 - 0
info@bala.de
www.bala.de

Ballerina-Küchen
Küchenmöbel
Bruchstraße 49 - 51
32289 Rödinghausen
T (0 52 26) 5 99 - 0
info@ballerina.de
www.ballerina.de

Bau-for-mat Küchen GmbH & Co. KG
Küchenmöbel
Kattwinkel 1
32584 Löhne
T (0 57 32) 1 02 - 0
info@bauformat.de
www.bauformat.de

BAX-Küchen
Küchenmöbel
Westerfeldstraße 5
32758 Detmold
T (0 52 31) 60 07 - 0
bax-info@bax-kuechen.de
www.bax-kuechen.de

Beckermann Küchen
Küchenmöbel
Tenstedter Straße 50
49692 Cappeln
T (0 44 78) 88 - 0
info@beckermann.de
www.beckermann.de

Beeck-Küchen GmbH
Küchenmöbel
Carl-Zeiss-Straße 23
32549 Bad Oeynhausen
T (0 57 34) 91 01 - 0
info@beeck-kuechen.de
www.beeck-kuechen.de

Begana GmbH & Co. KG
Sessel und Sofas
Roseckstraße 19
72108 Rottenburg
T (0 74 57) 9 35 - 0
info@begana.de
www.begana.de

Behr International Vertriebsgesellschaft mbH & Co. KG
Schränke, Regale
Averdiekstraße 6
49078 Osnabrück
T (0541) 44 08 - 0 99
info@behr-edition.de
www.behr-international.de

Bergmann GmbH
Büromöbel, Betten, Schränke, Regale, Tische, Stühle
Haferbachstraße 9 - 15
32791 Lage-Kachtenhausen
T (0 52 32) 9 74 - 0
info@bergmann-moebel.de
www.Bergmann-Moebel.de

Bernhard Jansen Möbelwerkstätten
Kindermöbel, Betten, Schränke, Regale
Bahnhofstraße 24
46509 Xanten
T (0 28 01) 15 05
info@jansen-wohnmoebel.de
www.jansen-wohnmoebel.de

BHD Brinkmann GmbH & Co. KG
Büromöbel,Tische, Schränke, Regale, Sessel und Sofas
Am Alten Markt 34
32361 Preußisch Oldendorf-Holzhausen
T (0 54 27) 89 - 0
brinkmann@brinkmann-moebel.de
www.brinkmann-moebel.de

Bielefelder Werkstätten GmbH & Co. KG
Tische, Stühle, Sofas, Sessel, Betten
Potsdamer Straße 180
33719 Bielefeld
T (0521) 9 24 27 - 0
bw-kontakt@jab.de
www.bielefelder-werkstaetten.de

Bienenmühle MAC Möbel GmbH
Kindermöbel
Bahnhofstraße 5 - 7
09623 Rechneberg-Bienenmühle
T (03 73 27) 8 62 - 0
info@bienenmuehle.de
www.bienenmühle.de

Binninger Schlafcomfort GmbH
Betten
Siemensstraße 11
79331 Teningen-Nimburg
T (0 76 63) 10 15
info@binningerschlafcomfort.de
www.binningerschlafcomfort.de

BLANCO GmbH + Co.KG
Küchenmöbel
Flehinger Straße 59
75038 Oberderdingen
T (0 70 45) 44 - 0
haushaltstechnik@blanco.de
www.blanco.com

Böker Möbel GmbH & Co. KG
Flurmöbel
Urentalstraße 280
37688 Beverungen-Dalhausen
T (0 56 45) 78 00 - 0
info@boeker.de
www.boeker.de

Bosse Design GmbH & Co. KG
Büromöbel
Stahler Ufer 7
37671 Höxter
T (0 55 319 12 97 - 0
info@bosse.de
www.bosse.de

Böwer GmbH
Tische, Regale, Schränke
Brookweg 1
49586 Neuenkirchen
T (0 54 65) 92 92 - 0
info@boewer.com
www.boewer.com

Bretz Wohnträume GmbH
Sessel und Sofas
Alexander-Bretz-Straße 2
55457 Gensingen
T (0 67 27) 10 36
cultsofa@bretz.de
www.bretz.de

Brigitte Küchen
Küchen
Boschstraße 17
32120 Hiddenhausen
T (0 52 23) 98 22 - 0
www.brigitte-kuechen.de

Brinkmann GmbH & Co. KG
Büromöbel, Tische, Regale, Schränke
Alter Handelsweg 11
49328 Melle-Buer
T (0 54 27) 89 - 0
brinkmann@brinkmann-moebel.de
www.brinkmann-moebel.de

Brinkmeyer System Form Küchen GmbH & Co. KG
Küchen
Industriestraße 62
32289 Rödinghausen
T (0 52 26) 9 81 - 0
info@brinkmeier-kuechen.de
www.brinkmeier-kuechen.de

Brökelmann-Wohnmöbel GmbH
Schränke, Tische, Stühle, Regale, Betten
Gockenweg 7
33129 Delbrück
T (0 52 50) 77 48
firma@broekelmann-moebel.de
www.broekelmann-moebel.de

Brühl GmbH
Sessel und Sofas
Alter Bad Stebener Weg 1
95138 Bad Steben
T (0 92 88) 9 55 - 0
bruehl@bruehl.com
www.bruehlsippold.de

Brunner GmbH
Sessel, Stühle, Tische
Im Salmenkopf 10
77866 Rheinau
T (0 78 44) 4 02 - 0
info@brunner-stuehle.de
www.brunner-stuehle.de

bulthaup GmbH & Co.
Küchenmöbel
Werkstraße 6
84155 Aich/Landshut
T (0 87 41) 80 - 0
info@bulthaup.com
www.bulthaup.de

Burg-Badmöbel GmbH
Badmöbel
Am Donscheid 3
57392 Schmallenberg
T (0 29 74) 7 72 - 0
info@burg-badmoebel.de

Burger Küchenmöbel GmbH
Küchenmöbel
Martin-Luther-Straße 31
39288 Burg bei Magdeburg
T (0 27 36) 80 91
info@burger-kuechen .de
www.burger-kuechen.de

BUS Büromöbelwerk
Büromöbel
Poststraße 2
35794 Mengerskirchen
T (0 64 76) 80 11
busmoebel@t-online.de
www.busmoebel.de

byPack
Schränke, Regale, Sessel, Betten
Meller Straße 84
32130 Enger
T (0 52 24) 9 71 - 0
mpollmann@km-moebel.de
www.bypack.de

C. Disselkamp GmbH
Betten, Schränke, Regale
Dieselstraße 41 - 47
33442 Herzebrock-Clarholz
T (0 52 45) 44 09 - 0
disselkamp@t-online.de
www.disselkamp.de

Casawell Service GmbH
Küchenmöbel
Bustedter Weg 16
32130 Enger
T (0 52 23) 1 65 - 12 78
info@wellmann.de
www.casawell.de

Christine Kröncke
Betten, Sofas, Sessel, Schränke, Regale, Tische, Stühle
Thierschstraße 37
80538 München
T (089) 21 88 91 - 0
info@kroencke.de
www.kroencke.net

CHROMO-Möbel GmbH & Co. KG
Stühle, Tische, Sessel, Regale, Büromöbel, Betten, Badmöbel
Am Bahnhof 6
96242 Sonnefeld
T (0 95 62) 9 87 - 0
info@chromo.com
www.chromo.com

ClassiCon GmbH
Tische, Stühle, Sessel und Sofas
Siegmund-Riefler-Bogen 3
81829 München
T (089) 7 48 13 30
info@classicon.com
www.classicon.com

CONACORD Voigt GmbH & Co. KG
Gartenmöbel
Seilerweg 10
59556 Lippstadt
T (0 29 41) 9 56 - 0
conacord@t-online.de
www.conacord.de

Concona Gbr
Regale, andere Möbel
Schröderstraße 4
21335 Lüneburg
T (0 41 31) 2 44 40 - 90
info@concona.de
www.concona.de

COR Wohn- und Büromöbel
Sofas, Sessel, Stühle, Tische, Betten
Nonenstraße 12
33372 Rheda-Wiedenbrück
T (0 52 42) 41 02 - 0
info@cor.de
www.cor.de

Corona Polstermöbel GmbH
Polstermöbel, Sessel und Sofas
Gersteinstraße 2 - 4
59227 Ahlen
T (0 23 82) 9 00 - 0
corona.polstermoebel@t-online.de
www.corona.de

CS Schmalmöbel GmbH
Betten, Regale, Schränke
Industriestraße 27
66910 Waldmohr
T (0 63 73) 82 12 36
info@csschmal.de
www.csschmal.de

Dammer Möbelwerk GmbH
Küchenmöbel
Zum Schacht 9
49401 Damme
T (0 54 91) 6 60 - 0
info@dammer-moebel.de
www.dammer-moebel.de

Dedon GmbH
Gartenmöbel
Am Waldesrand 6
21397 Vastorf/Lüneburg
T (0 41 37) 81 24 - 0
office@dedon.de
www.dedon.de

Deelmann Möbel GmbH
Stühle, Tische, Schränke
Ramsdorfer Straße 2
46354 Südlohn
T (0 28 62) 98 06 - 0
info@deelmann.de
www.deelmann.de

Delphin Design
Stühle, Badmöbel
Heynstraße 5
13187 Berlin
T (030) 48 63 72 26
wanger@delphin-design.de
www.delphin-design.de

Deutsche Werkstätten Hellerau GmbH
Sitzmöbel, Schränke, Regale
Moritzburger Weg 67
01109 Dresden
T (0351) 88 38 - 2 02
gf@dwh.de
www.dwh.de

die COLLECTION
Sofa, Stühle, Tische, Schränke, Regale
Schützenstraße 7
74722 Buchen/Odw.
T (0 62 81) 4 01 - 0
info@die-collection.de
www.die-collection.de

Dierkes Möbelfabrik GmbH & Co.
Schränke, Regale, Tische
Industriestraße
37688 Beverungen
T (0 52 73) 90 09 - 0
info@dierkes.de
www.dierkes.de

Dietsch Polstermöbel GmbH
Polstermöbel
Albert-Einstein-Straße 9
88521 Ertingen
T (0 73 71) 5 07 - 0
info@dietsch.de
www.dietsch.de

Dittrich Design GmbH
*Schränke, Regale, Stühle, Büromöbel,
andere Möbel*
Am Leveloh 6
44549 Sprockhövel
T (0 23 24) 90 61 - 0
info@dittrich-design.de
www.dittrich-design.de

**Dorstener Polstermöbelfabrik
Engel & Co. GmbH**
Polstermöbel
Marler Straße 95
46282 Dorsten
T (0 23 62) 40 06 - 0

Dr Koopmann Einbauküchen GmbH
Küchenmöbel
Industriestraße 11
35684 Dillenburg
T (0 27 71) 81 54 - 0
info@drkoopmann.de
www.drkoopmann.de

Drabert GmbH
Büromöbel, Tische, Stühle, Sofas
Cammer Straße 17
32423 Minden
T (0571) 38 50 - 0
info@drabert.de
www.drabert.de

Draenert Studio GmbH
Tische, Stühle
Steigwiesen 3
88090 Immenstaad
T (07545) 20 80
info@draenert.de
www.draenert.de

Dreipunkt GmbH
Sessel und Sofas
Hauptstraße 114
73072 Donzdorf
T (0 71 62) 2 01 - 0
info@dreipunkt.com
www.dreipunkt.com

Driftmeier Konrad GmbH & Co. KG
Betten und Schränke
Westenholzer Straße 114
33397 Rietberg-Mastholte
T (0 29 44) 8 06 - 0
info@driftmeier.de
www.driftmeier.de

D-TEC Industriedesign GmbH
Regale, Flurmöbel, Tische
Telleringstraße 5
40597 Düsseldorf
T (0211) 9 96 - 94 12
info@dtecdesign.de
www.dtecdesign.de

e15
*Büromöbel, Schränke, Regale, Tische,
Stühle, Betten, Gartenmöbel*
Hospitalstraße 4
61440 Oberursel
T (0 61 71) 97 95 - 0
info@e15.com
www.e15.com

E – F

Ebke Küchen GmbH
Küchenmöbel
Südstraße 13
32130 Enger
T (0 52 24) 69 04 - 0
info@ebke.de
www.ebke.de

Eggersmann-Küchen GmbH & Co KG
Küchenmöbel
Herforder Straße 196
32110 Hiddenhausen
T (0 52 21) 96 29 - 0
info@eggersmann-kuechen.de
www.eggersmann-kuechen.de

egoform GmbH
Sessel, Sofas, Stühle, Schränke, Tische
Am Steinacker 3
69517 Gorxheimertal
T (0 44 88) 5 85 91
info@egoform.de
www.egoform.de

Egon Westermann
*Flurmöbel, Schränke, Tische, Stühle,
andere Möbel*
Zum Möhnewehr 14
59755 Arnsberg
T (0 29 32) 9 84 - 0
ingo.westermann@westermann-moebel.de
www.westermann-moebel.de

Eisenberger Wohnmöbel GmbH
Schränke
Bahnhofstraße 31
07607 Eisenberg
T (03 66 91) 76 - 0
info@eisenberger.com
www.eisenberger.com

Elastoform Polstermöbel
Sessel und Sofas
Hochstraße 17 - 21
47228 Duisburg
T (0 20 65) 6 99 - 0
info@elastoform.de
www.elastoform.de

elmarflötotto GmbH
*Regale, Tische, Stühle, Sofas,
andere Möbel*
Am Ölbach 28
33334 Gütersloh
T (0 52 41) 94 05 - 315
info@elmarfloetotto.de
www.elmarfloetotto.de

Emil Breckle GmbH
Betten
Lange Lage 6 - 8
37154 Northeim
T (0 55 51) 60 97 - 0
info@breckle.de
www.breckle.de

Ensslen Büroeinrichtungen
Büromöbel, andere Möbel
Uferstraße 1
72224 Ebhausen
T (0 74 58) 99 82 - 0
info@ensslen.de
www.ensslen.de

Erpo Möbelwerk GmbH
Sessel und Sofas
Im Sämen 21
88521 Ertingen
T (0 73 71) 1 29 27 - 0
info@erpo.de
www.erpo.de

EVE collection Uhlmann GmbH
Tische
Josef-Dietzgen-Straße 6
53758 Hennef
T (0 22 42) 8 74 12 - 0
info@eve-collection.de
www.eve-collection.de

Ewald Schillig GmbH & Co. KG
Sessel und Sofas
Ehrlicher Straße 19
96237 Ebersdorf
T (0 95 62) 3 89 - 0
info@ewald-schillig.de
www.ewald-schillig.de

EXPO MÖBEL GmbH & Co. KG
Sessel und Sofas
Groenland 31
46446 Emmerich
T (0 28 28) 27 - 0
info@expo-furniture.com
www.expo-furniture.com

Fakta Möbel GmbH & Co. KG
Regale, Schränke, Tische, Stühle
Lehmbrink 13
32817 Blomberg
T (0 52 35) 96 90 - 0
info@fakta.de
www.fakta.de

FEBRÜ
Büromöbel
Heidestraße 50
32051 Herford
T (0 52 21) 38 04-0
info@februe.de
www.februe.de

Femira GmbH
Betten, Schlafzimmermöbel
Grüner Weg 41
33098 Paderborn
T (0 52 51) 7 01 - 0
info@femira.de
www.femira.de

Finkeldei GmbH
Sofas, Sessel, Tische, Stühle, Betten
Alersfelde 41
33039 Nieheim
T (0 52 74) 9 80 - 0
info@finkeldei.de
www.finkeldei.de

Fischer Möbel GmbH
Gartenmöbel
Dieselstraße 6
73278 Schlierbach
T (0 70 21) 72 76 - 0
info@fischer-moebel.de
www.fischer-moebel.de

Flechtatelier Schütz
*Sofas, Sessel, Tische, Stühle, Schränke,
Betten, Flurmöbel, Büromöbel*
Bürgermeister-Prell-Straße 18
96215 Lichtenfels
T (0 95 71) 7 69 - 0
info@schuetz-flechtatelier.de
www.schuetz-flechtatelier.de

Florian Schulz GmbH
Wohnraumleuchten
Schwieberdinger Straße 123
71636 Ludwigsburg
T (0 71 41) 46 40 01
info@florian-schulz.de
www.florian-schulz.de

Flötotto GmbH & Co. KG
*Flurmöbel, Sessel, Sofas, Regale,
Schränke, Betten, Kindermöbel,
Büromöbel, Tische, Stühle*
Am Ölbach 28
33281 Gütersloh
T (0 52 09) 5 91 01
info@floetotto.de
www.floetotto.de

fm Polstermöbel Munzer GmbH
Sessel und Sofas
Sportplatzstraße 25
96279 Weidhausen
T (0 95 62) 79 91
info@fm-munzer.de
www.fm-munzer.de

Form Exclusiv Gebr. Wiemann GmbH
Schränke, Tische, Stühle, Sessel, Sofas,
Büromöbel
Poppenbeck 72
48329 Havixbeck
T (0 25 07) 98 57 - 0
info@form-exclusiv.de
www.form-exclusiv.de

FormArt
Büromöbel, Sessel, Sofas, Schränke,
Tische, Betten
Reichspräsidentenstraße 21 - 25
45470 Mülheim an der Ruhr
T (02 08) 38 12 11
info@formart.de
www.formart.de

Format-Küchen GmbH & Co. KG
Küchenmöbel
Hohleichenrain 1
35708 Haiger
T (0 27 73) 8 62 - 0
info@format-kuechen.de
www.format-kuechen.de

Formsache Möbel-Edition GmbH
Flurmöbel, Tische, andere Möbel
Hoher-Baum-Weg 20
72202 Nagold
T (0 74 52) 6 10 19
info@formsache.com
www.formsache.com

Fortschritt GmbH
Schränke, Büromöbel, Tische
Bebelstraße 6
79108 Freiburg im Breisgau
T (0761) 13 02 - 0
info@fortschritt.de
www.fortschritt.de

Franz Fertig
Sofas, Sessel, Stühle, Tische, Schränke,
Regale
Schützenstraße 7
74722 Buchen/Odw.
T (0 62 81) 4 01 - 0
info@die-collection.de
www.die-collection.de

Franz Schröder GmbH & Co. KG
Sessel, Sofas, Schränke, Regale
Auf dem Busche 45
33129 Delbrück
T (0 52 50) 97 95 - 0
info@schroeno.de
www.schroeno.de

FREIRAUM
Regale, Flurmöbel, andere Möbel
Bahnhofsplatz 1
82319 Starnberg
T (0 81 51) 7 22 46
info@freiraumdesign.com
www.freiraumdesign.com

Friedrich- W. Dauphin GmbH & Co.
Stühle, Tische
Espanstraße 29
91238 Offenhausen
T (0 91 58) 17 - 0
info@dauphin.de
www.dauphin.de

Friwa-Küchen
Küchenmöbel
Salzuflener Straße 142
32602 Vlotho
T (0 57 33) 91 45 - 0
info@friwa.de
www.friwa.de

Frommholz Polstermöbel GmbH & Co. KG
Sofas, Sessel, Tische
Industriezentrum 14
32139 Spenge
T (0 52 25) 87 75 - 0
info@frommholz.de
www.frommholz.de

Garpa Garten & Park Einrichtungen GmbH
Stühle, Tische, Gartenmöbel
Kiehnwiese 1
21039 Escheburg bei Hamburg
T (0 41 52) 9 25 10 - 0
info@garpa.de
www.garpa.de

Geba Möbelwerke GmbH
Küchenmöbel
Scheidkamp 14
32584 Löhne
T (0 52 23) 1 65 - 24 49
info@geba-kuechen.de
www.geba-kuechen.de

Gebr. Böker KG
Flurmöbel
Urentalstraße
37688 Beverungen
T (0 56 45) 78 00 - 0
gebrboeker@aol.com
www.boeker.de

Gebr. Gutekunst GmbH & Co.
Schlafzimmermöbel, Betten
Kapfstraße 4 - 10
72221 Haiterbach
T (0 74 56) 93 93 - 0
info@gutekunst.de
www.gutekunst.de

Gebr. Nehl Holzindustrie
Betten, Schränke, Sofas
Stresemannstraße 63 - 67
32224 Bünde
T (0 52 23) 9 88 - 0
office@nehl.de
www.nehl.de

geha-Möbelwerke
Betten, Schlafzimmermöbel, andere Möbel
Gehastraße 2 - 4
33161 Hövelhof
T (0 52 57) 5 05 - 0
info@geha-moebel.de
www.geha-moebel.de

GEPADE Polstermöbel Pamme GmbH & Co.
Sessel und Sofas
Postfach 11 65
33119 Delbrück
T (0 52 50) 5 15 - 0
info@gepade.de
www.gepade.de

Gerhard Kaase GmbH & Co. KG
Sessel und Sofas
Langekamp 3
32312 Lübbecke
T (0 57 41) 90 01 - 0
kaase-polster@t-online.de
www.kaase-polster.de

Germania Möbelfabrik GmbH
Schränke, Betten
Schützenstraße 88
33189 Schlangen
T (0 52 52) 8 49 - 0
mail@germania-moebelteile.de
www.germania-moebelteile.de

Gesika Büromöbelwerk GmbH
Büroeinrichtungen
Salzkottener Straße 65
59590 Geseke
T (0 29 42) 5 01 - 0
info@gesika.de
www.gesika.de

Grabfeldmöbel GmbH Co. KG
Tische
Industriestraße 5
97528 Sulzdorf a. d. L.
T (0 97 63) 89 - 0
info@grabfeld-moebel.de
www.grabfeld-moebel.de

Grammer SATO Office GmbH
Büromöbel
Jubatus-Allee 1
92263 Ebermannsdorf
T (0 94 38) 9 49 - 0
info@grammer-office.com
www.grammer-office.com

Grombach GmbH & Co. KG
*Kinderzimmer, Betten,
Schlafzimmermöbel, Schränke, Regale*
Wiesenstraße 20
97215 Uffenheim
T (0 98 42) 2 02 - 0
info@grombach.de
www.grombach.de

Gruber Polstermöbel GmbH
Polstermöbel
Werkstraße 11 + 13
96242 Sonnefeld
(0 95 62) 98 21 - 0
info@gruber-polster.de
www.gruber-polster.de

Gruco Küchen GmbH
Küchenmöbel
Hauptstraße 1 - 3
91233 Neunkirchen a. S.
(0 52 23) 1 65 24 49
info@wellmann.de
www.gruco.de

Gunther Lambert GmbH
*Sofas, Sessel, Stühle, Tische, Betten,
Schränke, Regale, Gartenmöbel, etc.*
Konstantinstraße 303
41238 Mönchengladbach
T (0 21 66) 86 83 21 - 0
office@lambert-home.de
www.lambert-home.de

Gustav Schulenburg KG
Sessel und Sofas
Am Bahnhof 6
21357 Bardowick
T (0 41 31) 9 25 01 - 0
info@schulenburg-polstermoebel.de
www.schulenburg-polstermoebel.de

Gustav Wellmann GmbH & Co. KG
Küchenmöbel
Bustedter Weg 16
32130 Enger
T (0 52 23) 1 65 - 0
info@wellmann.de
www.wellmann.de

Gwinner Wohndesign GmbH
Büromöbel, Schränke, andere Möbel
Hauptstraße 70
72285 Pfalzgrafenweiler
T (0 74 45) 1 83 - 0
info@gwinner.de
www.gwinner.de

Habemat-Küchen GmbH
Küchenmöbel
Habematstraße 1
49328 Melle
T (0 52 26) 9 80 - 0
info@habemat.de
www.habemat.de

Habit Wohnformen Ulrich Lodholz GmbH
*Tische, Stühle, Gartenmöbel, Büromöbel,
Schränke*
Im Heider Feld 2
51515 Kürten-Engeldorf
T (0 22 07) 8 11 34
info@habit.de
www.habit.de

Häcker-Küchen GmbH & Co. KG
Küchenmöbel
Werkstraße 3
32289 Rödinghausen
T (0 57 46) 9 40 - 0
info@haecker-kuechen.de
www.haecker-kuechen.de

Hainke GmbH
Tische, Stühle
Barthelsmühle 1
97907 Hasloch
T (0 93 42) 8 74 - 0
info@hainke-moebel.de
www.hainke-moebel.de

Hans Dieter Menke
Küchenmöbel
Sundern 98
32549 Bad Oeynhausen
T (0 57 34) 66 90 - 0
info@menke-kuechen.de
www.menke-kuechen.de

Hans Kaufeld GmbH
Sessel und Sofas
Grafenheider Straße 20
33729 Bielefeld
T (0521) 7 70 01 01
info@hans-kaufeld.de
www.hans-kaufeld.de

HANSEN GmbH
Stühle, Tische, andere Möbel
An der Friedensburg 20 - 22
52511 Geilenkirchen
T (0 24 51) 62 06 - 0
office@hansenrattan.de
www.hansenrattan.de

Hartman Gartenmöbel GmbH & Co. KG
Gartenmöbel
Im Hengstfeld 18
32657 Lemgo
T (0 52 61) 93 89 - 0
info@mesch-freizeitmoebel.de
www.meschfreizeitmoebel.de

Hartmann Möbelwerke GmbH
Wohzimmer, Schlafzimmer
Hörster 20
48361 Beelen
T (0 25 86) 8 89 - 0
info@moebel-hartmann.com
www.moebel-hartmann.com

hb-Collection GmbH
Betten, Schlafzimmermöbel
Bergstraße 31
35578 Wetzlar
T (0 64 41) 90 07 39
info@hbcollection.de
www.hbcollection.de

Heinrich Spahn GmbH
Tische, Stühle, andere Möbel
Neubrückenstraße 7
33142 Büren
T (0 29 51) 60 09 - 0
info@spahn-bueren.de
www.spahn-bueren.de

Heinz Kettler GmbH & Co. KG
Gartenmöbel
Hauptstraße 28
59469 Ense-Parsit
T (0 29 38) 81 0
contact@kettler.net
www.kettler.net

Helmut Taube GmbH
Kindermöbel
Hoheneckerstraße 11
91472 Ipsheim
T (0 98 46) 2 38
taube@taube-jugendmoebel.de
www.taube-jugendmoebel.de

Henke-Möbel GmbH
Flurmöbel, Schränke, Betten,
andere Möbel
Trendelburger Weg 22
34385 Bad Karlshafen
T (0 56 72) 20 55 - 20 57
info@henke-moebel.de
www.henke-moebel.de

HIMOLLA
Sessel und Sofas
Landshuter Straße 38
84416 Taufkirchen
T (0 80 84) 25 - 0
info@himolla.com
www.himolla.de

Hofemeier Einbauküchen GmbH
Küchenmöbel
Uhlenbrockstraße 37
32257 Bünde
T (0 52 23) 9 68 - 0
news@hofemeier.de
www.hofemeier.de

Holtkamp GmbH & Co.
Flurmöbel, Regale, Schränke
Betonstraße 19
49324 Melle
T (0 54 22) 7 07 - 0
wohnideen@holtkamp-wohnideen.de
www.holtkamp-wohnideen.de

Holzmanufaktur GmbH
Tische, Betten, Küchenmöbel,
andere Möbel
Porschestraße 1
70435 Stuttgart
T (0711) 13 67 17 17
info@holzmanufaktur.com
www.holzmanufaktur.com

Holzschmiede Massivmöbel GmbH
Betten, Schränke, Stühle, Tische
Berndorfer Straße 20
95349 Thurnau
T (0 92 28) 80 22
service@holzschmiede.de
www.holzschmiede.de

Holzverarbeitung, Robert Schörck
Büroeinrichtung, Möbeltischlerei
Geniner Straße 82 a
23560 Lübeck
T (0451) 58 29 19 - 0
info@robert-schoerck.de
www.robert-schoerck.de

Höveler Collection
Sofa, Sessel, Schränke, Regale, Betten,
Küchenmöbel, andere Möbel
Auf dem Tigge 62
59269 Beckum
T (0 25 21) 20 16
info@hoeveler.de
www.hoeveler.de

HUKLA-WERKE GmbH
Sessel und Sofas
Leutkirchstraße 63
77723 Gengenbach
T (0 78 03) 9 31 - 0
info@hukla.de
www.hukla.de

Hülsewig + Meyer
Polstermöbelfabrik GmbH
Sessel und Sofas
Oeppings Brink 18
32278 Kirchlengern
T (0 52 21) 91 36 - 0
info@wemafa.de
www.huelsewig-meyer.de

Hülsta-Werke
Schränke, Regale, Tische, Kindermöbel,
Betten, Flurmöbel
Karl-Hüls-Straße 1
48703 Stadtlohn
T (0 25 63) 86 - 0
info@huelsta.de
www.huelsta.de

Hummel International
Sessel und Sofas
Frohnlacher Straße 14
96242 Sonnefeld
T (0 95 62) 76 - 0
info@hummel-international.com
www.hummel-international.com

Hummel Küchen Norderstedt
Küchenmöbel
Schweriner Straße 14
22844 Norderstedt
T (040) 52 60 90 - 0
info@hummel.de
www.hummel.de

Hummelt & Knoop GmbH & Co. KG
Schränke, Regale
Postfach 11 40
59290 Oelde
T (0 25 29) 8 61 13
info@hummelt-knoop.de
www.hummelt-knoop.de

HUND Büromöbel GmbH
Büromöbel
Am Güterbahnhof 11
77781 Biberach
T (0 78 35) 6 35 - 0
info@hund-buero.de
www.hund-buero.de

Imperial-Werke GmbH & Co.
Küchen
Installstraße 10 - 18
32257 Bünde/Westf.
T (0 52 23) 4 81 - 0
direct@imperial.de
www.imperial.de

Impuls Küchen GmbH
Küchenmöbel
Hinterm Gallberg
59916 Brilon
T (0 29 61) 7 78 - 0
info@impuls-kuechen.de
www.impuls-kuechen.de

Incasa Natur Holz Möbel GmbH
Betten, Schlafzimmermöbel
Auf der Frankenburg 11 - 13
32839 Steinheim
T (0 52 33) 94 12 - 0
info@incasa-moebel.de
www.incasa-moebel.de

INKO GmbH
Gartenmöbel
Lagesche Straße 10 - 12
32657 Lemgo
T (0 52 61) 18 62 26
info@inko-teak.de
www.inko-teak.de

I – K

Interline Wohnsysteme GmbH & Co. KG
Tische, Stühle, Sofas, Kinderzimmer,
Büromöbel, Schränke, Regale
Postfach 12 62
32807 Schieder
T (0 52 82) 6 09 - 0
info@schieder.de
www.schieder.de

interlübke Gebr. Lübke GmbH & Co. KG
Schränke, Betten, Büromöbel, Regale,
andere Möbel
Ringstraße 145
33378 Rheda-Wiedenbrück
T (0 52 42) 12 - 211
info@interluebke.de
www.interluebke.de

Interprofil GmbH
Sessel, Sofas
Ruhberg 9
35463 Fernwald
T (0 64 04) 91 99 - 0
info@interprofil.de
www.interprofil.de

Interstuhl Büromöbel
Stühle
Brühlstraße 21
72469 Meßstetten-Tieringen
T (0 74 36) 8 71 - 0
info@interstuhl.de
www.interstuhl.de

IRO-Möbelfabrik
Regale, Schränke
Westrickweg 27
59302 Oelde
T (0 25 22) 8 24 - 0
post@iro.de
www.iro.de

Jahnke GmbH & Co. KG
Büromöbel
Hamburger Straße 82
22946 Trittau
T (0 41 54) 8 48 - 0
info@jahnke-moebel.de
www.jahnke-moebel.de

Jockenhöfer W. GmbH & Co. KG
Betten
Stettiner Straße 32
45770 Marl
T (0 23 65) 10 03 - 0
jockenhoefer@t-online.de
www.jockenhoefer.de

Jofi Möbelwerk GmbH
Kindermöbel, Sofas, Schränke
Zum Bollkasten 1
37696 Marienmünster-Bredenborn
T (0 52 76) 89 76
info@finkeldei.de
www.finkeldei.de

Joh. Brockmann GmbH & Co. KG
Küchenmöbel
Heimannstraße 32
46240 Bottrop
T (0 20 41) 402 - 0
info@brockmann-bottrop.de
www.brockmann-bottrop.de

Joh. Stiegelmeyer GmbH & Co. KG
andere Möbel
Annastraße 13 - 15
32051 Herford
T (0 52 21) 1 85 - 0
info@stico.de
www.stico.de

Jonas & Jonas
Regale, Tische, Schränke, andere Möbel
Am Sonnenhang 30
84137 Vilsbiburg
T (0 87 41) 96 95 - 0
jonas.jonas@t-online.de
www.jonasundjonas.de

Kaether & Weise
Regale, andere Möbel
Dammstraße 43
31195 Lamspringe
T (0 51 83) 6 77
info@kaetherundweise.de
www.kaetherundweise.de

Kama Bad GmbH & Co. KG
Badmöbel
Morsbacher Straße 15
91171 Greding
T (0 84 63) 90 11 10
www.kama.de

KARE Design
Tische, Stühle, Büromöbel, Regale,
Schränke, Sofas, Sessel
Zeppelinstraße 16
85748 Garching-Hochbrück
T (089) 3 20 82 - 0
info@kare.de
www.kare.de

Karl Bröcker GmbH
Tische, Stühle, Schränke, Regale
Linzel 15
59302 Oelde-Stromberg
T (0 25 29) 87 - 0
info@broecker-moebel.de
www.broecker-moebel.de

Karl Vierhaus GmbH & Co. KG
Tische, andere Möbel
Anholter Straße 60 a
46459 Rees
T (0 28 51) 8 78 29
info@vierhaus.de
www.vierhaus.de

Kattwinkel Möbelwerkstätten Wiemann GmbH
Stühle, Schränke, Betten, Tische, Regale
Permer Straße 1 - 7
49479 Ibbenbüren
T (0 54 51) 93 41 - 0
info@kattwinkel-moebel.de
www.kattwinkel-moebel.de

Katz Flechtmöbel-Manufaktur GmbH
Sofas, Sessel, Stühle, Tische,
andere Möbel,
Hoher-Baum-Weg 13
72202 Nagold
T (0 74 52) 6 90 93
info@katz-flecht.de
www.katz-flecht.de

KD Interieur
Betten, Tische, Regale
Sandershäuser Straße 34
34123 Kassel
T (0561) 5 39 92
info@kd-interieur.de
www.kd-interieur.de

Kerkhoff International GmbH
Büromöbel, Schränke
Sachsenweg 55
32547 Bad Oeynhausen
T (0 57 31) 8 42 25 - 0
info@kerkhoff.de
www.kerkhoff.de

Kettler-Möbel GmbH
Gartenmöbel
Neheimer Straße 10
59469 Ense-Höingen
T (0 29 38) 8 06 - 0
info@kettler.net
www.kettler.net

K – L

Kettnaker Möbelfabrik
Schränke, Regale
Bussenstraße 28
88525 Dürmentingen
T (0 73 71) 9 59 30
info@kettnaker.com
www.kettnaker.de

KFF-Design
Stühle, Tische, Regale
Bahnhofstraße 27
32657 Lemgo
T (0 52 61) 9 85 90
info@kff.de
www.kff.de

Klaus Bartels
Büromöbel, Küchenmöbel, Betten,
Tische, Stühle, Sessel, Sofas, Regale,
Kindermöbel, Badezimmermöbel
Jägerstraße 14
95349 Thurnau
T (0 92 28) 59 49
info@klaus-bartels.de
www.klaus-bartels.de

Klenk Collection
Betten, Schränke, Regale, Büromöbel
Industriestraße 34
72221 Haiterbach
T (0 74 56) 93 82 - 0
klenk-collection@t-online.de
www.klenk-collection.de

Klose-Kollektion GmbH
Schränke, Regale, Stühle, Tische
Schützenstraße 4
49770 Herzlake
T (0 59 62) 81 - 0
info@klosekollektion.de
www.klosekollektion.de

Klostermann Küchen
Küchenmöbel
Heckenweg 9-11
32289 Rödinghausen-Bieren
T (0 57 46) 9 49 - 0
info@klostermann-kuechen.de
www.klostermann-kuechen.de

Knoll International GmbH
Stühle, Schränke, Tische, Sessel, Sofas,
andere Möbel
Konrad-Adenauer-Ufer 83
50668 Köln
T (0221)1 30 56 45 - 0
germany@knolleurope.com
www.knollint.com

Knoll Sitzmöbel GmbH
Sessel und Sofas
Eisentalstraße 31
71332 Waiblingen
T (0 71 51) 5 53 22
info@knoll-polstermoebel.de
www.knoll-polstermoebel.de

Koinor Polstermöbel GmbH & Co. KG
Sofas, Stühle, Tische, Sessel
Landwehrstraße 14
96247 Michelau
T (0 95 71) 8 92 - 0
koinor-verkauf@koinor.de
www.koinor.com

König + Neurath AG
Büromöbel, Stühle, Schränke,
andere Möbel
Industriestraße 1
61184 Karben
T (0 60 39) 4 83 - 0
info@koenig-neurath.de
www.koenig-neurath.de

Krauss + Weinbeer GmbH
Sofas
Schwabenstraße 20
96215 Lichtenfels
T (0 95 71) 7 99 - 0
kw-moebel@t-online.de
www.kw-moebel.de

Kusch + Co. Sitzmöbelwerke KG
Stühle
Postfach 10 26
59969 Hallenberg
T (0 29 84) 3 00 - 0
info@kusch.de
www.kusch.de

Laauser GmbH & Co. KG
Sofas, Sessel, Tische
Schleifwiesenstraße 27
71723 Großbottwar
T (0 71 48) 17 - 0
info@laauser.de
www.laauser.de

Lanzet Bad GmbH
Badmöbel
St. Christophorusstraße 3
76863 Herxheim
T (0 72 76) 5 09 - 0
info@lanzet.de
www.lanzet.de

Läsko GmbH
Flurmöbel, Tische
Vöhringer Straße 19
89269 Vöhringen-Illerzell
T (0 73 07) 90 50 - 0
info@laesko.de
www.laesko.de

Lehmann GmbH & Co.
Flurmöbel, Tische, Regale, Schränke
Otto-Hahn-Straße 1
72280 Dornstetten
T (0 74 43) 96 79 - 0
info@lehmann-moebel.com
www.lehmann-moebel.com

Leicht Küchen AG
Küchenmöbel
Gmünder Straße 70
73550 Waldstetten
T (0 71 71) 4 02 - 0
info@leicht.de
www.leicht.de

Leolux Möbelfabrik GmbH
Sofas, Sessel, Stühle, Tische,
andere Möbel
Elbestraße 39
47800 Krefeld
T (0 21 51) 94 36 01
info@leolux.nl
www.leolux.com

Lindemann GmbH & Co. KG Büromöbelfabrik
Stühle, Tische, Büromöbel
Heusinger Straße 12 - 16
12107 Berlin
T (030) 74 00 06 - 0
info@lindemann.de
www.lindemann.de

Loddenkemper Möbel
Betten, Schränke
Am Landhagen 94
59302 Oelde
T (0 25 22) 9 10 - 0
info@loddenkemper.de
www.loddenkemper.de

Löffler Bürositzmöbel GmbH
Stühle
Rosenstraße 8
91244 Reichenschwand
(0 91 51) 8 24 99 - 0
verkauf@loeffler-sitzmoebel.de
www.loeffler-sitzmoebel.de

Loher raumexclusiv GmbH
Büromöbel, Badezimmermöbel,
andere Möbel
Wallersdorfer Straße 17
94522 Wallersdorf-Haidlfing
T (0 99 33) 9 10 - 0
info@loher-raumexclusiv.de
www.loher-raumexclusiv.de

Lonsberg GmbH
Betten
Am Pastorsbusch 6
33129 Delbrück
T (0 52 50) 51 09 - 0
info@lonsberg.de
www.loher-interiors.de

Loom GmbH
Stühle, Sessel, Tische, Betten
Justus-von-Liebig-Straße 3
86899 Landsberg
T (0 81 91) 91 94 - 260
info@lloyd-loom.de
www.lloyd-loom.de

Lorbeer Büromöbel GmbH
Büromöbel, Regale, Schränke
Zainach 53 1/2
84307 Eggenfelden
T (0 87 21) 7 03 - 0
lorbeer-gmbh@t-online.de
www.lorbeer-gmbh.de

Ludwig Gutmann GmbH & Co. KG
Tische, Stühle, Schränke, Regale, Sofas,
andere Möbel
Dr.-Ludwig-Vierling-Straße 8
96257 Redwitz
(0 95 74) 3 39 - 0
mail@lgutmann.de
www.lgutmann.de

Lüke GmbH
Schränke, Tische, Büromöbel
Auf der Stiegel 6
32839 Steinheim Westf
T (0 52 33) 95 62 - 0
www.lueke-moebel.de
info@lueke-moebel.de

Luna GmbH
Betten, Tische, Stühle
Hansaring 88
50670 Köln
T (0221) 1 26 01 96

Lycaste
Wohnraumleuchten
Im Dorfe 51a
99438 Weimar-Legefeld
T (0 36 43) 7 71 23
vertrieb@lycaste.de

Machalke Polsterwerkstätten
Sessel und Sofas
Burkheimer Straße 20
96272 Hochstadt
T (0 95 74) 82 -0
info@t-online.de
www.machalke.de

MAGO
Polstermöbel
Bernauer Straße 69
99091 Erfurt-Gispersleben
T (0361) 7 40 49 - 0
eva.jugel@Steinhoff.moebel.de
www.steinhoff-moebel.de

Maintal Beds & Sofas
Betten, Sofas
Schönbrunner Straße 17
96215 Lichtenfels
T (0 95 71) 7 90 - 0
info@betten-sofas.de
www.betten-sofas.de

Maja-Möbelwerk GmbH
Büromöbel, andere Möbel
Gewerbepark 1
02997 Wittichenau
T (03 57 25) 7 02 48
info@maja-moebel.de
www.maja-moebel.de

Malie
Matratzen
Gewerbegebiet 1
19417 Warin
T (03 84 82) 6 31 - 0
info@malie-matratzen.de
www.malie-matratzen.de

Märkische Büromöbelwerke
Trebbin GmbH
Büromöbel
Industriestraße 4
14959 Trebbin
T (0 33 731) 87 - 0
g.warrink@e-mbt.de
www.e-mbt.de

MARKTEX Möbelmanufaktur
Schränke, Stühle, Tische, Sofas,
Sessel, Betten
Am Auernberg 2
61476 Kronberg/Ts.
T (0 61 73) 60 02 - 0
marktex@t-online.de

Markus Widmann Design
Küchen, andere Möbel
Pippingastraße 108
81247 München
T (089) 81 00 90 - 00
markus@widmann-design.de
www.widmann-Design.de

Marlin Badmöbel GmbH
Badmöbel
Jaka-Straße 3
32351 Stemwede
T (0 57 73) 88 - 0
marlin@marlinbad.de
www.marlinbad.de

Martin Staud GmbH & Co.
Schränke, Betten, andere Möbel
Herbertinger Straße 18
88348 Bad Saulgau
T (0 78 51) 2 09 - 0
info@staudmoebel.de
www.staudmoebel.de

Mawa-Design Gmbh
Wohnraumleuchten, Accessoires, Möbel
Straße der Einheit 36 /Palmhof
14557 Langerwisch
T (03 32 05) 4 64 32
mawa@mawa-design.de
www.mawa-design.de

Max Winzer GmbH & Co. KG
Sessel und Sofas
Großheirather Straße 1
96253 Untersiemau
T (0 95 65) 7 98 - 0
info@max-winzer.de
www.max-winzer.de

May KG
Stühle
Im Kleifeld 16
31275 Lehrte
T (0 51 32) 87 99 - 0
info@may-kg.de
www.may-kg.de

Mayer-Sitzmöbel GmbH & Co. KG
Stühle
Am Brunnen 7
96257 Redwitz-Mannsgereuth
T (0 92 64) 8 00 - 0
info@mayersitzmoebel.de
www.mayersitzmoebel.de

Mecklenburg Küchen Güstrow GmbH
Küchenmöbel
Am Gewerbegrund 2 - 4
18273 Güstrow
T (0 38 43) 23 06 - 0
info@mecklenburg-kuechen.de
www.mecklenburg-kuechen.de

Menz Holz GmbH & Co. KG
Gartenmöbel
Waldmühlenweg 11
36115 Ehrenberg-Reulbach
T (0 66 81) 96 01 - 0
info@menzholz.de
www.menzholz.de

Menzel-Werkstätten
Wohnraumleuchten
Seehauserstraße 43
83324 Ruhpolding
T (0 86 63) 51 - 0
info@Menzelleuchten.com
www.menzelleuchten.com

Meyenburger Möbel GmbH
Regale, Büromöbel, Schränke
Bahnhofstraße 4
16945 Meyenburg
T (03 39 68) 85 - 0
info@meyenburger-moebel.de
www.meyenburger-moebel.de

Meyer Stahlmöbel
Stühle, Tische
Lindenstraße 26
57627 Hachenburg
T (0 26 62) 30 47 + 30 48
info@meyerstahlmoebel.de
www.meyerstahlmoebel.de

MHK-Verbundgruppe AG
Küchen, Wohnzimmer
Im Gefierth 9 a
63303 Dreieich
T (0 61 03) 3 91 - 0
info@mhk.de
www.mhk.de

Michael Felke
Stühle, andere Möbel
Michael-Felke-Straße
55487 Sohren
T (0 65 43) 98 22 45
gl@felke.moebel.de
www.felke.moebel.de

Middel Büromöbelfabrik GmbH & Co. KG
Büromöbel
Marienstraße 5
59909 Bestwig
T (0 29 04) 97 07 - 0
info@middel.de
www.middel.de

Miele & Cie. GmbH & Co.
Küchenmöbel
Carl-Miele-Straße 29
33332 Gütersloh
T (0 52 41) 89 - 0
info@miele.de
www.miele.de

MK-Küchenmöbelfabrik Möller GmbH & Co.
Küchenmöbel
Unterer Hellweg 7
32584 Löhne, Westf.
T (0 57 32) 10 86 - 0
info@mk-kuechen.de
www.mk-kuechen.de

Möbelfabrik Würmseher
Schränke, Regale, Betten, andere Möbel
Münchner Straße 35
86641 Rain
T (0 90 02) 96 96 - 0
info@wuermseher.de
www.wuermseher.de

Möbelwerk Heidenau GmbH
Schlafzimmermöbel
Güterbahnhofstraße 6
01809 Heidenau
T (0 35 29) 56 11 - 0
info@moebelwerk-heidenau.de
www.moebelwerk-heidenau.de

Möbelwerke A. Decker GmbH
Schränke, Regale
Hellweg 19, Dalhausen
37688 Beverungen
T (0 56 45) 7 89 - 0
info@decker.de
www.decker.de

Mobilia Collection GmbH
Tische, andere Möbel
Mimberger Straße 38 - 40
90559 Burgthann
T (0 91 83) 95 00 80
info@mobilia-collection.de
www.mobilia-collection.de

Moizi Möbel GmbH
Kindermöbel
Warburger Straße 37
33034 Brakel
T (0 52 72) 37 15 - 0
moebel@moizi.de
www.moizi.de

Moll System- u. Funktions-Möbel GmbH
Büromöbel, Regale
Rechbergstraße 7
73344 Gruibingen
T (0 73 35) 1 81 - 0
info@moll-system.de
www.moll-system.de

Möller Design GmbH & Co.
Schränke, Sofas, Sessel, Betten, Tische, Stühle, Regale, andere Möbel
Residenzstraße 16
32657 Lemgo
T (0 52 61) 9 85 95
info@moeller-design.de
www.moeller-design.de

mpp GbR Heinz Heine
Sessel, Stühle, Tische, Betten, Sofas
Am Georgschacht 13
31655 Stadthagen
T (0 57 21) 78 05 - 0
info@mpp-moebel.de
www.mpp-moebel.de

MS Schwarzwaldmöbel Manfred Schuon GmbH
Schränke, Regale, andere Möbel
Hohe Straße 26
72221 Haiterbach
T (0 74 56) 94 11 - 0
info@ms-schuon.de
www.schwarzwaldmoebel.de

müller möbelfabrikation
Stühle, Schränke, Tische, andere Möbel
Werner-von-Siemens-Straße 6
86159 Augsburg
T (0821) 25 89 - 0
info@mueller-moebel.com
www.mueller-moebel.com

M – N

Müller Möbelwerkstätten GmbH
Sessel, Sofas, Schränke, Regale, Stühle,
Tische, Küchenmöbel, Betten,
Kindermöbel
Urwaldstraße 8
26345 Bockhorn
T (0 44 53) 98 23 11
ingo@emform.de
www.mueller-moebel.de

Münchner Boulevard Möbel GmbH
Gartenmöbel
Steinbuchstraße 3
83539 Forsting
T (080) 94 90 93 - 0
info@mbm-moebel.de
www.mbm-moebel.de

Münchow Polstermöbelfabrik
GmbH & Co. KG
Sessel und Sofas
Dünner Straße 8 - 12
32257 Bünde
T (0 52 23) 40 88
info@muenchow-polstermoebel.de
www.muenchow-polstermoebel.de

Musterring International
Regale, Schränke, Tische, Stühle,
Küchenmöbel, Betten, Sessel, Sofas,
andere Möbel
Hauptstraße 134 - 140
33378 Rheda-Wiedenbrück
T (0 52 42) 5 92 01
info@musterring.de
www.musterring.de

MVG Voglrieder
Gartenmöbel, Tische, Stühle, Schränke,
Betten, andere Möbel
Steinhausen 20-21
85625 Glonn
T (0 80 93) 50 42
info@voglrieder.de
www.voglrieder.de

Naber + Co.
Tische, Stühle
Enschedestraße 30
48529 Nordhorn
T (0 59 21) 7 04 - 0
naber@naber-kabeguss.de
www.naber-kabeguss.de

Nagel Küchen
Küchenmöbel
Binnerheide 19
58239 Schwerte
T (0 23 04) 9 42 22 - 52
info@nagelkuechen.de
www.nagelkuechen.de

Naumann Tische GmbH
Tische, Stühle
Am Gelskamp 14a
32758 Detmold
T (0 52 31) 61 95 - 0
naumann-tische@t-online.de
www.naumann-tische.de

Necke GmbH
Kindermöbel, Regale, Sessel,
andere Möbel
Bahnhofstraße 8
96277 Schneckenlohe
T (0 92 66) 99 04 - 0
info@necke-collection.de
www.necke-collection.de

Neuhausener Sitzmöbel GmbH
Stühle, Tische, Betten, Schränke,
Flurmöbel, Regale, andere Möbel
Ernst-Thälmann-Straße 11
09544 Neuhausen
T (03 73 61) 17 - 0
zentrale@edos.de
www.edos.de

Neunzehndreizehn GmbH
Schränke, Regale, Flurmöbel, Tische,
Stühle, andere Möbel
Langebrügger Straße 5
26655 Westerstede
T (0 44 88) 58 - 0
info@neunzehndreizehn.de
www.neunzehndreizehn.de

Nieburg GmbH & Co. KG
Küchenmöbel
Hellweg 4
32584 Löhne
T (0 57 32) 10 13 - 0
info@nieburg.de
www.nieburg.de

Niehoff Sitzmöbel GmbH
Tische, Stühle
Schlosserstraße 8
48231 Warendorf
T (0 25 81) 94 56 - 0
info@niehoff-sitzmoebel.de
www.niehoff-sitzmoebel.de

Nils Holger Moormann GmbH
Regale, Tische, Stühle, andere Möbel
An der Festhalle 2
83229 Aschau/Chiemgau
T (0 80 52) 90 45 - 0
info@moormann.de
www.moormann.de

NOBILIA-Werke
Küchenmöbel
Waldstraße 53 - 57
33415 Verl
T (0 52 46) 5 08 - 0
info@nobilia.de
www.nobilia.de

Nolff GmbH & Co. KG
Küchenmöbel, Badmöbel
Lindenstraße 9 - 15
71540 Murrhardt
T (0 71 92) 2 11 - 0
info@nolff.de
www.nolff.de

Nolte Möbel GmbH & Co. KG
Schränke, Regale, Betten
Konrad-Nolte-Straße 20
76726 Germersheim
T (0 72 74) 51 - 0
info@nolte-germersheim.de
www.nolte-germersheim.de

Nolte Küchen GmbH & Co. KG
Küchenmöbel
Windmühlenweg 153
32584 Löhne
T (0 57 32) 8 99 - 0
info@nolte-kuechen.de
www.nolte-kuechen.de

Nolte Polstermöbel GmbH
Sessel und Sofas
Industriestraße 17 - 21
32139 Spenge
T (0 52 25) 85 05 - 0
nolte-polstemoebel@t-online.de

Nolte-Möbel GmbH
Betten, Schlafzimmer, Schränke
Westenholzer Straße 61
33129 Delbrück
T (0 52 50) 9 89 - 0
info@nolteD.com
www.nolted.com

NORDICA Polstermöbel
Sessel und Sofas
Elsflether Straße 1
27751 Delmenhorst
T (0 42 21) 59 12 13
info@himolla.de
www.himolla.de

oeconcept GmbH
Regale, Schränke, Kindermöbel,
Flurmöbel, Büromöbel, Tische, Stühle,
andere Möbel
Hausener Straße 27
63165 Mühlheim-Lämmerspiel
T (0 61 08) 79 58 04
j.heinze@oeconcept.de
www.oeconcept.de

OFF-Büromöbelwerk GmbH
Büromöbel
Schwanhäuser Straße 2
97528 Sulzdorf a.d.L.
T (0 97 63) 91 92 - 0
info@off.de
www.off.de

OKA-Büromöbel GmbH & Co. KG
Büromöbel
Eibauer Straße 1 - 5
02727 Neugersdorf
T (0 35 86) 7 11 - 0
tkasper@oka.de
www.oka.de

omnia-moebel
Schränke, Betten, Regale, Wohnzimmer
Am Landhagen 94
59302 Oelde
T (0 52 31) 7 43 - 0
info@omnia.de
www.omnia.de

Optifit Jaka-Möbel GmbH
Küchenmöbel, Badezimmermöbel
Jaka-Straße 3
32351 Stemwede-Wehdem
T (0 57 73) 88 - 0
info@optifit.de
www.optifit.de

OSTER Möbelwerkstätten GmbH
Betten, Schränke, Kindermöbel,
Küchenmöbel, Tische, Stühle
Zur Höhe
56812 Dohr/Eifel
T (0 26 71) 60 00 - 0
moebelwerkstaetten@oster.de
www.oster.de

PAIDI Möbel GmbH
Kindermöbel
Hauptstraße 87
97840 Hafenlohr
T (0 93 91) 5 01 - 0
groene@paidi.de
www.paidi.de

Panthel Möbelwerk GmbH & Co.
Betten, Schränke
Bahnhofstraße
57648 Unnau
T (0 26 61) 62 64 - 0
panthel.moebelwerk@t-online.de
www.panthel-moebel.de

Paradies GmbH
Betten
Rayener Straße 14
47506 Neukirchen-Vluyn
T (0 28 45) 2 03 - 0
info@paradies.de
www.paradies.de

Paroli Möbelvertriebs GmbH
Tische, Stühle, Flurmöbel, Regale,
andere Möbel
Westerfeldstraße 8
32758 Detmold
T (0 52 31) 64 02 - 0
info@pm-gmbh.de
www.paroli-moebel.de

Paschen & Companie
Regale
Stromberger Straße 27
59329 Wadersloh
T (0 25 23) 28 - 0
jan@paschen.de
www.paschen.de

Pefa-Tische
Tische
Bensberger Straße 24 - 30
51503 Rösrath
T (0 22 05) 92 86 - 0
h.icking@pefa.de
www.pefa.de

Pelipal Möbelfabrik GmbH
Badmöbel
Industriestraße 12
33189 Schlangen
T (0 52 52) 8 48 - 0
info@pelipal.de
www.pelipal.de

Performa Möbel und Design GmbH
Regale, Betten, andere Möbel
Marbacher Straße 54
74385 Pleidelsheim
T (0 71 44) 89 88 69
welcome@performa.de
www.performa.de

Philipp Plein GmbH
Betten, Sessel, Sofas, Tische, Stühle,
Büromöbel, Flurmöbel, Gartenmöbel,
andere Möbel
Hebelstraße 2
90491 Nürnberg
T (0911) 59 90 67
service@philipp-plein.com
www.philipp-plein.com

Phönix Polstermöbel GmbH
Sessel und Sofas
Wittenhusen 3
32457 Porta Westfalica
T (0571) 7 20 80
kontakt@phoenix-polstermoebel.de
www.phoenix-polstermoebel.de

Phos-Design
Flurmöbel, Badezimmermöbel,
andere Möbel
Hübschstraße 11
76135 Karlsruhe
T (0721) 84 95 95
info@phos.de
www.phos.de

pieperconcept
Flurmöbel
Ohsener Straße 84
31789 Hameln
T (0 51 51) 95 74 - 0
info@pieperconcept.de
www.pieperconcept.de

PINO Küchen GmbH
Küchenmöbel
Buroer Feld 1
06869 Coswig/Klieken
T (03 49 03) 60 - 0
mail@alno.de
www.pino.de

Planmöbel Eggersmann GmbH & Co. KG
Tische, Schränke
Königsberger Straße 3 - 5
32339 Espelkamp
T (0 57 72) 5 69 - 0
info@planmoebel.de
www.planmoebel.com

Poggenpohl Möbelwerke GmbH
Küchenmöbel
Poggenpohlstraße 1
32051 Herford
T (0 52 21) 3 81 - 0
werner.ahlwes@poggenpohl.de
www.poggenpohl.de

Polipol Polstermöbel GmbH
Sessel und Sofas
Werner-von-Siemens-Straße 13
32369 Rahden/Westf.
T (0 57 71) 7 09 - 0
office@polipol.de
www.polipol.de

Polstermöbelfabrik Toni Herner
Sessel, Sofas, Betten, Stühle, Tische
Rottweiler Straße 100
78056 Villingen-Schwenningen
T (0 77 20) 97 97 - 0
info@herner.de
www.herner.de

Pönnighaus GmbH & Co. KG
Küchen
Valdorfer Straße 7
32545 Bad Oeynhausen
T (0 57 31) 77 86 - 0
www.poennighaus.de
info@ponnighaus.de

Posseik Möbelfabriken GmbH
*Schränke, Badezimmermöbel, Büromöbel,
Regale, Tische, andere Möbel*
Industriestraße 8
42929 Wermelskirchen
T (0 21 96) 95 00 - 0
posseik@t-online.de
www.posseik.de

Pötter GmbH & Co. KG
Schränke, Regale, Betten
Marienfelder Straße 93
33442 Herzebrock-Clarholz
T (0 52 45) 9 02 - 0
moebel@poetter.de
www.poetter.de

Pranke
Küchenrestaurierung
Drei-Quellenstraße 27
99094 Erfurt
T (0361) 2 22 55 18
pranke-plitt@t-online.de
www.pranke-plitt.de

Present Perfekt GmbH
Betten, andere Möbel
Sudetenstraße 13
64521 Groß-Gerau
T (0 61 31) 21 68 62
mailt@present-perfekt.de

Priel Wohnsysteme GmbH
*Regale, Schränke, Tische, Stühle, Betten,
andere Möbel*
Helfensteinstraße 47
73342 Bad Ditzenbach
T (0 73 34) 75 - 0
info@priel.de
www.priel.de

PRO SEDA
Sessel, Sofas, Stühle
Am Lindenbach 1
96515 Sonneberg
T (0 36 75) 42 42 - 0
info@pro-seda.de
www.pro-seda.de

Projekt
Stühle, Tische, Schränke, andere Möbel
Gerbstedter Straße 13
06295 Lutherstadt-Eisleben
T (0 34 75) 67 71 - 0
info@project-online.de
www.project-online.de

Pronorm Gieschwa-Möbel GmbH
Küchen
Höferweg 28
32602 Vlotho
T (0 57 33) 9 79 - 0
info@pronorm.de
www.pronorm.de

**Puhlmann Polstermöbel Vertriebs
GmbH**
Sessel und Sofas
Bünder Straße 67
32130 Enger
T (0 52 24) 69 97 - 0
info@puhlmann.de
www.puhlmann.de

Quasicommodo
Regale, Schränke, Garderoben
Carl-Zeiss-Straße 2
69214 Eppelheim
T (0 62 21) 79 69 62
info@quasicommodo.de
www.quasicommodo.de

Rabe & Meyer Küchen GmbH & Co. KG
Küchenmöbel
Ladestraße 52
32257 Bünde
T (0 52 23) 69 00 - 0
info@rotpunktkuechen.de
www.rotpunkt-kuechen.de

Radius GmbH
Tische, Flurmöbel, andere Möbel
Hamburger Straße 8a
50321 Brühl
T (0 22 32) 76 36 17
stephan-liebig@radius-design.de
www.radius-design.de

Rafael Homecollection GmbH
Tische, Stühle, Schränke
Nördliche Münchner Straße 27a
82031 Grünwald
T (089) 64 19 01 - 0
info@cp-collection.com
www.cp-collection.com

Rahmer Bauernmöbel-Fabrikation
*Schränke, Tische, Stühle, Betten,
Flurmöbel, Büromöbel, andere Möbel*
Industriestraße 20
90441 Nürnberg
T (0911) 41 51 42
info@rahmerbauernmoebel.de
www.rahmerbauernmoebel.de

rational Einbauküchen GmbH
Küchen
Rationalstraße 4
49328 Melle
T (0 52 26) 58 - 0
info@rational.de
www.rational.de

Ratzeburger Inbau GmbH
Büromöbel, Regalsysteme
Kolberger Straße 2
23909 Ratzeburg
T (0 45 41) 86 05 - 0
d.heuer@rzinbau.com
www.rzinbau.de

Rauch Möbelwerke GmbH
Betten, Schränke
Wendelin-Rauch-Straße
97893 Freudenberg
T (0 93 75) 81 - 0
verkauf@rauchmoebel.de
www.rauchmoebel.de

Raumplus Guddas KG
Regale, andere Möbel
Vorweide 4
28259 Bremen
T (0421) 5 76 51 - 0
verkauf@raumplus.de
www.raumplus.de

Raumwerk
Regale, Schränke, andere Möbel
Lottumstraße 18
10119 Berlin
T (030) 41 72 53 - 51
nordalm@raumwerk-berlin.de
www.raumwerk-berlin.de

Rausch Classics GmbH
Gartenmöbel, Stühle, Tische, Schränke, andere Möbel
An der Tagweide 14
76139 Karlsruhe
T (0721) 9 61 69 - 0
verkauf@rausch-classics.de
www.rausch-classics.de

Recticel Schlafkomfort GmbH
Betten
Schlaraffiastraße 1 - 10
44867 Bochum
T (0 23 27) 3 25 - 0
info@schlaraffia.de
www.schlaraffia.de

Reddy Küchen & Elektrowelt
Küchenmöbel
Im Gefierth 9a
63303 Dreieich
T (0 61 03) 3 91 - 0
info@reddy.de
www.reddy.de

Reese - Wohn- und Küchenmöbel GmbH
Küchenmöbel, Schränke, Regale
Sauernfeldweg 35
32657 Lemgo
T (0 52 61) 97 55 - 0
info@reeselemgo.de
www.reeselemgo.de

Reffelmann Möbel GmbH & Co.
Flurmöbel, Betten, Tische
Prozessionsweg
59457 Werl-Büderich
T (0 29 22) 97 50 - 0
info@reffelmann.com
www.reffelmann.com

Reisenthel Accessoires
Tische, andere Möbel
Benzstraße 3
82178 Puchheim
T (089) 80 06 44 - 0
info@reisenthel.de
www.reisenthel.de

Reiss Büromöbel
Büromöbel
Südring 6
04924 Bad Liebenwerda
T (03 53 41) 48 - 0
kontakt@reiss-bueromoebel.de
www.reiss-bueromoebel.de

Rempp Küchen GmbH & Co.
Küchenmöbel
Talstraße 145
72218 Wildberg/Schwarzwald
T (0 70 54) 2 04 - 0
info@rempp-kuechen.de
www.rempp-kuechen.de

Renz
Regale, Schränke, Betten
Hohenzollernstraße 2
71088 Holzgerlingen
T (0 70 31) 6 89 15
info@renz-moebel.de
www.renz-moebel.de

Reposa Polstermöbelwerk GmbH
Sessel und Sofas
Natzungen Industriegebiet 5
34434 Borgentreich
T (0 56 45) 7 89 - 0
moebel@reposa.de
www.reposa.de

Richard Denk GmbH + Co. KG
Sofas
Versbacher Straße 128
97078 Würzburg
T (0931) 2 50 81 - 0
info@denk-polstermoebel.de
www.denk-polstermoebel.de

Richard Lampert GmbH & Co. KG
Sessel, Tische, Stühle, Regale, Betten, andere Möbel
Gaisburgstraße 12 b
70182 Stuttgart
T (0711) 2 34 80 08
mail@richard-lampert.de
www.richard-lampert.de

Rieber GmbH & Co.
Küchenhersteller
Gönninger Straße 28
72770 Reutlingen/Bronnweiler
T (0 70 72) 9 19 - 80
info@rieber.de
www.rieber.de

Rießner-WOHNEN GmbH & Co. KG
Sessel und Sofas
Bahnhofstraße 21
96247 Michelau
T (0 95 71) 8 93 - 0
info@riessner.de
www.riessner.de

Rietberger Wohnmoebel GmbH & Co.
Schränke, Regale, Tische
Industriestraße 11
33397 Rietberg
T (0 52 44) 98 05 - 0
info@rmw-wohnmoebel.de
www.rmw-wohnmoebel.de

Riwa Polstermöbel GmbH
Sessel und Sofas
Daimlerstraße 29
32257 Bünde
T (0 52 23) 69 08 67
info@riwa-polstermoebel.de
www.riwa-polstermoebel.de

ROBA - Baumann GmbH
Kindermöbel
Feldstraße 2
96237 Ebersdorf
T (0 95 62) 92 21 - 0
info@roba-kinderwelt.de
www.roba-kinderwelt.de

Robert Testrut GmbH & Co. KG
Gartenmöbel
Am Schornacker 113
46585 Wesel
T (0281) 8 18 - 0
info@testrut.de
www.testrut.de

Röhr Möbel
Schränke, Regale, Büromöbel
Postfach 30 53
33397 Rietberg
T (0 29 44) 9 81 - 0
info@roehr-bush.de
www.roehr-bush.de

Röwa – Rössle & Wanner GmbH
Betten
Ulrichstraße 102
72116 Mössingen
T (0 74 73) 7 01 20
info@rw-schlafsysteme.de
www.roewa.de

Rolf Benz AG & Co. KG
Sessel, Sofas, Stühle, Tische, Schränke,
Regale, andere Möbel
Haiterbacher Straße 104
72202 Nagold
T (0 74 52) 6 01 - 0
t.ventzke@rolf-benz.de
www.rolf-benz.de

Ronald Schmitt Tische GmbH
Tische
Gretengrund 3
69412 Eberbach
T (0 62 71) 94 91 12
info@ronald-schmitt.de
www.ronald-schmitt.de

Rosenthal Einrichtung
Tische, Regale, Sessel, Schränke
Wittelsbacher Straße 43
95100 Selb
T (0 92 87) 72 - 0
info@rosenthal.de
www.rosenthal.de

Rovo Chair International
Stühle
Hohenholz 1
72290 Loßburg
T (0 74 46) 1 82 - 2 60
info@rovo.de
www.rovo.de

Rudolf & Sohn
Küchenmöbel, andere Möbel
Dreispitzhohle 5
36381 Schlüchtern
T (0 66 61) 1 51 - 0
info@rudolf-moebel.de
www.rudolf-moebel.de

RUF GmbH & Co.KG
Betten, Schränke
Hardbergstraße 5
76437 Rastatt
T (0 72 22) 5 07 22 - 0
info@ruf-betten.de
www.ruf-betten.de

RWK Einbauküchen
Küchenmöbel
Südstraße 16
32130 Enger
T (0 52 24) 97 30 - 0
mail@rwk-kuechen.de
www.rwk-kuechen.de

S. Burchardt-Nielsen GmbH
Stühle, Sessel
Ringstraße 8
24785 Fockbek
buchardt-nielson@t-online.de

Sachsen Küchen
Küchen
Altenberger Straße 78
01762 Obercarsdorf
T (0 35 04) 64 81 - 0
sachsenkuechen@canaletto.net
www.sachsenkuechen.de

Sanipa GmbH
Badmöbel
Markt Berolzheimer Straße 6
91757 Treuchtlingen
T (0 91 42) 97 89 78
info@sanipa.de
www.sanipa.de

Schausbreitner und Schlicker GmbH
Büromöbel
Bahnhofstraße 10 a
54298 Igel
T (0 65 01) 16 22 - 0
igel-design@t-online.de
www.igel-design.com

Schärf Büromöbel GmbH
Büromöbel
Mainzer Straße 183
67547 Worms
T (0 62 41) 40 03 - 0
info@schaerf-office.com
www.schaerf-office.com

Schieder Polstermöbel
Tische, Stühle, Sofas, Betten,
Kinderzimmer, Schränke, Regale
Weddigenufer 2
32052 Herford
T (0 52 21) 59 79 - 0
Spettmann@Schieder.de
www.schieder.de

Schmidt Küchen GmbH & Co. KG
Küchenmöbel
Talstraße 4
66625 Türkismühle
T (0 68 52) 8 87 - 0
info@schmidt-kuechen.de
www.schmidt-kuechen.de

Schnepel GmbH & Co. KG
Büromöbel, andere Möbel
Ellerkampstraße 79
32609 Hüllhorst
T (0 57 41) 3 46 10
info@schnepel.de
www.schnepel.com

Scholtissek KG Belle Epoque
Tische, Stühle, Schränke
Bremer Straße 40
49179 Ostercappeln
T (0 54 73) 92 10 - 0
info@scholtissek.de
www.scholtissek.de

Schönbrunner Polstermöbel GmbH
Sessel und Sofas
Eisfelder Straße 113
98667 Schönbrunn
T (03 68 74) 7 89 - 0
info@steinhoff.de
www.steinhoff.de

Schönbuch Collection GmbH
Flurmöbel
Benzstraße 17
71101 Schönaich
T (0 70 31) 75 98 - 0
info@schoenbuch-collection.de
www.schoenbuch-collection.de

Schramm Werkstätten GmbH
Betten, andere Möbel
Industriepark Langmeil
67722 Winnweiler
T (0 63 02) 92 36 - 0
info@schramm-werkstaetten.de
www.schramm-werkstaetten.de

Schröder Küchen GmbH
Küchenmöbel
Oeppings Brink 7
32278 Kirchlengern
T (0 52 23) 97 35 - 0
info@schroeder-kuechen.de
www.schroeder-kuechen.de

Schroers & Schroers
Hi-Fi-Möbel, TV-Möbel
Crellestraße 19 - 20
10827 Berlin
T (030) 78 77 21 - 0
info@schroers.de
www.schroers.de

**Schröno-Polstermöbelfabrik
GmbH & Co. KG**
Schränke, Regale, Sessel und Sofas
Auf dem Busche 45
33129 Delbrück
T (0 52 50) 97 95 - 0
info@schroeno.de
www.schroeno.de

Schüller Einbauküchen
Küchenmöbel
Bahnhofstraße 32
91567 Herrieden
T (0 98 25) 83 - 0
info@schueller.de
www.schueller.de

SCHULTE DESIGN GmbH
Tische, Schränke, Stühle, Regale
Hülser Straße 214
47803 Krefeld
T (0 21 51) 62 59 12
info@schultedesign.de
www.schultedesign.de

Sdr+ GmbH & Co. KG
Tische, Regale, andere Möbel
Schaevenstraße 7
50676 Köln
T (0221) 92 39 26 - 0
info@sdr-plus.com
www.sdr-plus.com

Sedus Stoll AG
Büromöbel
Postfach 1942
79746 Waldshut
T (0 77 51) 8 42 31
sedus@sedus.de
www.sedus.de

Seefelder Möbelwerkstätten GmbH
Sessel, Sofas, Tische, Regale
Bahnhofstraße 8
82229 Seefeld
T (0 81 52) 99 00 - 0
smw@seefelder.com
www.seefelder.com

select-Art Möbel GmbH
Betten, Schränke, andere Möbel
Wendelin-Rauch-Straße
97896 Freudenberg
T (0 93 75) 81 - 0
verkauf@rauchmoebel.de
www.rauchmoebel.de

SIEGER GmbH + Co.
Gartenmöbel
Landstraße 12
77839 Lichtenau
T (0 72 27) 5 09 - 0
info@sieger-gmbh.de
www.sieger-gmbh.de

SieMatic
Küchenmöbel
August-Siekmann-Straße 1 - 5
32584 Löhne
T (0 57 32) 67 - 0
info@siematic.de
www.siematic.com

Signet Wohnmöbel GmbH
Sessel und Sofas
Bayernstraße 9
96272 Hochstadt
T (0 95 74) 65 05 15
signet-wohnmoebel@t-online.de
www.signet-moebel.de

Silentnight
Betten
Breite Straße 180
41836 Hückelhoven
T (0 24 33) 9 74 - 0
info@sn-h.de
www.sn-h.de

Silvio Rohrmoser Möbel
Tische, Regale, andere Möbel
Hammerschmidstraße 20
86989 Steingaden
T (0 88 62) 93 20 25
moebeldesign@silviorohrmoser.de
www.silviorohrmoser.de

Sirch + Bitzer
Andere Möbel
Waldmühle 5
87736 Böhen
T (0 83 38) 1 06 - 0
info@sirch.de
www.sirch.de

Sit Möbel Im- u. Export
Tische, Stühle, Schränke, Regale
Am Ringofen 34-38
41189 Mönchengladbach-Wickrath
T (0 21 66) 9 52 59 - 0
sit-moebel@t-online.de
www.sit-moebel.de

Sitzmöbelwerke Karl-Heinz Klose
Tische, Stühle, Schränke
Schützenstraße 4
49770 Herzlake
T (0 59 62) 81 - 0
info@klosekollektion.de
www.klosekollektion.de

Slumberland Deutschland GmbH
Betten
Gottlob-Gussmann-Straße 1
74385 Pleidesheim
T (0 71 44) 2 02 - 0
info@femira.de
www.femira.de

SMD Office Design GmbH
Büromöbel
Regerweg 12
73087 Boll
T (0 71 64) 90 20 88
smd-office@t-online.de
www.smdoffice.se

Sofabrik GmbH
Sofas
Meisengasse 30
60313 Frankfurt
T (069) 2 96 83 - 0
info@sofabrik.de
www.sofabrik.de

Spilker Natur GmbH
Schränke, Regale
Auf der Frankenburg 21
32839 Steinheim
T (0 52 33) 94 98 - 0
einkauf@spilkernatur.de
www.spilkernatur.de

Stakelbeck GmbH
Sessel und Sofas
Pfaffenhofener Straße 37
85302 Gerolsbach
T (0 84 45) 2 17
info@stakelbeck.de
www.stakelbeck.de

S – T

Stallmann Möbel GmbH
Betten, Schränke
Tonstraße 15
32609 Hüllhorst
T (0 57 44) 5 01 - 0
info@stallmann.com
www.stallmann.com

Star Möbelwerk GmbH
Küchen
Oldendorfer Straße 25 - 33
49324 Melle
T (0 54 22) 1 07 - 0
info@star-beka.de
www.star-beka.de

Stechert Stahlrohrmöbel GmbH
andere Möbel
Hubstraße 7
91452 Wilhermsdorf
T (0 91 02) 8 09 - 0
vkl@stechert.de
www.stechert.de

Steffen AG
Schränke, Betten
Johann-Steffen-Straße
56869 Mastershausen
T (0 65 45) 81 - 0
vorstand@steffen-ag.de
www.steffen-ag.de

STEINER FREIZEITMÖBEL GmbH
Gartenmöbel
Lotzenäcker 3
72379 Hechingen
T (0 74 71) 6 19 - 4
info@steinergroup.de
www.steinergroup.de

Steinhoff GmbH & Co.
Sofas, Sessel, Betten, Schränke
Langebrügger Straße 5
26655 Westerstede
T (0 44 88) 58 - 0
info@steinhoff-moebel.de
www.steinhoff-moebel.de

Stella - Polstermöbel
Sessel und Sofas
Raiffeisenstraße 9 - 11
59557 Lippstadt
T (0 29 41) 2 04 - 0
info@stella-kg.de
www.stella-kg.de

Stemweder Bauernmöbel
Flurmöbel, Schränke, Regale, Betten,
Tische, Stühle, andere Möbel
Distelberg 2
32346 Stemwede-Haldem
T (0 54 74) 7 47
info@stemweder-bauernmoebel.de
www.stemweder-bauernmoebel.de

Störmer Küchen GmbH & Co.
Küchenmöbel
Zur Hegge 6
32130 Enger
T (0 52 24) 69 98 - 0
info@stoermer-kuechen.de
www.stoermer-kuechen.de

Stralsunder Möbelwerk GmbH
Schränke, Regale, Büromöbel
Koppelstraße 21
18439 Stralsund
T (0 38 31) 4 47 - 0
info@stralsundermoebel.de
www.stralsundermoebel.de

Studio Vertijet
Regale, Sofas, Sessel
Harz 5a
06108 Halle
T (0345) 2 90 58 44
studio@vertijet.com
www.designnewcomer.com

Sudbrock GmbH Möbelwerk
Flurmöbel, Regale
Brunnenstraße 2
33397 Rietberg
T (0 52 44) 98 00 - 0
info@sudbrock.de
www.sudbrock.de

Superba-Betten AG
Betten
Im Bifig 1
79650 Schopfheim
T (0 76 22) 67 52 - 0
info@superba.de
www.superba.de

Systemmöbel GmbH
Büromöbel
Kühnauer Straße 7
06846 Dessau
T (0340) 5 50 92 00
sequenz@sequenz.de
www.sequenz.de

Tacke Sitzmöbel GmbH & Co. KG
Stühle, Tische
Everswinkeler Straße 59
48231 Warendorf
T (0 25 81) 9 40 - 0
info@tacke.com
www.die-chair-company.de

Tarum Polstermöbel GmbH
Sessel, Tische
Raiffeisenstraße 9 - 11
59557 Lippstadt
T (0 29 41) 2 04 - 0
info@stella-kg.de
www.tarum.de

Tecta
Stühle, Tische, Sessel, Sofas,
andere Möbel
Sohnreystraße 10
37697 Lauenförde
T (0 52 73) 37 89 - 0
info@tecta.de
www.tecta.de

Themex Möbel GmbH & Co. KG
Schränke, Betten
Feldsteinstraße 1
98660 Themar
T (03 68 73) 27 - 0
info@oeseder-moebel-industrie.de
www.oeseder-moebel-industrie.de

Thielemeyer GmbH & Co. KG
Schränke, Regale, Betten
Grubebachstraße 49
33129 Delbrück-Westenholz
T (0 29 44) 97 20 - 0
info@thielemeyer.de
www.thielemeyer.de

Thonet GmbH
Stühle, Tische
Michael-Thonet-Straße 1
35066 Frankenberg
T (0 64 51) 508 - 119
info@thonet.de
www.thonet.de

tielsa Küchen GmbH
Küchenmöbel
Industriestraße 14 - 18
32108 Bad Salzuflen
T (0 52 22) 9 40 - 0
info@tielsa.de
www.tielsa.de

T – W

Timkid GmbH
Kindermöbel
Lange Straße 36
29451 Dannenberg
T (0 58 61) 80 09 99
info@timkid.de
www.timkid.de

Tojo Möbel GmbH
Regale, Betten, Tische
Am Ziegelgraben 26
73614 Schorndorf
T (0 71 81) 40 14 00
info@tojo.de
www.tojo.de

TOPSTAR Möbel GmbH
Stühle
Augsburger Straße 29
86863 Langenneufnach
T (0 82 39) 7 89 - 0
info@topstar.de
www.topstar.de

Traumwerkstatt GmbH
Wohn- und Schlafzimmermöbel
Industriestraße 7
31061 Alfeld/Leine
T (0 51 81) 85 35 25
info@panamahaus.de
www.panamahaus.de

Trend Einrichtungs-GmbH
Büromöbel, Regale, Schränke, Tische,
Stühle, Flurmöbel, Kindermöbel
Bahnhofstraße 19
74722 Buchen / Odenwald
T (0 62 81) 52 72 - 0
info@trend.de
www.trend.de

Trüggelmann Möbel
Sessel, Sofas, Betten, Schränke,
Küchenmöbel, Stühle, Tische
Dunlopstraße 50
33689 Bielefeld
T (0 52 05) 98 34 - 0
info@moebel-trueggelmann.de
www.moebel-trueggelmann.de

ULTSCH Polstermöbel
Sessel und Sofas
Coburger Straße 17
96237 Ebersdorf
T (0 95 62) 92 28 - 0
info@ultsch-polstermoebel.de
www.ultsch-polstermoebel.de

Vielhauer GmbH & Co.
Büromöbel
Industriestraße 19
67125 Dannstadt
T (0 62 31) 4 02 - 0
info@vielhauer.de
www.vielhauer.de

Village Wohnkultur GmbH
Sessel, Tische, Schränke, Sofas, Stühle,
andere Möbel
Liesborner Straße 81
33449 Langenberg-Benteler
T (0 52 48) 81 02 40
info@village-wohnkultur.de
www.Village-Wohnkultur.de

Visita Polstermöbel GmbH
Sessel, Sofas, Betten, Schränke
Bernauer Straße 69
99091 Erfurt
T (0361) 7 40 49 - 0
info@steinhoff-moebel.de
www.steinhoff-moebel.de

Vitra
Stühle, Sessel
Charles-Eames-Straße 1
79576 Weil am Rhein
T (0 76 21) 7 02 - 36 39
info@vitra.com
www.vitra.com

VIVA Lederpolstermöbel GmbH & Co. KG
Tische, Stühle, Sessel, Schränke, Regale,
Betten, Kinderzimmer, Büromöbel,
Feldstraße 53
32791 Lage
T (0 52 32) 9 59 90
viva@schieder.de
www.schieder.de

Völker Design GmbH
Flurmöbel, Betten, Schränke, Tische,
Stühle, andere Möbel
Feldstraße 14
96237 Ebersdorf
T (0 95 62) 3 86 - 0
info@voelker-design.de
www.voelker-design.de

Völker Möbelproduktionsges. mbH
Betten
Wullener Feld 79
58454 Witten
T (0 23 02) 9 60 96 - 0
info@voelker.de
www.voelker.de

Volmer Polstermöbel
Sessel und Sofas
Splieter Straße 33 - 35
48231 Warendorf
T (0 25 81) 93 35 - 0
volmer-polstermoebel@t-online.de
www.volmer-polstermoebel.de

Vontana Industrie GmbH & Co. KG
Betten
Karlstraße 31 - 35
45739 Oer-Erkenschwick
T (0 23 68) 9 11 - 0
tasso@tasso.com
www.tasso.com

VS - Vereinigte Spezialmöbel GmbH & Co.
Stühle, Büromöbel, Tische, Schränke
Hochhäuser Straße 8
97934 Tauberbischofsheim
T (0 93 41) 88 - 0
vs@vs-moebel.de
www.vs-moebel.de

Wackenhut Schlafkultur
Betten, Schränke
Karl-Wackenhutstraße 1
72208 Altensteig
T (0 74 53) 2 77 - 0
info@wackenhut.de
www.wackenhut.de

Walter Knoll
Stühle, Sessel und Sofas
Bahnhofstraße 25
71083 Herrenberg
T (0 70 32) 2 08 - 0
info@walterknoll.de
www.walterknoll.de

WASA Massivholzmöbel GmbH
Tische, Stühle, Schränke, Regale,
Sessel und Sofas
In der Schorbach 1
67714 Waldfischbach-Burgalben
T (0 63 33) 2 75 - 00
wasamoebel@aol.com
www.wasamoebel.de

Weco Polstermöbel GmbH & Co.
Polstermöbel
Auf dem Brückenfeld
53518 Leimbach/Adenau
T (0 26 91) 3 01 - 0
contact@weco.de
www.weco.de

Wehrsdorfer Werkstätten
Schränke
Dresdener Straße 43
02689 Wehrsdorf
T (03 59 36) 38 00
verkauf@wehrsdorfer.de
www.wehrsdorfer.de

Weishäupl Möbelwerkstätten GmbH
Gartenmöbel
Neumühlenweg 9
83071 Stephanskirchen
T (0 80 36) 9 06 80
info@weishaeupl.de
www.weishaeupl.de

Weko Büromöbelfabrik Wessel GmbH
Büromöbel
Melatengürtel 131
50825 Köln
T (0221) 95 44 90 - 0
info@weko-bueromoebel.de
www.weko-bueromoebel.de

Welle Möbel
Kindermöbel, Büromöbel, Schränke,
Regale, Sofas, Küchenmöbel, Betten
Wollmarktstraße 121
33098 Paderborn
T (0 52 51) 8 83 - 0
info@welle.com
www.welle.com; www.welle-moebel.de

Wellform GmbH
Betten, Schränke
Gottlob-Grussmann-Straße 1
74385 Pleidelsheim
T (0 71 44) 2 02 - 0
femira@t-online.de
www.femira.de

wellpac Möbelwerke GmbH
Küchenmöbel
Industriestraße 77
32120 Hiddenhausen
T (0 57 23) 165 - 0
info@wellpac.de
www.wellpac.de

WEMAFA Polstermöbel GmbH & Co. KG
Sessel und Sofas
Bielefelder Straße 62 - 64
32051 Herford
T (0 52 21) 91 36 - 0
info@wemafa.de
www.wemafa.de

Werther Klassik Oberwelland GmbH
Tische, Stühle, Sessel und Sofas
Hägerstraße 4
33824 Werther
T (0 52 03) 91 01 - 0
info@werther-classic.de
www.werther-klassik.de

Westeifel Werke
Gartenmöbel
Industriegebiet Vulkanring
54568 Gerolstein
T (0 65 91) 16 - 412
parkmoebel@westeifel-werke.de
www.westeifel-werke.de

Wiemann Möbel-Oeseder-Industrie
Betten, Schränke
Glückaufstraße 20
49112 Georgsmarienhütte
T (0 54 01) 8 52 - 0
info@wiemann-moebel.de
www.wiemann-moebel.de

Wilde + Spieth GmbH
Tische, Stühle
Zeppelinstraße 126
73730 Esslingen
T (0711) 3 19 71 - 0
info@wilde-spieth.com
www.wilde-spieth.com

Wilhelm Grombach GmbH & Co.
Betten, Schränke
Wiesenstraße 20
97215 Uffenheim
T (0 98 42) 2 02 - 0
info@grombach.de
www.grombach.de

Wilhelm Hofmann KG
Tische und Stühle
Hohensteiner Straße 26
96482 Ahorn-Triebsdorf
T (0 95 61) 27 04 - 0
verkauf@hofmann-triebsdorf.de
www.Hofmann-Triebsdorf.de

Wilkhahn
Büromöbel
Im Landerfeld 8
31848 Bad Münder
T (0 50 42) 9 99 - 0
info@wilkhahn.com
www.wilkhahn.com

Willi Schillig
Sessel und Sofas
Am Weinberg 20-22
96237 Ebersdorf
T (0 95 62) 37 - 0
info@schillig.de
www.schillig.de

WIMEX Wohnbedarf
Schränke, Betten, andere Möbel
Glückaufstraße 20
49124 Georgsmarienhütte
T (0 54 01) 85 98 - 0
info@wimex-wohnbedarf.de
www.wimex-wohnbedarf.de

WINI Büromöbel
Büromöbel
Auhagenstraße 70
31863 Coppenbrügge
T (0 51 56) 9 79 - 0
info@wini.de
www.wini.de

Winkle Polsterbetten
Betten
Ludwigsburger Straße 91
71726 Benningen
T (0 71 44) 9 97 - 0
info@winkle-sleepline.de
www.winkle-sleepline.de

Witnova
Schränke, Regale, Betten, Tische, Stühle
Lippstädter Straße 133
33378 Rheda-Wiedenbrück
T (0 52 42) 93 60 22
info@witnova.de
www.witnova.de

Wittenbreder GmbH
Einrichtungssysteme GmbH & Co. KG
Flurmöbel, Schränke, Büromöbel,
andere Möbel
Zum Flachsbach 19
32052 Herford
T (0 52 21) 77 98 - 0
info@wittenbreder.de
www.wittenbreder.de

WK Wohnen GmbH & Co.
Schränke, Regale, Sofas, Sessel, Tische,
Stühle, Betten
Im Gefierth 9a
63303 Dreieich
T (0 61 03) 3 91 - 6 50
info@wkwohnen.de
www.wkwohnen.de

Wohnform GmbH & Co
Betten
Hauptstraße 38
64401 Groß-Bieberau
T (0 61 66) 4 73
wohnform@t-online.de
www.wohnform.de

Wohnwolke Berghaus GmbH & Co. KG
Betten, Stühle
Ritterstraße 10
42899 Remscheid
T (0 21 91) 95 59 - 0
info@wohnwolkeberghaus.de
www.wohnwolkeberghaus.de

Wolkenweich Polster-Manufaktur
Sessel und Sofas
Ravensburger Straße 10
32361 Preußisch Oldendorf
T (0 57 42) 93 12 - 0
info@wolkenweich.de
www.wolkenweich.de

Wössner GmbH
Tische, Stühle
Hartensteinstraße 25
72172 Sulz / Neckar
T (0 74 54) 74 - 0
woessnergmbh@woessner.de
www.woessner.de

Xenon Warnke GmbH & Co. KG
Büro und Hotelmöbel
Berliner Landstraße 9
17389 Anklam
T (3 88 45) 5 06 32
info@xenon-warnke.de
www.xenon-warnke.de

XXL-Self Möbelvertriebs GmbH
Schränke, Regale
Hainbergstraße 2
32816 Schieder-Schwalenberg
T (0 52 82) 1 47 31
jung2@schieder.de
www.xxl-moebel.de

Zack-Design Möbelhandel GmbH
Schränke, Betten
Deusener Straße 100
44369 Dortmund
T (0231) 93 11 02 - 0
mail@zack.design.de
www.zack-design.de

Zeiler Möbelwerk GmbH & Co. KG
Küchenmöbel
Obere Altach 1
97475 Zeil am Main
T (0 95 24) 91 - 0
info@allmilmoe.de
www.allmilmoe.de

Zeitraum GmbH
*Stühle, Tische, Schränke, Regale, Betten,
andere Möbel*
Äußere Münchner Straße 2
82515 Wolfratshausen
T (0 81 71) 47 81 30
info@zeitraum-moebel.de
www.zeitraum-moebel.de

ZEURO Möbelwerk GmbH
Schlafzimmer, Wohnzimmer
Albin-May-Straße 3
7937 Zeulenroda
T (03 66 28) 44 - 0
office@zeuro.de
www.zeuro.de

Zeyko Möbelwerk GmbH & Co. KG
Küchenmöbel
Am Fohrenwald 1
78087 Mönchweiler
T (0 77 21) 9 42 - 0
info@zeyko.de
www.zeyko.de

Literatur:

Geschichte

Volker Albus u. Christian Borngräber: *Designbilanz. Neues deutsches Design der 80er Jahre*; Köln 1992

Amt für industrielle Formgestaltung (Hg.): *Neues Bauen, Neues Gestalten. Das Neue Frankfurt / Die Neue Stadt. Eine Zeitschrift zwischen 1926 und 1933*; Dresden 1984

Emil Augst: *Das deutsche Möbel*; Augsburg 1950

Werner Blaser (Einführung v. Rudolf Baresel-Bofinger): *Element, System, Möbel*; Stuttgart 1984

Christian Borngräber: *Design III. Deutsche Möbel*; in: Kunstforum Bd. 99, (S. 58–169); Köln 1989

Kai Buchholz u. a. (Hg.): *Die Lebensreform. Entwürfe zur Neugestaltung von Leben und Kunst um 1900* (Katalog Bd. 1); Darmstadt 2001

Michael Erlhoff (Hg.): *Designed in Germany. Since 1949*; München 1990

Galerie Ulrich Fiedler (Hg.): *Modern Equipment* (Katalog); Köln 2004

Galerie Ulrich Fiedler (Hg.): *20th Century Seats* (Katalog); Köln 2000

Charlotte u. Peter Fiell: *1000 chairs*; Köln 1997

Sigfried Giedion: *Mechanization Takes Command*; Oxford 1948 (dt. 1984)

Sonja Günther: *Design der Macht. Möbel für Repräsentanten des »Dritten Reiches«*; Stuttgart o.J.

Herbert Hirche u. Dieter Godel: *herbert hirche. architektur innenraum design 1945–1978* (Katalog); Stuttgart 1978

Hygiene-Museum: *Sitzen* (Katalog); Dresden 1997

John Morley: *Furniture. The Western Tradition*; London 1999 (dt. 2001)

Bernd Polster, *Designlexikon Skandinavien*; Köln 1999

Bernd Polster u. Marion Godau, *Designlexikon Deutschland*; Köln 2000

Bernd Polster u. Tim Elsner, *Designlexikon USA*; Köln 2003

Bernd Polster, *Braun. 50 Jahre Produktinnovationen*; Köln 2005

Stefan Reinke u. a.: *Design – made in Germany*; Köln 2000

Klaus-Jürgen Sembach, Gabriele Läuthäuser u. Peter Gössel: *Möbeldesign des 20. Jahrhunderts*; Köln 1993

Peter Smithson u. Karl Unglaub: *Flying Furniture*, Köln 1999

Alexander von Vegesack: *Deutsche Stahlrohrmöbel – 650 Modelle aus Katalogen 1927–1958*; München 1986

Vitra Design Museum (Hg.), *100 Masterpieces*; Weil a. R. 1995

Votteler + Votteler, Frue Cheng u. W. Otto Geberzahn: *Wege zu erfolgreichem Design*; Taipeh 2005

Hans Wichmann: *Deutsche Werkstätten und WK-Verband 1898–1990. Aufbruch zum neuen Wohnen*; München 1992

Hans M. Wingler: *Das Bauhaus*; Bramsche 1968 (2. erw. Auflage)

Tom Wolfe: *From Bauhaus to Our House*; New York 1981 (dt. 1982)

Designer

Axel Buck u. Matthias Vogt (Hg.): *Rolf Heide*; Frankfurt a. M. 1996

Volker Fischer u. Andrea Gleininger: *Stefan Wewerka – Architekt, Designer Objektkünstler*; Stuttgart / London 1998

Institut für Innenarchitektur und Möbeldesign (Hg.): *Arno Votteler – Nicht nur Stühle* (Katalog); Stuttgart 1994

Jo Klatt u. Hartmut Jatzke-Wigand (Hg.): *Möbel-Systeme von Dieter Rams*; Hamburg 2002

Robert Koch u. Eberhard Pook: *Karl Schneider. Leben und Werk 1892–1945*; Hamburg 1992

Kunstgewerbemuseum Berlin: *Peter Maly – ein Klassiker des modernen Designs 1967 bis 2002* (Katalog); Berlin 2002

Christian Marquart: *Industriekultur, Industriedesign. Ein Stück deutscher Wirtschafts- und Designgeschichte: Die Gründer des Verbandes Deutscher Industrie-Designer*; Berlin o. J.

Wilhelm Siemen (Hg.): *h. th. baumann design 1950–1990* (Katalog); Hohenberg 1989

Hans Wichmann: *System-Design. Bahnbrecher: Hans Gugelot 1920–1965* (Katalog); München 1984

Vitra Design Museum: *Mies van der Rohe. Möbel und Bauten* (Katalog); Weil a. R. 1998

Firmen

Rainer Baginski: *Mythos Hellerau – Ein Unternehmen meldet sich zurück* (Katalog); Dresden 2002.

COR Sitzmöbel (Hg.): *Home is Where The Heart Is. Warum wir wohnen wie wir wohnen. Eine Hommage zum 50-jährigen Jubiläum von COR*; Rheda-Wiedenbrück o. J.

Rudolf Schwarz: *More Than Furniture. Wilkhahn – an Enterprise in its Time*; Frankfurt a. M. 2000

Alexander von Vegesack: *Das Thonet Buch*; München 1987

Einrichtung

Alfred Bruckmann: *Die schöne Wohnung*; München 1959 (erw. Auflage 1960)

Hans Eckstein: *Die schöne Wohnung. Beispiele neuzeitlicher deutscher Wohnräume*; München 1931

Hans Eckstein: *Die schöne Wohnung*; München 1934

Sigfried Giedion: *Befreites Wohnen*; Zürich u. Leipzig 1929 (Reprint 1985)

Roland Gööck, *Schöner Wohnen. Das große praktische Einrichtungsbuch*; Gütersloh 1976

Guido Harbers: *Die schöne Wohnung*; München 1951

Liselotte Koller: *Die schöne Wohnung*; München 1967

Hermann Muthesius: *Die schöne Wohnung*; München 1922 (2. textl. erw. Auflage 1926)

Eva M. J. Schmid: *Unsere Wohnung*; Gütersloh 1960

Über den Autor:
Bernd Polster, einer der bekanntesten deutschen Designautoren, arbeitete viele Jahre als Reportagejournalist für Rundfunk, Fernsehen, Presse und Buchverlage im In- und Ausland. Er ist Verfasser zahlreicher kulturgeschichtlicher Sachbücher. Einige seiner Designbücher gelten inzwischen als Standardwerke. Er ist Herausgeber des DuMont Handbuch Design International und der ebenfalls bei DuMont erschienenen Reihe Designlexikon, eine der erfolgreichsten ihrer Art, die in verschiedene Sprachen übersetzt wurde. Er entwickelt Buchkonzepte für normal buch. Bernd Polster lebt in Bonn.

Gleichzeitig vom selben Autor im Verlag DuMont erschienen:
Braun – 50 Jahre Produktinnovationen. 1955 kam das erste Braun-Design auf den Markt. Es sollte stilbildend für eine ganze Industrie werden. Heute gibt es wohl nur wenige Haushalte ohne ein Braun-Produkt. Das nun vorliegende Buch ist die erste umfassende designorientierte Geschichte der berühmten Design-Marke und zudem das erste Firmen-Porträt seiner Art. Ein halbes Jahrhundert technische und ästhetische Innovation: über 500 Geräte werden in neuer, hochwertiger Fotografie vorgestellt und erstmals ausführlich kommentiert. Der Anhang enthält eine Liste aller Braun-Produkte.
ISBN 10: 3-8321-7364-1 / ISBN 13: 978-3-8321-7364-7

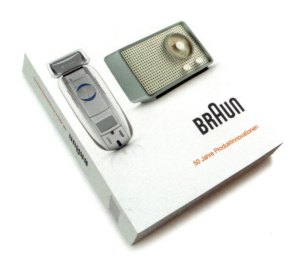

Impressum

Erschienen im DuMont Literatur und
Kunst Verlag, Köln 2005

© 2005 normal buch, Bonn.
Alle Rechte vorbehalten.

Exklusivrechte für den deutschsprachigen Raum:
DuMont Literatur und Kunst Verlag, Köln

Die Rechte für alle im Buch gezeigten Abbildungen
liegen bei den Designern und Herstellern, der
Agentur Comwork, Köln und der Galerie Ulrich
Fiedler, Köln

Idee und Konzept: Bernd Polster und Olaf Meyer

Text und Redaktion: Bernd Polster, Bonn

Der Aufsatz »Möbel mit Vision« stammt von
Helmut Lübke, VDM, der Beitrag über den *Tiefen
Sessel* von Herbert Hirche von Nicola von Albrecht

Gestaltung: Olaf Meyer, Köln

Redaktionelle Mitarbeit: Mandy Howard,
Sophie Jeuffroy, Nicole Lammerich, Frederik Leven,
Marc Mougeotte und Florian Rühmann

Korrektorat: Andrea Lindner (context-id)
und Thomas Fidelak

Druck: GZD Grafisches Zentrum Drucktechnik,
Ditzingen

ISBN-10: 3-8321-7365-X
ISBN-13: 978-3-8321-7365-4

Printed in Germany

Abbildungen:

Abdruck der Abbildungen mit freundlicher Genehmigung
der Designer und Firmen, sowie der Agentur Comwork,
Köln. Die Rechte liegen bei den Designern und Firmen.

Abbildung Seite 43: © Galerie Ulrich Fiedler, Köln.

Abbildung Seite 145: © Vitra Design Museum,
Weil am Rhein

Für die Werke von Peter Behrens, Richard Riemerschmid
und Stiletto: © VG Bild-Kunst Bonn. Bei allen anderen
Abbildungen handelt es sich um Firmenfotos lizensierter
Produkte.

Wir danken allen beteiligten Designern und Firmen für
die gute Zusammenarbeit, ohne die dieses Buch nicht
möglich gewesen wäre.

Besonders soll auf die Hilfe der Agentur **Comwork**
(www.comwork.net) und der mit ihr verbundenen
Firma **Markanto** verwiesen werden (www.markanto.de).

Ganz besonderer Dank geht an Herrn **Helmut Lübke**, der
dieses Buch mit initiierte, ferner Frau **Ursula M. Geismann**,
die das Projekt für den Verband der deutschen Möbelindustrie (VDM) betreute und es mit entwickelte sowie
dessen Geschäftsführer **Dirk-Uwe Klaas**.

Ein spezielles Dankeschön geht schließlich an alle an dem
Projekt beteiligten Miarbeiter für deren ungewöhnliches
Engagement.